本书由复旦大学出版资助基金资助

21世纪中国文化语言学丛书

汉语主题句研究

王小曼 ◎ 著

复旦大学出版社

总　序

申小龙

20世纪80年代中期兴起的中国文化语言学,已经走过了三十年探索的路程。今天,我们回过头来梳理文化语言学在语法、词汇、汉字、修辞、音韵、训诂、语言学理论等各研究领域的富有成果的探索,可以清晰地看到,文化语言学深刻影响了20世纪80年代后的中国语言学,而这一个时期,正是我国在"文革"浩劫后恢复高考制度,新一届大学生走上学术讲坛,拉开中国学术新时期大幕的三十年。

文化语言学在诞生伊始,思考的还仅仅是国外引进的社会语言学如何在中国本土化,把一个以研究语言的社会变异为经典案例的美国新学科,衍变为研究中国各民族语言文字在词汇、字形、修辞上的文化内容的学科。所谓从语言看文化,从文化看语言,大多集中在汉语的词汇(包括成语、谜语、新词、流行词,也包括汉字的字形)上。除了词汇,一部分方言和历史地理研究者也把历史地理看作方言的文化内容。例如,戏曲的地理分布为历史上的方言地理提供线索,历史上的行政地理、交通地理、经济地理为方言的分区提供证据,而方言的研究也能为农作物栽培史提供证据。这些研究证明了文化的研究能够扩大语言学的视野。然而无论是词汇的研究还是方言的研究,都未触动汉语最本质的结构系统。美国语言学家萨丕尔因此说过:"语言的词汇多多少少忠实地反映出它所服务的文化,从这种意义上说,语言史和文化史沿着平行的路线前进,是完全正确的。但是,这种肤浅的、外加上去的平行对语言学家没有真正的价值,除了新词的发生和借用偶然会显出语言的形式趋向,研究语言的人切不可错把语言和它的词汇混为一谈。"① 显然,语言和文化的本质联系不在语言形式系统的外部,而在语言结构的内部,且文化与语言的本质联系也不在文化的具体内容,而在文化的"一种内在的形式,一套规模",或者说"文化上的纯粹形式格局"。

1986年我在80年代先锋刊物《语文导报》上发表了《语言研究的文化学方法》② 一文,首次旗帜鲜明地提出了语言研究的"文化认同法"。我把一种文化的思维方式看作萨丕尔说的文化的"内在的形式",把语法看作与之相关的语言结构系统,这是一个很大胆的假设。我当时指出:

> 民族语言是民族文化的一种基本形式。民族语言的研究本身就是民族文化研究的一个有机组成部分。因此,在语言研究的本来意义上本无所谓文化认同的问题。但在特定的历史条件下,民族语言的研究也会出现文化断裂。例如汉语的语法研究在《马氏文通》搬来整座西方"葛郎玛"(grammar)大厦之后就出现了这种文化断裂。八十多年来我们使用的研究方法无一不是来自西方形态语言的理论方法。这些方法在根本上无视汉语独特的文化性征。因此在今天当我们把汉语

---

① 萨丕尔《语言论》,陆卓元译,陆志韦校订,商务印书馆,2002年,第196页。
② 申小龙《语言研究的文化学方法》,《语文导报》1986年第9—10期。

放到中国文化的宏观背景上去加以认识和研究的时候，采用文化认同法就很有必要。……语言形式同思维形式紧密联系，直接体现了一个民族的思维习惯。各民族都有它特有的思维反映现实要素的顺序，语法作为这种顺序的表现也就具有民族性和不可渗透性。因此，我们既可以从汉语语法的特点看到汉族人思维形式的特点，也可以从探讨汉族人思维特点入手认识汉语语法的特征。这就是文化认同的方法。

文化语言学的文化认同法，得到了季羡林先生的热情肯定。季先生对我们说："必须用中国文化的眼光看待汉语"，"一个民族典型的思维方式，是一切精神文明（甚至一些物质文明）生产的基础，它必然表现在各个方面"。他举中医、中国画和中文的例子，指出从中可以看出中国文化的特点——普遍联系和整体观念。

文化认同法确认汉语、汉字和中国文化其他样式存在结构通约：一方面将汉语和汉字的结构与汉民族文化心理结构相认同，揭示汉语、汉字结构的文化内涵和思维方式，建立具有民族文化特质的汉语、汉字理论；另一方面对中国古代语言研究传统的理论和方法进行现代清理和阐释，使之转化为汉语、汉字研究的新的本体论和方法论的基础，同时借鉴和吸收西方人文主义语言理论。这样一种研究范式一经提出并付诸实践，立刻引起了国内外学术界的巨大反响。中国文化语言学的三十年，所有激烈的争论都是围绕文化认同法展开的。三十年后的今天，文化语言学的旗帜深深打上了文化认同的标志。而我们看今天的汉语语法研究，人们津津乐道的语义分析、意合形合、汉语特点、字本位、汉语的动词重点和名词重点、汉语词类中名词的第一性、汉语的韵律语法，甚至最近开始议论的汉语语法研究的本土化等等，没有一个不是文化语言学的思想，没有一个不是文化语言学的理论创新。

我们可以这样说：近三十年来现代汉语语法学研究中新的理论，如果不是来自欧美语言学理论，而是来自本土文化哲学，那么一定来自中国文化语言学的文化认同派的理论创新。例如沈家煊2015年提出汉语词类的区分是有主观性的[1]，就是《中国句型文化》(1988)提出的"语文表达中强烈的主体意识"，而且《中国句型文化》说得更透彻：

> 汉语不仅实词内部、虚词内部各类功能都有虚实之分，可以互相转化，而且实词和虚词两大部类也可以互相转化。古人云："用虚字要沉实不浮，用实字要转移流动。"(《雅论》)"下虚字难在有力，下实字难在无迹。"(《诗笺》)十分真切地道出了古人对虚实转化的辩证的语文感受。讲虚实重在转化，所以有"实字虚用""死字活用"之说。而虚实转化的关键又在用。袁仁林《虚字说》云："治涉笔用之，始得其虚活处。"谢鼎卿《虚字阐义》亦云："字之虚实有分而无分，本实字而止轻取其神，即为虚字；本虚字而特重按其理，即如实字。"在这里，虚实转化又体现出语文表达中强烈的主体意识。现在的语法分析，往往熟视无睹于汉语表达和理解中灵活多变的主体意识，蔽于西方语法的成见，力图划出非此即彼的洋框框来。结果是规则越来越繁琐，人们越说越糊涂，距离汉族人真实的语文感受则越来越遥远了。[2]

沈家煊认为合理的做法是把状态形容词改称"摹状词"，名、动、形都归属"大名词"，汉语首先在第一层次区分大名词和摹状

---

[1] 沈家煊《汉语词类的主观性》，《外语教学与研究》2015年第5期。
[2] 申小龙《中国句型文化》，东北师范大学出版社，1988年，第475页。

词。相对于大名词和摹状词的区分,名、动、形的区分不那么重要。这就是我1989年在《清华大学学报》上发表的《中国语文研究的词类学传统》[①]一文中提出的汉语的实词具有"名词共性",汉语词类要区分"义类之辞"和"形貌之辞"的重要观点。其实这个观点只是我对整个汉语词类本土理论建构的一个有机组成部分,我在三十年前的这篇论文中提出:

(1)任何现代的、健康的汉语词类传统都植根于中国语文研究的词类学传统;任何科学的词类理论都有独特的文化认同。这两个假设为汉语词类区分提供了两个互相独立而又有内在一致性的参照系。

(2)词,或者我国古代语文学所说的"字",是可以分类的。这一点中西语言学传统是一致的,但分类的眼光却大异其趣。印欧系语言的词类范畴曾经是一种哲学、逻辑学的范畴。一旦这种范畴进入语言学,人们的研究目光就立刻专注于词的形态变化。这种词类观显然与形态语言的事实有着深刻的默契。汉语是一种非形态语言。它既没有先贤的语言逻辑范畴作为词类的哲学导引,又缺乏足以引起语言学兴趣的形态变化。

(3)汉语的本土词类理论经历了一个从上古到中古的历史发展过程。

(4)上古汉语的词类区分在历史文献的传注之中划出了四个语词类别之圆:一是嗟叹之辞,二是语助之辞,三是形貌之辞,四是义类之辞。上古时代汉语文的词类意识虽然处于一种萌动状态,但它已触摸到汉语词类的一些基本精神与格局,即汉语词类以语词的声气聚合为类,形貌聚合为类,语义聚合为类。古代的

[①] 申小龙《中国语文研究的词类学传统》,《清华大学学报(哲学社会科学)》1989年第3—4期。

传注家们运用这种朴素的词类聚合的观念，十分贴切地进行着语文阐释工作。

（5）随着汉语文和汉语文学传统的发展，唐宋以后，语词的声气聚合逐渐发展为虚词体系，语词的语义聚合逐渐发展为实词体系，而形貌之辞始终独具一格地与之平行发展。

（6）中近古的词类学说已由上古的意识萌动而演变为自觉的类别系统，这个系统成为现代汉语词类系统的直接源头。考察这一时期的词类学说，我们可以看到，汉语由自发到自觉的词类观，本体上是一种以义类为核心、体用一源、虚实相对而又相互转化的语文思想。其要义直接体现在虚与实的体用论、位次论和有序论三个方面。

（7）确认名词的第一性，认定先体而后用，举体以赅用的组织原则，汉语的实词就自然形成一个有序的层级系统。汉语的实词具有"名词共性"，这种名词共性又使词语的义类之分在句读功能的分析上失去了意义，仅仅为句读段在句子中的功能提供一个体用兼备的理据。分析一个成为句读(句子成分)的实词或实词组合，我们只须注意它的句读功能(主题语、评论语、动作语等)。

（8）汉语实词的词类组织可以确认三条组织原则：① 汉语的实词类别是义类之别；② 汉语实词在语言组织中体用兼备；③ 汉语的实词由义类到语义组合又到句读功能是三个互相独立、不存在语法对应关系的层次。当一个动作词在语义组合中作修饰语的时候，它的义类未变，变的只是义类间的语义关系。当一个动作词或动作词组作句子的主题的时候，它的义类或语义关系未变，变的只是它获得了"主题语"的句读功能。以上三原则可以概括为"义类本体，逻辑组合，句读功能"。从这三项原则来看，过去讨论诸如动词作主语的问题，其实是把句读功能与词语本体混为一谈，把义类本体与语义组合中的体用兼备混为一谈。词类是义类，词组类是语义关系类，句读类是功能类。词类只为词组类和句读类提供体用兼备的义类基础。在词组和句读（句子成分）中讨论一个词是名词、动词还是形容词，是毫无意义的。它们只有义类，而这个义类又是体用兼备的。

我们把沈家煊的论文和三十年前中国文化语言学的论文对照起来，就可以看出20世纪八九十年代文化语言学的理论创新，深刻地影响了中国现代语言学。这一影响在语言学的欧美理论背景下，正日益显出本土语言理论建构和本土文化视角的旺盛的生命力。

梳理一下文化语言学理论对当代中国语言学尤其是语法学的深刻影响，在学术史上是一件很有意义的工作（考虑到这些新思维在创新伊始受到的巨大的压力和排斥，这样的梳理和反思就更有意义了）。我们甚至可以预测，文化语言学的另一些新思想，诸如——

汉字的语言功能；

汉字对汉语语法的投射；

中国语言文化研究的汉字转向；

中文句法建构的骈散二重模式；

中文的实体性思维和非线性思维；

四字格在中文句法中兼摄声象意象的重要作用；

存现句形式的"主语"化；

动词加"得"结构的主题化；

在功能句型理论中重新认识的插入语和话头；

中文极富文化特色的句型"耦合句"和"比兴句"；

中文句法的两个基点："字"和"气"；

汉语史研究的新路径：自建专书穷尽性功能分析语料库；

中文句子构造的视角融合；

功能句型和节律句型的相关性；

……

凡此种种，都将在多年以后的汉语语法研究中一个又一个地被"津津乐道"。

为什么文化语言学能够不断提出令中国现代语言学"匪夷所思"的新范畴、新理论，能够自觉解构一个个来自西方语言学的术语？原因很简单：因为文化语言学具有独一无二的中文结构研究的文化视角，这种本土视角建立在对中国文化的深刻感悟和理解上。

在这样一个本土文化视角中，我指导的博士、硕士研究生在功能句型研究和文化语言学理论研究两方面写出了一批基于自建的功能句型语料库的扎实的学术论文。其中，有博士论文《汉语主题句研究》（工小曼）、《汉语施事句研究》（王懿）、《汉语关系句研究》（曹婧一）、《汉语功能句型框架下名词述谓与动词非述谓研究》（尚来彬）、《〈圣经〉官话和合本句法研究》（邢梅）、《中国文化语言学理论研究》（李昊），有硕士论文《汉语耦合句研究》（黄文静）、《汉语存现句研究》（刘娇）、《汉语疑问句研究》（郝梦真）、《汉语祈使句研究》（陈斯莉）、《中文四字格句法功能研究》（夏璐）等。正在研究和撰写中的还有博士论文《汉语句法节律研究》《从〈红楼梦〉的越南语翻译比较汉越句法》《中国文化语言学史论》等。此外，作为文化认同派的重要一翼，张黎教授的《意合语法三十年》也展现了文化认同研究三十年的新的面貌。历史的画卷渐次展开——21世纪的中国文化语言学揭开了崭新的一幕。我们把这些研究成果合为一套丛书，首批出版八种，这八种中还收入了《中国句型文化》和 Collected Essays of Shen Xiaolong on Chinese Cultural Linguistics 两个修订本。

《中国句型文化》是文化语言学的代表作之一，1988年初版后虽多次重印，仍难以在书店买到，以致多年来需要此书的硕士生、博士生们都只能复印全书阅读。这本书的功能句型理论为汉语语法研究开启了一个前所未有的文化视角,并在国内外语言学和汉学界引起了极大的反响。进入新世纪以来,功能句型理论和方法随着汉语功能句型语料库的建设,取得了一系列新的进展。本套丛书中《中国句型文化》和《中文的中文性研究》将文化语言学三十年在中文结构的理解上的发展贯通起来,展示了中文研究的历史长河中传统的创造性转化的艰难历程和先驱者的义无反顾。

20世纪90年代,北京大学英语系的高一虹教授选了我的二十篇论文翻译成英文 Collected Essays of Shen Xiaolong on Chinese Cultural Linguistics(《申小龙文化语言学英译文集》),由出版了我的博士论文《中国句型文化》的东北师大出版社于1997年出版,目的是推动中国文化语言学与世界的对话。高一虹教授在前言的结语中说:"有朋友问我:'生命苦短。这本集子真的值得让你花费时间和心血吗?'对这个问题,我可以自信地回答:是的。因为我相信具有跨文化意识和语言兴趣的读者,一定会从这本集子中有所收获。"我想,自20世纪八九十年代以来,我走出的每一步,其力量都来自"是的"这样的支持。

像 Collected Essays of Shen Xiaolong on Chinese Cultural Linguistics 这样主动翻译本土学派的学术理论结集在国内出版,在我国人文科学尤其是语言学,还是第一次。此书在1997年出版后未曾再版。在德国汉学家布里吉特·欧恩里德著的 Wie Chinesisch ist das Chinesische Shen Xiaolong und die Kulturlinguistik(《中文的中文性研究——申小龙与文化语言学》德文版)出版后,我们就有了再版高一虹教授的英译文集以促进20世纪90年代以来文化语言学中西对话继续深入的想法。重新出版这本英译文集,还缘于去年我的一位博士生苦于无处购买这本文集而要复印这本书,她在微信群中发了一个邀约:有谁还需要一起复印的吗?结果不仅在读的研究生都要复印,已经毕业的学生也要复印这本书。显然,在今天构建中国话语体系的历史进程中,文化语言学本土理论范畴和思想的英文表达,已经有了新的时代意义。同样,对西方读者来说,他们在通过英译本了解中国文化语言学的基本观点和方法后,如果要进一步理解和探讨文化语言学提出的一系列中文分析和理解的新范畴、新思想,还是需要阅读本套丛书中的中文论集。

英译文集收入"文化语言学三十年丛书",主编高一虹教授对全书译文作了细致的修订,并列出了文化语言学重要范畴和术语的译词表。此书为了解文化语言学在20世纪八九十年代的发展提供了新的窗口,其中收录并英译的论文有:

(1)貌合神离:中国现代语法学的困境(《语文学习》1988年第1期)

(2)意会、流动、虚实、具象:论汉语特点(《语文学习》1988年第2期)

(3)句读本体、逻辑铺排、意尽为界:汉语句型新论(《语文学习》1988年第3期)

(4)希望之路:中国文化语言学(《语文学习》1988年第5期)

(5)中国文化语言学论纲(《北方论丛》1988年第5期)

(6)五四语文精神与中国语文现代化(《思想战线》1991年第6期)

(7)语言学的领先与滞后(《社会科学》1988年第6期)

(8)文化断层与中国现代语言学之变迁(《复旦学报(社会科学版)》1987年第3期)

(9)论汉语句子的心理视点(《语言教学与研究》1988年第1期)

(10)汉语语言类型的新探索——论主题句研究的语言类型学

意义(《复旦学报(社会科学版)》1984年第6期)

(11)文化通观下的汉语语法本体论和方法论(《中国句型文化》第十章,1988年)

(12)汉语语法研究的人文科学方法论(《延边大学学报》1992年第4期)

(13)汉字改革的科学性与民族性(《学术月刊》1985年第10期)

(14)汉字人文精神论(《汉字人文精神论》序,1995年)

(15)汉字的主体思维(《汉字人文精神论》第六章,1995年)

(16)中西古典修辞学传统比较(《复旦学报(社会科学版)》1992年第5期)

(17)中国语文研究的文化阐释:兼论文化语言学的学术范型(《云梦学刊》1988年第4期)

(18)中国语文研究的词类学传统(《清华大学学报(哲学社会科学版)》1989年第3—4期)

(19)中国语文研究的句法学传统(暨南大学研究生学报》1989年第1期)

(20)走出麻木与悲凉(《书林》1988年第2期)

中国文化语言学是中国现代语言学发展中诞生于强烈的本土文化意识的学派。它吸收了中国现代语言学一代先驱学者如张世禄、陈望道、郭绍虞等人的重要的学术思想,阐释和发展了中国古代语言研究的中文理解和分析传统,借鉴了欧美人文学者洪堡特、萨丕尔、沃尔夫、魏斯格贝尔、卡西尔等的理论方法,和当代中国哲学、艺术、文学、美学有广泛的对话与融通。在文化语言学三十年发展的今天,我们出版这样一套新世纪丛书,期待在学术梳理和观念更新中继往开来,为中国的语言学研究作出更大的贡献。此时,我们又想起三十年前《中国句型文化》一书的结束语：

中国的语言具有迥异于西方语言的特质和无比的历史深度、幅员广度；

中国的语言学具有自己悠久的历史和深厚的传统；

中国语言的民族精神和独特的面貌，不但属于中国，而且属于世界；

中国语言学立足于自己的语言和传统，把面向世界的开放性文化意识和面向未来的民族文化本体意识结合起来，消化吸收外来语言学的成果，充分利用当代自然科学、人文科学的发展为民族传统文化的开掘所提供的全新的工具，必将以自己的特殊规律丰富人类对语言的认识，推动人类语言理论在印欧语基础上的第二次开拓和飞跃，为人类语言和人类文化的研究作出中华民族应有的独特贡献！

目　录

汉语功能句型体系及相关术语索引表　001

第一章　汉语主题句的理论研究　008
　一、汉语主题句研究的意义　008
　二、汉语主题句研究的相关理论　013
　三、基于功能句型理论的主题句研究　051
　四、文化语言学三十年　062

第二章　汉语主题句的方法研究　090
　一、研究途径　090
　二、研究思路与方法　090
　三、分析文本与语料库　093

第三章　汉语主题句的功能认定　102
　一、汉语主题句功能认定的语言学理论基础　102
　二、汉语主题句功能认定的依据和标准　104
　三、汉语主题句的划分视点和标注规范　112
　四、汉语主题句的功能交叉现象　157

五、相关问题的讨论 168

第四章 14世纪汉语主题句研究——《水浒传》主题句系统 181

一、《水浒传》主题句系统概括 181

二、《水浒传》主题句特点 182

三、《水浒传》主题句新类 205

四、小结 214

五、《水浒传》主题句系统列表 215

第五章 18世纪汉语主题句研究——《红楼梦》主题句系统 217

一、《红楼梦》主题句系统概括 217

二、《红楼梦》主题句特点 218

三、小结 242

四、《红楼梦》主题句系统列表 243

第六章 21世纪汉语主题句研究——《第九个寡妇》主题句系统 245

一、《第九个寡妇》主题句系统概括 245

二、《第九个寡妇》主题句特点 246

三、《第九个寡妇》主题句新类 269

四、小结 274

五、《第九个寡妇》主题句系统列表 275

第七章 汉语主题句的历史发展 278

一、汉语主题句系统历史发展概况 278

二、汉语主题句不同类型的历史发展轨迹　282

　　三、三部作品主题句的历史发展规律总结　298

　　四、结语　315

附录　汉语主题句研究的相关问题　325

　　一、论汉语语法研究的新方向　325

　　二、谈汉语名词句、动词句之争与汉语句型特点　335

　　三、论汉语复杂句的分析与汉语句型观　349

　　四、论汉语言与汉语文学的通约性　363

本书主要参考文献　374

汉语功能句型体系及相关术语索引表

本著作的研究基础为申小龙在《中国句型文化》中所创立的功能语法理论与功能句型分析方法，是基于《左传》与《井》的功能句型框架所进行的近代汉语与现代汉语主题句发展脉络的研究，其他句型如关系句、存现句、祈使句等，虽然不是本著作的研究内容，却时有与主题句交织的现象，需在文中涉及。鉴于这些句型名称易于与其他语法学派的研究术语发生重叠，引起误解，我们为此专门将这些概念、术语及相关内容说明和例句列表如下，以供阅读者参考，便于更好地理解本著作内容。

汉语功能句型体系及相关术语索引表

句型名称	说明	例句
1.施事句	以施事语与动作语组成的叙述性句型	张牌答应，先吃了晚饭，叫了安置，望庙中去了。
2.关系句	着眼于事件之间逻辑关系的句子，前后两个小句的主脑成分不相同。关系句是与主题句、施事句鼎足而立的句型	你要有个好歹，我指望那一个来！
3.描写句	由形容词的生动形式或象声词等对主题语的性状作出描写的句子	武松自在房里气忿忿地。

句型名称		说明	例句
4.说明句		由普通名词对主题语的情况加以说明的句子	我们近村开酒店庄家。
5.存现句		表示事物的存在或消失的句子，以"有"或表示存在、消失义的动词为标志	边厢坐着一个年幼妇人。
6.有无句		以"有"或"没有"为标志的句子，格局为"领有者+有/没有+被领有者"	我夫妻二人，正没个亲眷。
7.祈使句		表示说话人对听话人的要求，带有命令或请求的语气	你去发付他罢，再休要来说。
8.呼叹句		言语交际时相互呼唤、应答或感叹的句子	胡说！ 好条计！
9.主题句 (本著作所研究的句型)		先提出一个话题然后加以评论的句子，评论语的某些动词性成分具有名句特点	
2.1	单功能主题句	评论语只有一种功能的主题句，本著作共发现了十七种主要类型	
2.1.1	是认主题句	以"是"为主要功能标志的主题句，表示对主题语的确认或对评论语的强调	这个道人便是飞天夜叉邱小乙！
2.1.2	能愿主题句	以"能、要、会"等情态动词为主要功能标志的主题句，表示对主题语的可行性、能力、意愿的评论	贫道等怎敢轻慢大臣？
2.1.3	描写主题句	用形容词、动词性成分等对主题语的性质进行评论的主题句，带有描写、叙述性质	他们直恁义气！

句型名称		说明	例句
2.1.4	被动主题句	主题语处于受动状态的主题句，有的以"被"为功能标志，有的无需形式标志	那两间草厅已被雪压倒了。蔡琥珀提升县组织部长了。
2.1.5	带"得"主题句	指出主题语性状行为，再对其进行二次评论的主题句，主要功能标志为"得"	所有脸都高兴得红亮红亮。
2.1.6	致使主题句	对主题语作用于其他事物而产生的结果进行评论的主题句，主要功能标志为"使"	她推门的声音使院子一下静了。
2.1.7	比较主题句	通过比较方式对主题语进行评论的主题句，主要功能标志有"比、及、不如"等	汝等皆不及他。亏比糠馍还难吃。
2.1.8	复指主题句	评论语中以"他、这、那"等代词形式对主题语进行复指并评论的主题句	这个娘子，他是前村王有金的女儿。
2.1.9	提事叙评主题句	随意提出一件事并加以评论的主题句，主题语与评论语之间并非施受关系，评论语多见动词性结构	多的银子，明日又来吃。
2.1.10	领属评论主题句	评论语是一个陈述结构，而全句主题语与此结构中被陈述名词之间存在领属关系	这和尚声音好熟。
2.1.11	分述评论主题句	评论语是一个评论结构或陈述结构，全句主题语与评论语中的主脑成分属于大类与小类的关系	这三只船上三个人，一个是阮小二，一个是阮小五，一个是阮小七。

句型名称		说明	例句
2.1.12	小主题评论主题句	主题句形式充当评论语的主题句，评论语的主脑成分是一个次于全句主题语的小主题	蒲城县人户稀少，钱粮不多。
2.1.13	空范畴评论主题句	评论语中存在一个语义上与主题语同格异位之空位的主题句	我的性命今番难保了！
2.1.14	"把字句"评论语主题句	评论语以"把……得"结构为功能标记的主题句。评论语的动词性成分具有评论性质	前后得半年之上，史进把这十八般武艺，从新学得十分精熟。
2.1.15	熟语评论语主题句	以熟语（含成语等）直接充当评论语的主题句	小儿有眼不识泰山。杨志无可奈何。
2.1.16	句子形式评论语主题句	以关系句、存现句、祈使句（见本表格句型2、5、7）等句子形式充当评论语的主题句	
2.1.16.1	祈使句形式评论语主题句	祈使句作为一个整体形式评论主题语的主题句	更兼单身客人，不许白日过冈，务要等伴结伙而过。
2.1.16.2	存现句形式评论语主题句	存现句作为一个整体形式评论主题语的主题句	那鬼地方饿死过多少人呐！
2.1.16.3	关系句形式评论语主题句	关系句作为一个整体形式评论主题语的主题句	后来杀他们，杀的只是他们的肉身，他们的魂魄早飞走了。
2.1.17	单纯主题句	评论语不具备特殊功能的主题句，无特殊形式标志	
2.1.17.1	名词性评论语主题句	评论语为名词性成分的主题句	二哥都二十五六了。你才一盆稀泥！
2.1.17.2	动词性评论语主题句	评论语为动词性成分的主题句	炊饼不济事。偷点心还凑合偷点儿？

句型名称		说明	例句
2.1.17.3	代词性评论语主题句	评论语为代词性成分的主题句	小闲这一计如何？ 葡萄的手怎么了？
2.2	多功能主题句	评论语为两个或两个以上不同功能的组合结构的主题句，评论语结构以两段、三段常见，五段以上规律性不强	
2.2.1	双段多功能主题句	两个评论功能组合而成的主题句，如"被动+能愿"型	林冲只骂得一佛出世，那里敢抬头应答。
2.2.2	三段多功能主题句	三个评论功能组合而成的主题句，如"领属+带得+肯定是认"型	你这两日脚步紧，赶趁得频，以定是记挂着隔壁那个人。
2.2.3	四段多功能主题句	四个评论功能组合而成的主题句，如"小主题+能愿+有无得+空范畴"型	公孙先生名闻江湖，善能用兵，有鬼神不测之机，呼风唤雨之法，谁能及也。
2.2.4	五段以上多功能主题句	评论语数量达到五段以上的多功能主题句，在专书语料库中比较少见，句读段的数量有一定偶然性，故往往为孤例	
	五段多功能主题句	五个评论功能组合而成的主题句，如"描写+描写+有无+强调是认+小主题"型	这东西看着吓人，其实不难吃，可有营养，是海里捞上来的，提炼加工可不容易！
	六段多功能主题句	六个评论功能组合而成的主题句，如"小主题+能愿+能愿+能愿+能愿+能愿"型	老身为头是做媒，又会做牙婆，也会抱腰，也会收小的，也会说风情，也会做马泊六。
	七段多功能主题句	七个评论功能组合而成的主题句，如"小主题+小主题+描写+小主题+小主题+小主题+小主题"型	银脑从小就胆大神通大，豪饮豪赌，学书成学剑也成，打架不要命，杀人不眨眼。

句型名称		说明	例句
	八段多功能主题句	八个评论功能组合而成的主题句,如"小主题+小主题+小主题+小主题+小主题+小主题+有无+有无"型	家里钱过北斗,米烂陈仓,赤的是金,白的是银,圆的是珠,光的是宝,也有犀牛头上角,亦有大象口中牙。
2.3	夹叙夹议主题句	评论语、说明语等与叙述语交织组合评论主题语的主题句,同具评论性和叙述性特点	
2.3.1	双段夹叙夹议主题句	由评论语或说明语等与叙述语两种功能组合而成的主题句,如"叙述+领属"型	你那人吃了忽律心,豹子肝,狮子腿,胆倒包着身躯!
2.3.2	三段夹叙夹议主题句	由评论语或说明语等与叙述语交织组合,共同评论主题语的三段主题句,如"叙述+叙述+能愿"型	洪信领了圣敕,辞别天子,不敢久停。
2.3.3	四段夹叙夹议主题句	由评论语或说明语等与叙述语交织组合,共同评论主题语的四段主题句,如"叙述+说明是认+叙述+叙述"型	那高俅见气毬来,也是一时的胆量,使个"鸳鸯拐",踢还端王。
2.3.4	五段夹叙夹议主题句	由评论语或说明语等与叙述语交织组合,共同评论主题语的五段主题句,如"叙述+叙述+被动+叙述+能愿"型	何涛先折了许多人马,独自一个逃得性命回来,已被割了两个耳朵,自回家将息,至今不能痊。
2.3.5	六段夹叙夹议主题句	由评论语或说明语等与叙述语交织组合,共同评论主题语的六段主题句,如"叙述+带得+领属+领属+领属+领属"型	洪太尉倒在树根底下,諕的三十六个牙齿捉对儿厮打,那心头一似十五个吊桶,七上八落的响,浑身却如重风麻木,两腿一似斗败公鸡,口里连声叫苦。

	句型名称	说明	例句
2.3.6	七段以上夹叙夹议主题句	评论语部分的句读段达到七段以上的夹叙夹议主题句，在专书语料库中比较少见，句读段的数量有一定偶然性，故往往为孤例	
	七段夹叙夹议主题句	由评论语或说明语等与叙述语交织组合，共同评论主题语的七段主题句，如"叙述+小主题+叙述+领属+领属+四字格+叙述"型	武松走了一直，酒力发作，焦热起来，一只手提着梢棒，一只手把胸膛前袒开，跟跟跄跄，直奔过乱树林来。
	八段夹叙夹议主题句	由评论语或说明语等与叙述语交织组合，共同评论主题语的八段主题句，如"叙述+叙述+叙述+描写+有无+说明+小主题+叙述"型	士隐知投人不着，心中未免悔恨，再兼上年惊唬，急忿怨痛，已有积伤，暮年之人，贫病交攻，竟渐渐的露出那下世的光景来。
	九段夹叙夹议主题句	由评论语或说明语等与叙述语交织组合，共同评论主题语的九段主题句，如"小主题+5叙述+有无+能愿+叙述"型。此为偶例	偏那秦钟秉赋最弱，因在郊外受了些风霜，又与智能儿偷期缱绻，未免失于调养，回来时便咳嗽伤风，懒进饮食，大有不胜之状，遂不敢出门，只在家中养息。
	十段夹叙夹议主题句	由评论语或说明语等与叙述语交织组合，共同评论主题语的十段主题句	此例在语料库中空缺。
	十一段夹叙夹议主题句	由评论语或说明语等与叙述语交织组合，共同评论主题语的十一段主题句，如"说明+2叙述+6四字格动作语+四字格+描写"型	每日只和姊妹丫头们一处，或读书，或写字，或弹琴下棋，作画吟诗，以至描鸾刺凤，斗草簪花，低吟悄唱，拆字猜枚，无所不至，倒也十分快乐。

第一章　汉语主题句的理论研究

一、汉语主题句研究的意义

主题句这一概念的提出已有时日，但在汉语语法研究中仍是一个常讲常新的热门课题；而汉语句子的主题（或话题），更是半个多世纪以来中外汉语语法学者十分关注并多有阐发的一个研究热点。尽管如此，汉语语法学界对于主题句的研究并不透彻，关于主题句的性质以及与主题句相关的概念、定义等尚未在语法学界形成一致的看法。

1. 汉语主题句研究的理论意义

20世纪六七十年代以来，不少国内外语言学者对主题（话题）的问题进行了多种讨论。比如，赵元任（1968）提出了主题和述语的概念，并将这对概念引入句法分析的领域，赋予其等同于主语和谓语的语法意义[①]。Li & Thompson（1976）从语言类型学意义上来看待汉语主题句，认为汉语是主题突出的语言，主题就是汉语的句法成分，无需任何转换过程而生成，拥有独立的句法

[①] 参见赵元任《汉语口语语法》，商务印书馆，1979年，第45、60页。

功能①。曹逢甫（1977）第一个把主题链这一概念引入汉语句法分析中，目的是要为主题的判断设立一个可依据的标准。他还在句法、语义这两个平面的基础上提出了一个类似语用的概念——言谈概念，可谓三个平面语法观的先声②。胡裕树、范晓（1985）试图平衡各学派对于主题的不同看法，以三个平面的语法观研究汉语句型，认为汉语的主题与述题处于语用平面，有别于句法平面的主语和谓语及语义平面的施事与受事③。20世纪90年代以来，功能主义学派对主题句的研究更为深入，澳大利亚学者LaPolla（1990）对主题句的认识较为极端，他认为汉语句子中的主语和宾语根本就不具备语法地位，从来没有达到语法化阶段，只有主题和焦点才真正属于汉语的句法范畴④。石定栩（1998）则认为，主题的定义应该包括句法、语义和语用等几方面的内容，这样有助于解决长期以来许多争论不休的问题。值得注意的是，他认为除了在主题链中控制相关名词的删除或代词化，主题并没有其他特有的句法功能⑤。由此可见，汉语句子主题的性质，不同的研究者从不同的视角会产生不同的判断。但无论怎样为主题及主题句的性质定位，大多数学者都承认，主题及主题句的问题对于汉语语法研究及句型研究十分重要。因为从语言形态上看，汉语句

---

① 参见Charles N. Li, Sandra A. Thompson《主语与主题：一种新的语言类型学》，李谷城译，《国外语言学》1984年第2期，第38—44页。

② 参见曹逢甫《主题在汉语中的功能研究——迈向语段分析的第一步》，谢天蔚译，语文出版社，1995年。

③ 参见胡裕树、范晓《试论语法研究的三个平面》，《新疆师范大学学报（社会科学版）》1985年第2期，第7—15、30页。

④ 参见LaPolla, R.1990.Grammatical Relations in Chinese: Synchronic and Diachronic Considerations. Doctoral dissertation, University of California, Berkeley.

⑤ 参见石定栩《汉语主题句的特性》，《现代外语》1998年第2期，第42—59页。

子的主语、谓语等句法成分既没有明显的形式标记，更缺乏形态变化，采用西方语言的形式分析理论来研究汉语句子，其本身就存在许多无法克服的缺陷。从语言类型学意义上看，汉语与印欧语言有着极大的差异，二者在语法分析上难以用普通语言学的标准进行统一。

由此看来，汉语主题句的问题不仅关涉汉语语法在语言类型学上的特性，更触及一个汉语语法研究的根本性问题：是削足适履、继续沿用西方语言理论的框架来研究汉语语法，还是摆脱束缚、开辟一条符合汉语事实与汉语精神的语法研究道路？出版于1988年的《中国句型文化》可谓开辟汉语本土语法研究道路的创新之作。申小龙在这部专著中前所未有地将《左传》全书列为分析对象，建立了古代汉语专书语料库；通过穷尽性的句型分析，首创了功能句型分析理论和方法，以主题句、施事句、关系句"三分天下"，构建了一个汉语句型新体系；其中对汉语主题句的研究和分析更是打破了以往学界各派在句型分析中受制于"主谓二分"传统框架的惯例，将传统的主谓句从功能和结构上划分为名词性句型和动词性句型两类，主题句就是名词性句型，是对句首主脑进行评论的句子。

作为一种基于汉语事实及汉语特性的句型分析方法，功能句型分析法不但可以丰富汉语语法研究的方法，还有助于深化我们对汉语特性的认识和理解。这在理论上无疑具有十分重要的意义和研究价值。尤其对于印欧语言语法框架所难以分析、概括的汉语现象，主题句的归纳分析方法可以展现出其独特的解释力和效力。不仅如此，主题句的研究还有助于探索并揭示汉民族的语言心理特点，具有语言和第二语言学习与运用的实际价值。因此，本著作旨在分析不同历史阶段汉语主题句的基本结构类型和历史发展规律，以深化、发展功能句型分析理论，具有相当的理论意义和研究价值。

2. 专书研究和断代研究的实际意义

吕叔湘先生说过:"语法事实的研究和语法理论的研究是互相依赖、互相促进的。没有语法事实产生不出语法理论,这是显而易见的。但是,如果只有一堆杂乱无章的语法事实,不对这些事实进行分析、综合,不去发现规律,也是不能发挥什么作用的。不过比较起来呢,不得不说语法事实的探索是打基础的工作,一切科学工作都要从收集数据开始,没有比较足够的数据,产生不出比较正确的理论。"[①] 这里所说的语法事实,应该理解为基于现实生活的真实语言素材。所谓"让材料说话",强调的正是对语言材料的充分占有,这在语法学界已经成为一条不成文的原则,而专书研究正是这种把握充分材料的最科学、最实际的手段。

但专书研究长期以来在语法学界并不被重视,直至20世纪80年代,定量分析的研究方法才开始流行,专书研究显示出其特有的价值和效能。许多学者对古汉语如《左传》《史记》《吕氏春秋》、中古汉语如《世说新语》《旧唐书》《颜氏家训》、近代汉语如《三言二拍》《金瓶梅》《儒林外史》等典籍进行了词汇、语法方面的专题研究,成果可谓丰硕。尤其是对虚词、复音词、复合词、同义词等词汇方面的专题研究更成为专书研究中的重头。2000年以后,专书研究之风在博硕论文中大盛,其成果呈现倍增之势,且多为词语研究。这是因为"定量研究的方法,对词汇研究有其特别的便利之处。因为词汇的独立性比较强,形式化工作做起来比较容易,定

---

① 吕叔湘《在语法和语法教学讨论会上的讲话》,《课程·教材·教法》1981年第3期,第51页。

量的结果有形可感，容易为人们所接受"[①]。相对而言，句法结构、句子分析等专书句型研究则为数甚少。而针对某一句型进行"钻井式"充分挖掘的专书研究就更不多见了。1988年，申小龙在其博士论文《左传句型研究》中对《左传》的句型做了穷尽性的分类和描写，确立了主题句、施事句、关系句等三大类句型在《左传》句型系统中的位置和功能体系，可谓开古代汉语专书穷尽性句型研究与创建本土汉语语法体系的尝试之先。此后，也有一些专书研究成果相继问世，如管燮初的专著《左传句法研究》（安徽教育出版社，1994年）、吴福祥的专著《敦煌变文语法研究》（岳麓书社，1996年）、张觉的专著《〈孟子〉句式变换释例》（上海财经大学出版社，2002年）等，这些专著尽管语料全面、详尽，却并未做到如《左传句型研究》那样的穷尽性分析。

专书研究日益成为汉语语法史研究中的一种趋势，这跟前辈语法学家的大力倡导是分不开的。《左传》《史记》研究专家何乐士在论文中就多次提到，吕叔湘先生、丁声树先生生前均强调专书研究的重要性，应该对专书进行穷尽性的调查研究，要避免随意选例的做法。古汉语专家郭锡良先生也强调："当前最需要提倡专书的语法研究和断代的语法研究。三千多年来的汉语语法史必须建立在断代研究的基础上，而断代研究又需从专书语法研究开始。"[②]可见，考察汉语语法的发展史，必须建立在对专书的穷尽性研究的基础上。而仅仅考察一部专书，也难以把握汉语语法发展的全貌，更无法建立完整的汉语语法研究体系。断代研究正是从汉语历时的发展过程中截取几个不同的剖面，使不同阶段的汉

[①] 苏新春《汉语词汇定量研究的运用及其特点——兼谈〈语言学方法论〉的定量研究观》，《厦门大学学报（哲学社会科学版）》2001年第4期，第136页。

[②] 郭锡良《古汉语语法研究刍议》，《汉语史论集》，商务印书馆，1997年，第41页。

语现象在一个相对的共时环境中得到全面考察与分析描写,从而得出某种规律性的认识与结论。将共时的穷尽性与历时的断代性结合起来,这样的研究才有可能反映出汉语语法从古至今演变的真实样态,才能把握汉语语法史的发展方向。

我们发现,迄今为止的主题句研究,大都是选例式的研究,既不成体系,又过于主观随意,因而无法真正弄清主题句在整个汉语句型系统中的位置、价值和自身体系。因此,主题句的研究需要在《左传》句型系统的研究基础上,选择汉语史不同历史时期的代表性作品,进一步做穷尽性的专书研究,以深入探讨各个历史断代的主题句发展特点,总结汉语主题句的历史发展规律。

借用何乐士先生的话来说,专书研究是汉语史研究的基石,是专题语法研究的重要依据,是比较研究的重要准备,是建立新的理论的一个重要途径,是检验自己或前人成说的有力武器[①]。这正是本研究的初衷和意义所在。

二、汉语主题句研究的相关理论

1. 传统语法框架中的主谓句

传统的汉语语法分析框架始于1898年的《马氏文通》,这是中国语法学史上第一部以拉丁语法体系为蓝本建构汉语语法体系的系统研究汉语语法的经典著作。除了介绍各种"字类","句读"理论也在《马氏文通》中占有重要地位。首先,马建忠论述了汉语句法"次"及各种句子成分(词)的作用。如:"凡句读各有起词。

---

① 参见何乐士《专书语法研究的几点体会》,《镇江师专学报(社会科学版)》1999年第1期,第4—15页。

为起词者，名、代、顿、读四者皆习见焉。句也，读也，皆所以语或动或静之情也，所谓语词也。而动静之情，不能不有所从发。其所从发者，起词也。然则起词者非他，即所发动静之情之事物也，此起词所以为句读所必需也。"①其次，对于句读的定义作了新的解释，在"界说"和"句读"中多次提到："凡有起、语两词而辞意未全者曰读。""起词、语词两者备而辞意已全者，曰句。"②再次，《马氏文通》还从不同角度对句子进行了分类，如："句之为句，似可分为两类：一则与读相联者，一则舍读独立者。"③这是从句、读之间的关系所作的分类；他还按照语气将句子分为传信类和传疑类。此外，马建忠还看到了一些有汉语特色的句子，如比较句、受动句、倒装句等，进行了考察。这些都为汉语句型的研究奠定了基础。马建忠虽自认《文通》为"草创"之作，但也希望"人苟能玩索而有得焉，不独读中书者可以引通西文，即读西书者亦易于引通中文，而中西行文之道，不难豁然贯通矣"④。

自《马氏文通》之后，章士钊的《中等国文典》(1907)、陈承泽的《国文法草创》(1921)、黎锦熙的《新著国语文法》(1924)、杨树达的《高等国文法》(1930)等相继问世，基本上都因袭了《马氏文通》的体系。这其中，黎锦熙的《新著国语文法》成就较大，它是以白话文为研究对象的，可谓奠定了现代汉语语法研究的基础。《新著国语文法》以英国《纳氏英文法》的语法体系为模式，建立了一个"句本位"的汉语语法体系，它把句子作为语法分析的起点，根据句类来分析词类，因而得出"凡词，依句辨品，离句无品"的结论。在句子结构分析上，它第一次确立了句子的六

---

① 马建忠《马氏文通》，商务印书馆，1983年，第385页。
② 马建忠《马氏文通》，第28页。
③ 马建忠《马氏文通》，第425页。
④ 马建忠《马氏文通》，第245页。

大成分——主语、述语、次要成分（宾语、补足语）和附带成分（形容的附加语、副词的附加语），采用中心词分析法，是典型的传统语法析句观。在句类划分方面，《新著国语文法》把句子分为单句和复句两类，其中复句包括包孕句、等立复句、主从复句三种，这一划分标准也为以后的复句分类奠定了基础。

1936年，王力发表了《中国文法学初探》，力图改革此前的模仿语法体系。此后，汉语语法学界开始了一场长达十多年的"中国文法革新大讨论"，王力、吕叔湘、高名凯、陈望道、方光焘、张世禄等语法学者南北呼应，积极探索破除《马氏文通》开创的汉语模仿语法体系、创建符合汉语语法特点的新语法体系的道路。王力的《中国现代语法》、吕叔湘的《中国文法要略》、高名凯的《汉语语法论》等都是在这一学术背景之下发表的探索性论著。

王力的《中国现代语法》以主谓结构形式为基础，把句子分为只含一个句子形式的单句和包含两个或两个以上句子形式的复合句。复合句包括等立句和主从句两大类，各类下面还有若干分类。还根据谓语的表达功能把句子分为"叙述句（以动词为谓语）""描写句（以形容词为谓语）""判断句（以名词为谓语）"三种。在分析复合句时提出了汉语句子结构中"意合法"多的特点，而分析包孕句时则承认句子形式可以用作"叙述词""描写词"，即谓语成分，功能相当于一个词。这些分析对后世的句型分析启发很大。

吕叔湘的《中国文法要略》也是以主谓短语（即著作中所称"词结"）为基础来划分句子类型，包含一个词结的句子是简单句，包含两个或更多词结的句子是繁句，词结与词结是构造的结合，即包含主谓短语充当句子成分的句子是狭义的繁句，而词结与词结之间依靠关系结合在一起的句子则是复句。《要略》同样从谓语的表达类型出发将句子分为叙事句、表态句、判断句及有无句。《中国文法要略》的语法体系与《中国现代语法》很接近，比如都看到了汉语句子形式（词结）可以充当句子成分的特点，都从表达功能出发分析句类等。其中《要略》还将叙述句在结构上的主语、谓语区分与语义角度出发的起词、止词、补词的划分有意识地区别开来，为后来不同平面的语法分析方法打下了基础。

高名凯的《汉语语法论》发表于20世纪40年代末，自称要运用普通语言学的原理尝试建立一个科学的汉语语法体系。高名凯在《汉语语法论》中正式使用"句型"这个术语，并按照句子的谓语部分来划分句子类型，但是所用术语名称跟王力、吕叔湘有很大不同。他受法国语言学家房德里耶斯的影响，将句子分为名句、形容句、动句三大类，其中动句又分为兼语式、动补式、连动式三小类，这些动句的小类名称直到今天仍然在相当多的语法分析中被采用，可见其影响之深远。相较王力、吕叔湘，高名凯的语法观更加强调语法形式，而非逻辑语义，受西方普通语言学的影响较深。

王力、吕叔湘、高名凯等学者的共同之处在于：都积极探索符合汉语自身特点的语法体系，力图摆脱印欧语法的束缚。他们注重语义分析，都承认汉语的句子形式可以充当述谓性成分，出现在包孕句、兼语句等句式中，也注意到汉语句子谓语成分在表达功能上的差异，并以此作为句型分类的视点，成就了汉语句型的开创之功，对后来的句型研究影响至深。总体来看，上述三部著作都属西方传统语法研究的范围，对汉语句子的分析没有脱离印欧语主谓二分的传统语法框架。

需要指出的是，《马氏文通》建立起来的主谓二分观，其实来自古希腊哲学家亚里士多德的范畴学说。在这部逻辑学论著《范畴篇》中，亚里士多德规定了十个范畴，即实体、数量、关系、性质、时间、地点、姿态、活动、遭受、状态。其中，实体是主词，其余九个范畴是宾词，宾词都是用来陈述实体的。这些范畴本是用来阐述逻辑推断的，进入希腊语法、拉丁语法以后，主词就成了"主语"，宾词就成了"谓语"，"判断"则相当于句子了，这就是句子主谓二分法的来源。可见，西方语法理论中的句子二分法是早在公元前4世纪就已经确立的语法范畴。马建忠接受了西方唯理语法的观念，"仿葛郎玛而作"《马氏文通》，也将这种主谓二分的句子分析观全盘接受了。

　　《马氏文通》是中国语法的首创之作，模仿西方语法体系无可厚非。问题在于，自《马氏文通》以来，国内的汉语语法研究便始终难以走出西方语法研究的分析框架和理论影响。以英语为代表的西方语言的句子分析都是以动词为中心的，只要找到"限定动词"，也就找到了句子的谓语或谓语成分的中心词，再根据主谓结构人称、性数的一致性，主语也就自然显现。把握了主语、谓语，整个句子的结构也就清晰可见了。这样的分析方法用在复合句当中也并无二致。正因为如此，主谓结构才成为西方语法分析的唯一理念，也是最合理的形式逻辑。

　　而汉语句子分析就不一样了，汉语句子复杂多变，灵活不拘。主谓结构的分析方法处理整齐的句子尚可，面对真实而复杂的汉语事实就可能一筹莫展了。汉语没有形态标记，无法根据单数、复数、阴性、阳性、主格、宾格等形式标记来确定主语和谓语之间的关系。于是为了以复杂多变的汉语事实去适应西方句型分析的唯一法则——主谓结构框架，汉语句型分析不得不"削足适履"：根据谓语成分的各种不同情况而划分出名目繁多的句子类型。首先把所有句子分为主谓句和非主谓句两大类。主谓句中有的主语之后连续出现好几个动词，就称为复合句。复合句里连续动词共属同一个主语，这样的句子叫作连动句；连续动词的主语不同的，则是兼语句；主谓结构充当谓语成分的叫作主谓结构句或包孕句。种种术语名目繁多并非问题本身，真正的问题在于这些繁复的名称都是在主谓二分的"定律"之下产生的,是将语言事实迥异于印欧语的汉语句子强行塞入西方语法分析的条条框框之中的结果,这种句型分析模式所带来的种种弊端显而易见。

张世禄先生曾指出:"有些语法书上说:汉语里的句子虽然分做'主谓结构句'和'非主谓结构句'两大类,还是'主谓结构句'占据了大多数,在分析句子的时候,应该注重'两分法',即把句子分做主语、谓语两部分。这种观点,显然是受了西洋语法学的影响,同时又单用一些说理的散文作为语法分析的材料,因而引起一种错觉所得出的论断,是不合事实的。如果用诗歌、小说、戏曲等文艺作品作为语法分析的材料,也许从中会得出相反的结论。"① 事实上,自20世纪30年代以来的汉语语法学研究以及论争中,汉语语言学者大都认识到了用西方语法学范畴套用到汉语语法研究中的许多问题,最根本的如:汉语无法根据形态或词格去辨识主语和谓语。尽管如此,主语、谓语这两个从拉丁语事实中抽象出来的语法范畴,仍然顽强地扎根于汉语语法研究的土壤,长期影响着国内语法分析研究的视角与模式,成为中国传统语法学研究中根深蒂固、难以动摇的基础。

1953—1955年的词类问题讨论和1955—1956年的主语宾语问题讨论,依托《中国语文》《语文学习》两大语文刊物,进一步扩大了传统语法分析法在汉语语法研究界的影响,使直接成分分析法得到普遍运用。

2. 结构主义语法框架中的主谓句

继1953—1955年的词类问题讨论之后,1955—1956年间,汉

---

① 张世禄《关于汉语的语法体系问题》,《复旦学报(社会科学版)》1980年"语言文字增刊",第4页。

语语法学界又展开了第二次的大规模讨论——主语、宾语问题讨论。这表面上是一场针对诸如"台上坐着主席团"、"王冕死了父亲"之类特殊句子主宾语分析方法的讨论，实际上体现的是语法研究理论和方法的差异。这场讨论的参与者有王力、陈望道、高名凯、黎锦熙、吕冀平等人，他们在《语文学习》上发表的论文都涉及主语、宾语的问题。吕冀平的《主语宾语问题的讨论》总结了从结构出发和从意义出发区分主语、宾语的利弊和得失，指出"传统的根据意义的施受关系的析句方法，缺陷很多。……分析句子必须充分地重视结构，但如果脱离了意义，极端地发展下去，也必将陷入形式主义的泥坑里去"[①]。吕文摆出了两种不同析句标准的分歧问题，但如何协调二者之间的矛盾则并未阐述。其后的讨论中，参与者虽然都支持结构与意义必须兼顾，但在研究实践中，还是有不同侧重。王力、胡附、文炼等侧重于以意义或逻辑为判断主语、宾语的标准。王了一（王力）的《主语的定义及其在汉语中的应用》从逻辑学角度为主语定义，指出主语是"陈述的对象"，但这一定义有时候无助于辨别主语，而靠形态辨别，汉语名词又没有"格"，如何解决这个矛盾？王力从俄语语法书和俄语词典中选取了适用于汉语的定义："主语是句子的组成部分，它通常是由名词、代词或具有名词用途的词（有时加上附加语）来表现的；它指称事物，谓词所指称的行为（包括主动、被动）、性质或属性是属于这一事物的。"[②]他还分别用三大句类来进一步说明主语的性质。但是遇到像"婚姻的事情我自己做主"这样的句子，动词后面另有宾语的情况，就得在主语"婚姻的事情"前加上关系语"关于"，以形式来标明主语的职能。这就是说，"内容和形式是一个

---

① 吕冀平等《汉语的主语宾语问题》，语文出版社，1956年，第19页。

② 吕冀平等《汉语的主语宾语问题》，第173页。

不可分割的整体,片面地强调意义和片面地强调结构形式,都是不合理的"[1]。邢公畹、徐仲华、洪心衡等则强调以结构为标准分析主语、宾语。邢公畹的《论汉语造句法上的主语和宾语》提出了主语、宾语的判断原则,即词序及谓语动词与主语、宾语的结合程度及语音轻重来判断主语、宾语。他认为不应该把语法上的关系跟逻辑上的关系等同起来,否则会迷失在繁复的语言材料里,而失去了语法分析的抽象性和概括性。所以,"王冕七岁上死了父亲"这样的句子就是"主语+谓语(动+宾结构)"的结构。

这次主语、宾语大讨论虽未取得一致的意见,但参与者都认同将形式与意义结合起来应该是句法分析的原则。同时,我们也看到,这次讨论实际上是传统语法分析与结构主义语法分析的一次大交汇、大比拼。

其实从20世纪20年代到40年代,结构主义语法学派的理论就已被介绍到中国,40年代和50年代经由布龙菲尔德、威尔士、哈里斯、霍凯特等语言学家的深入研究,直接成分分析法得到了不断完善,对汉语语法学界产生了很大的影响。特别是经过50年代的两次讨论之后,形式分析法的影响更加扩大了。1952年,身在美国的语言学家赵元任所作英文著作《北京口语语法》(原名《国语入门》)由李荣编译出版,成为结构主义语法学派的代表作。赵元任十分重视句子结构,列出了五种基本造句结构作为结构层次分析的基础,如主谓结构、并列结构、主从结构、动宾结构、动词结构等,并将句子结构关系与构词法统一起来,这一认识至今仍然对汉语语法研究发挥着影响。最值一提的是,赵元任将主语即话题这一观点引入汉语的句法结构研究中,可谓汉语主题研究的第一人。因为完全摒弃语义分析,只根据句子内部的位置关系

---

[1] 吕冀平等《汉语的主语宾语问题》,第178页。

来确定主语和宾语,赵元任发现了汉语中许多独特的现象,比如"在汉语的句子里,主语可以从字面解释成主题,谓语不过是跟主题有关的话"①。把主语看成主题,这样主谓句的范围就大大扩展了,这在之前的汉语语法研究中从未有人尝试过。此后在1968年出版的《中国话的文法》②中,赵元任进一步提出有关主题的观点,认为汉语里主语和谓语的关系是动作者和动作的关系的比例"比50%大不了多少",因此"主语是话题,给说话布置场地","把主语、谓语当做话题和说明来看待,较比合适"③,从而认定主语和谓语的关系相当于话题和说明的关系。这样一来,西方语法中作为句法范畴的主语,在汉语里似乎还只是话题中的一个部分,没有成为句法范畴。他还认为主语和谓语的结构形式可以很多样,动词性词语和主谓短语可以是主语,名词性词语和主谓短语也可以是谓语。正因如此,汉语句子主谓之间的联系是很松散的,松散到了在别的语言里就不合语法的程度。这样看来,汉语很多的句子似乎也缺乏真正的句法结构,或者说句法是包含在语用中的。赵元任从结构主义语法理论出发,采用层次结构方法分析汉语句子,由此得出的结论也处处渗透着结构主义的语法观,可谓与传统语法理论来了一场彻底的切割,这对汉语语法学界的震动还是很大的。

1961年,丁声树、吕叔湘等集体合作的《现代汉语语法讲话》出版,可算又一部借鉴结构主义语法理论和方法研究汉语的代表作。这部著作的句子分析特别注重主谓、动宾、偏正等结构关系,关心句法单位组合的层次关系;取消了宾语提前等移位说,而根

---

① 参见赵元任著、李荣编译《北京口语语法》,开明书店,1952年,第16页。
② 后由吕叔湘先生翻译,商务印书馆于1979年出版,书名改为《汉语口语语法》。
③ 赵元任《汉语口语语法》,第45、60页。

据语序确定主语、宾语,凡是在动词前的名词性成分都是主语,凡在动词后的名词性成分都是宾语;分析句子的方法明确采用"层次分析法",除了并列结构以外,其他结构一律采用"二分法"。这种结构层次的分析方法在汉语语法研究与教学中逐渐被接受,并广泛运用,影响深远。此后,结构主义语法理论和方法便广为流行。《讲话》还根据谓词结构将主谓句分为了体词谓语句、形容词谓语句、动词谓语句及主谓谓语句,大大扩大了主谓结构的范围。这种分类方式的影响也十分广泛。此外,也照顾了汉语特点,把汉语单句分为单词句、无主句、主谓句三大类,并从语义角度分析了动词谓语句中连动式、兼语式、连锁式这三种特殊的句式。

对于"二分法",史存直先生指出:"刻板规定层层二分,不能适应语言的实际。在语言实际中,有时是须要三分的。例如'请他来''派他去'这样的结构,不管你认为是'动宾足'关系也好,你认为是'递系式'也好,总之是不能适用二分法的。"① 正如史存直所言,二分法最大的问题是难以揭示"请他来"、"派他去"这类句法结构的语义关系,特别是当句法结构相同而语义不同时,这种方法无法区分不同的语义。最典型的例子莫过于"鸡不吃了",结构层次分析法显然无法区分"鸡不吃食了"与"我们不吃鸡了"这两种意思,只能从语义层面加以区别补充。而对于一些复杂的长句,也不得不划分成许许多多个层次,划到句末,只剩下了层次,却模糊了语义。

《讲话》还依据语序,把凡是动词前可以作主语的名词都称作主语,而动词后可以作宾语的名词都称作宾语,这样主语、宾语的范围都扩大了,主语不仅是施事,也可以是受事、处所、类别、结果和存在的事物。这实际上是用多主语补充一主一谓的传统语

---

① 史存直《评几种新的句分析法》,《华东师范大学学报(自然科学版)》1980年第5期,第59页。

法结构。而有主语的主谓结构叫作主谓句,只有独立动词或动宾结构的句子叫无主句;同一主语下面紧跟好几个连续动词的句子,就被归入"连动式"或"兼语式"中,这看上去是在迁就汉语事实,但其出发点依然是根据动词谓语中心这个前提来处理分析汉语里的句子,其研究方法的实质,仍然是用西方语法分析中动词中心的视角来看待缺乏形态标记的汉语句子。

赵元任、丁声树之后,西方结构主义语言学派的影响逐渐深入,许多学者开始采用结构主义的方法进行汉语语法研究和讨论。

1981年到1982年间,《中国语文》杂志陆续发表了有关析句方法的论文二十六篇,后编为《汉语析句方法讨论集》,由上海教育出版社于1984年出版,张志公、朱德熙、吕冀平、李临定、史存直、廖序东、陆俭明、张静、卜觉非等学者参与了讨论。这场讨论也分成了两派意见,以史存直的论文《句子结构和结构主义的句子分析》为代表的意见坚决反对层次分析法,认为这种析句法"既不符合于句子的自然结构,而所谓'分布理论'就更把句子的结构破坏了"。"因为他们分析句子只重形式,不考虑内容或少考虑内容,因而就无法看清句子的自然结构,于是就只好采用那种形式主义的方法来分析句子了。"[①]他同时坚持传统的句子成分分析法是兼顾意义和形式的分析法,更符合汉语的实际。另一派意见以华萍(邢福义)的《评"暂拟汉语教学语法系统"》为代表,批评"暂拟"采用的成分分析法存在科学性、一贯性、实用性等方面的问题,并认为成分分析法与层次分析法难以结合。持中间立场并期望寻找第三条分析途径的有廖序东、黄伯荣、张静等。胡附、文炼的《句子分析漫谈》指出,析句应包括句子分析和句

[①] 《中国语文》杂志社编《汉语析句方法讨论集》,上海教育出版社,1984年,第28页。

法分析,"句子分析的终点是确定句型",而句法分析则是对"词组的层次分析和结构关系的分析"[①]。他们还提出,语序和虚词所表达的"有的属于语义,有的属于句法,有的属于语用"[②],可谓三个平面语法理论研究的先声。

80年代初期的析句方法讨论之后,结构主义语法基本取代了传统语法在汉语语法研究中的地位。在析句方法上,层次分析法在语法研究和教学中得到广泛运用。但是,正如传统语法以动词中心视角分析汉语句子难脱削足适履之嫌,结构主义语法也因过于重视形式而忽略了意义,带来了另一方面的弱点:只重描写,不加解释,因而无法解决汉语句子中诸如同构异义等问题。在此期间,老一辈语法学家吕叔湘、朱德熙及中年学者李临定、陆俭明等相继发表了重要专著或论文,探讨句型分析方法及主谓句问题,主题这一概念也随之进入了汉语语法研究的视野,为汉语语法研究增添了新的方向。

1982年出版的《语法讲义》比较全面地体现了朱德熙对汉语语法体系的认识,在"主谓结构"一章中,他提到主语、谓语的关系可以从结构、语义和表达三个不同方面来观察。从结构上看,主谓之间的联系是最松的,因为主谓之间可以停顿,主语可以省略。他认为这是汉语很突出的特点。从语义上看,主谓之间关系很复杂,主语可以是动作发出者,是受事,是与事,是工具,是时间或处所。从表达上看,意思相同的一句话主语可能不同,体现了说话人选择的自由。这个选择的主语就是话题,谓语则是对这个话题的陈述。所以说主语是话题,是从表达角度说的[③]。朱德熙这一看法虽然从句法、语义、表达等不同层面区分了主语与话

---

① 《中国语文》杂志社编《汉语析句方法讨论集》,第260页。
② 《中国语文》杂志社编《汉语析句方法讨论集》,第254页。
③ 参见朱德熙《语法讲义》,商务印书馆,1982年,第95—96页。

题,但实际上与赵元任的观点颇有相似之处,即主语有的时候就是话题,关键在于说话人的选择,即语用选择。所以,他的主谓结构中主语或话题的范围也跟赵元任一样是过于宽泛的。

陆俭明也是较早区分话题和主语的学者,他(1993)在论文《周遍性主语句及其他》中指出,现代汉语里的主语和话题是两个不同层面上的概念,话题是语用学概念,主语是句法学概念。他认为"就汉语而言,主语不一定就是话题,话题也不一定就是主语",那么根据什么来确定话题呢?那就是形式标记,如"非句子重音所在"、"能在其后加上'是不是'形成反问句"、"能在其后加上前置连词,使句子成为一个分句"[①]等,符合这些标记条件的就是话题。但这几条标记能否真正区分话题和主语呢?在我们看来,这些形式标记所确定的既可以是话题,也可以是主语,更有可能是标记出来的成分既不是主语,也不是话题。如"星期天也这么忙"一句中,"星期天"到底是主语还是话题?是否也有可能是状语?这种形式标记法并没有很强的说服力。

李临定在汉语句型研究方面颇有建树,在对主谓句结构的认识和句型体系的构架上,他的句型分析观点偏重于形式,同时也强调语义对句型的制约作用,主张根据"句子所用动词的情况,所用施事名词、受事名词的情况,所用有代表性的虚词的情况,整个句子格式的情况,句子不同的语气情况,句子成分之间的语义关系情况"等来观察句子的结构,这样就能获得多样化的句子格式,建立"宝塔"形的多层级的句型系统。这一思想体现在他1986年出版的专著《现代汉语句型》中,他将汉语句子分成单动句型、双动句型、代表字句型、其他句型共四大类,又从中分出

---

① 参见陆俭明《周遍性主语句及其他》,见陆俭明《现代汉语句法论》,商务印书馆,1993年,第73—84页。

二十三个下位句型，再从中分出四百二十六个下下位句型，形成了一个十分繁复的宝塔形句型体系。关于话题问题，李临定也主张汉语主语和话题等同的观点，但跟赵元任、朱德熙所不同的是，他认为话题与说明跟施事与受事一样，"也是一种语义关系"[①]，在句法分析中也应被分析，只是分析的平面不同。在《句法散议》一文中，他提出了一种设想，即把动词谓语句的主语分为两类，"一类是话题主语"，"即：一个句子可以分为两个部分，一部分是被说明的对象——话题主语，另一部分是说明的部分——谓语"；而"另一类是施事主语"，"即：句子里的名词性成分，有的是动作行为的发出者，有的是动作行为的承受者，前者是施事主语，后者是受事宾语"。前一类"是就句子构造的总格局来分析的"，"后一类是就句子里的名词性成分和谓语动词的关系来说的"。李临定的分类仍然着眼于谓述性成分的形式特点，把句首名词性成分分为两类，因为这样"便于对动词类句型进行描写、分析"，至于话题主语句怎么分析则并未提及[②]。

专门研究句型系统的专著除李临定的《现代汉语句型》以外，还有吕叔湘主编的《现代汉语八百词》（1980）、林杏光的《汉语五百句》（1980）、郭德润的《汉语常见句型的用法》（1981）、陈建民的《现代汉语句型论》（1986）等，此外还有分别由胡裕树（1981）和黄伯荣、廖序东（1983）主编的两套同名教材《现代汉语》。这些专著以形式分析和描写见长，基本以主谓宾三大成分的组合关系为依据，并按照谓语动词的形式特点划分句型。研究汉语句型的专题论文也有不少，比如陈炳迢的《现代汉语句型系统》

---

① 参见李临定《如何分析汉语句子》，《语言教学与研究》1989年第2期，第49—66页。

② 本段内容参见李临定《句法散议》，《世界汉语教学》1996年第1期，第5—10页。

(1981)、范晓的《试论动词谓语句的定型问题》(1983)、邢福义的《论现代汉语句型系统》1983)、史存直的《也谈句型》(1983)等,主要围绕汉语句型系统构拟、划分句型标准等问题进行了讨论。

从吕叔湘、朱德熙等老一辈语言学家对汉语主谓结构的分析和对主语问题的论述来看,从不同层面看待句首名词性成分的思想早已有端倪。胡裕树、张斌在《现代汉语》1981年修订本中明确提出了必须从"三个平面"的角度区分看待不同的语序。所谓三个平面即"语义的、语用的、语法的"①。1982年他们又以胡附、文炼的笔名联合发表论文《句子分析漫谈》,进一步阐述"三个平面"的思想,认为虚词跟语序一样也有三个不同平面的区别。1985年,胡裕树、范晓在《试论语法研究的三个平面》一文中正式提倡语法研究的三个平面观念,将主语与话题区分开来,认为"主语是属于句法关系的概念,它是与谓语相对而言的,是一种句法成分;施事属于语义关系的概念,它是动作行为的发出者,在与及物动词相联系时,是与受事相对而言的,是一种语义成分;主题是交谈功用上的概念,是交谈双方共同的话题,是句子叙述的起点,常代表旧的已知的信息,它是与评论(对主题的说明,即传递新的信息部分)相对而言的,是一种语用成分"②。这一定义就此成为三个平面语法观的理论根基。

与赵元任、朱德熙、陆俭明等所持主语、话题等同的主张不同的是,胡裕树、范晓虽然认为主语与主题常有重合的情形,但"语用概念的主题与句法概念的主语也不是完全重合或对应的,主语不一定是主题,主题也不一定是主语",继而从句法关系上区分了

---

① 参看胡裕树《现代汉语》,上海教育出版社,1981年,第337页。
② 胡裕树、范晓《试论语法研究的三个平面》,《新疆师范大学学报(社会科学版)》1985年第2期,第11页。

主语和主题。比如，主题出现于句首，而主语不一定出现在句首，"当主题和主语不重合时，主题处在主谓结构的外层，……在句法上可以称为提示语"①。举的例子，如"上午我开了一个会"、"自行车他骑出去了"，这两句中的"我""他"分别是主语，"上午"和"自行车"都处在主谓结构的外层，在句法上可以称为提示语，从语用角度看就是主题。我们发现，这样的区分方式实际还是为传统语法分析服务的，他们首先还是要找到符合主谓宾框架的句法成分，而将其外的"枝蔓"剔除，用"提示语"统而代之，都归到"主题"的范围，这样一来，句法结构分析的"障碍"也就剪除了。这种主语、主题的区分方法究其本质，仍然是以句法研究为核心理念、以结构分析为指导思想的结构主义语法观。该文同时指出，三个平面有区别也有联系，句子分析必须以句法为基础，兼顾语义和语用分析。相对结构主义语法只重形式分析与描写而言，三个平面的析句观看到了语义的重要性，同时强调了语用的存在意义，这些不可谓不是一大变革和进步。自胡裕树、张斌、范晓等提倡三个平面语法观以来，这一理论对语法研究的各个领域也产生了很大的影响。

结构主义语法分析中最为薄弱的一面是只有层层二分的结构，只有结构与结构的套叠，而忽视语义的存在，暴露了其句型分析的最大不足。三个平面的语法理论试图在进行句法分析的同时兼顾其他层面，以补缺堵漏，却不一定能够很好地解释汉语话题的性质。他们把所谓"语用"层面的话题从汉语句法结构的基本成分中剔除出去，其实还是意图维护主谓结构的纯净性。总体上说，无论是赵元任、朱德熙，还是李临定、胡裕树，诸位前辈所进行

---

① 参看胡裕树、范晓《试论语法研究的三个平面》，《新疆师范大学学报（社会科学版）》1985年第2期，第12页。

的主语、话题问题的研究,从根本上说仍然未能抛弃结构主义的句法层面这个基点,但他们努力探索切合汉语实际的句型研究新方法的精神是值得学界同仁继承的。

3. 功能语法的话题研究

从20世纪80年代开始,西方各种语言学流派的思想被陆续介绍到了中国,如转换生成语法、系统功能语法、格语法、认知语法等等,汉语语法学界纷纷运用新的语法理论与方法来解决汉语语法研究中的具体问题,不断寻找西方理论与汉语实际的融合点,在理论与实践方面都取得了一定的成果。

功能语法学派源自于韩礼德创立的系统功能语法。系统功能语法包含系统语法和功能语法,所研究的是语言系统的构成及其内部各子系统之间的关系,揭示语言成为人类交流的手段这一本质,并认为语言所需完成的功能决定了语言的系统和形式。基于这一认识基础,系统功能语法以实际使用的语言现象作为研究对象,以功能的配置来解释句法结构。与关注语法内部抽象化原则与技术手段的形式语法形成鲜明对比的是,系统功能语法对语言现象的种种解释都来自语法外部,即语言的功能。90年代,功能语法的研究方向主要集中在语义、认知、功能句法、语用、话语分析等五个方面。这几个研究方向都对汉语语法研究产生了极大影响。

在海外,以功能语法方法研究汉语句法结构的学者首推李讷和汤生(Charles N. Li & Sandra A. Thompson),他们对"主题-述题"结构的研究广受话题研究者的关注[①]。他们以主谓结构的汉语句

---

① 两位学者1976年发表论文"Subject and Topic: A New Typology of Language"由李谷城翻译,发表于1984年第2期《国外语言学》上,参看下文论述。

子为例,指出汉语是注重话题的语言,而英语是注重主语的语言,进而从类型学的角度把汉语归入主题突出的语言。在他们看来,汉语中主谓关系与主题-述题关系是并存的两种结构,而非派生与被派生的关系,且主题-述题结构在汉语句子中更有代表性,可以将汉语描写得更深刻,更具类型学价值。

对于主语和主题的区分方法,李、汤二位学者提出了七条标准:首先是"有定和无定",即"主题的主要特征之一是所指的事物必须是有定的,主语则不必是有定的";其二是"选择关系",即主题"同句中的任何动词无需有选择关系;……不必是谓语成分的论元。……而主语总是同句中的某个谓语有选择关系";其三,"动词决定'主语'而不决定'主题'",这是就动词的形式和语义而言的;第四个标准"功能"是指:"主题的功能始终如一",主题是"注意的中心",它"预告话语的话题","确立容纳谓语表述的框架";第五个标准是"与动词的一致关系",即主题与谓语之间的关系无须强制一致,它们之间的联系通常是很松散的;第六个标准是"句首位置",即主题总是处在句首的,而主语却不一定,因为"主语概念更多地着眼于句子范围,因此在话语的传递顺序中不必优先传递";最后一条标准是"语法过程",即"主语在诸如反身代词化、被动化、相同名词短语删除、动词系列化和命令句化等过程中起着重要作用"①。我们认为,这七条标准用来确认主题的性质,可能并不能囊括全部;而作为定义的话,又失于宽泛、琐碎。

李、汤指出,赵元任并不区分主语和主题,而是认为汉语句子中主语和谓语的语法意义就是主题和述题,而非动作者和动作。

---

① 此段内容参见 Charles N. Li, Sandra A. Thompson《主语与主题:一种新的语言类型学》,李谷城译,《国外语言学》1984年第2期,第38—44页。

他们则对此持不同意见，认为主题-述题结构与主语-谓语结构是同时存在的两种汉语基本句式，故而反对主题-述题结构是主谓句话题化的结果这种观点。他们最后还指出，语言类型"实际上是对于达到同样交际目标的各种手段的一种描写"，所以这种类型学对于探索普遍语法现象很有意义。

李讷、汤生从类型学角度区分"主语"和"主题"，突破了传统语法与结构主义语法从成分和层次角度分析汉语句子的条框束缚。存在的问题是，从确立语言类型学特征的角度来认定汉语属主题突出型语言，而将汉语的主题与主语看成互相排斥的关系，主题突出便意味着主语薄弱。实际上，按照功能主义语法观[①]的解释，汉语的施事语与主题语（即所谓主语与主题）都有各自不同的结构和功能，都属不同句法结构中的句子成分，互相并不排斥。我们对汉语句子施事语或主题语的认识，不应着眼于它是否与句中谓词性成分的关系如何，而应该审视其在句中所担任的功能与结构成分的性质。此外，李、汤判断汉语属主题突出的语言类型并没有得到有效的数据支撑，是缺乏说服力的。事实上，我们通过对近代汉语和现代汉语语料库句子的考察，用功能句型分析方法归纳统计的结果显示，大量的汉语句子都是以施事语即传统语法所谓的主语为结构主脑的。

澳大利亚学者罗仁地（Randy J. Lapolla）将李讷和汤生的观点推向了极端，他认为"主语和宾语在汉语发展过程中从来没有达到虚化的程度，因而没有任何语法地位"，能够称得上是句法范畴的只有主题和焦点，只是信息单位。因此，汉语的句子没有真正的句法结构，汉语的句法功能跟主语、宾语没有关系。对于主题的认识，持功能主义语法观的罗仁地认为，"如果句子的动词前

---

① 详见下文第五节。

面有好几个名词词组,就有可能出现多个主题"①。因此,除了否认汉语主语、宾语的句法地位以外,罗仁地关于汉语主题的看法与其他功能句法研究者并无二致。

台湾地区学者曹逢甫认为李讷和汤生所举主题特征具有普遍意义,故并无异议,只不过,他的论述是针对汉语主题,因而与李、汤有所不同。比如,他发现汉语的主题在一段话的第一个小句句首充当主题的同时,往往还可以在这段话的另一句中作主语,具有话题链的性质;还有,"明显出现主题的地方可以由'啊,呀,呢,嘛,吧'几个语气词或停顿将其与句子其余部分隔开"。较为特别之处是,曹逢甫将汉语主题看作语段概念,认为可以"将其覆盖范围扩展到数个句子",因此,"虽然主题和主语有重叠的时候","但本质上属于不同的语法结构层面"。他还指出,李、汤把汉语看作主题明显的语言有误导作用,汉语与英语的差别在于"一个是言谈取向而另一个是句子取向"②。曹逢甫所谓的句子取向的语言,指的是像英语那样,句子具有完整的结构,主语、宾语都有明显的标记,句界十分清楚的西方语言。而汉语这种言谈取向的语言,句子难以从句法上进行清楚地界定,于是他首次将话题链这个概念引进了汉语句法分析,其实是将以句读段组织句子的汉语句法结构与以动词为中心的英语句法结构从本质上区别开来了,颇具独创性。但问题是,话题链带来的是句界的消融,主题成分的无限制扩大。句界不清楚,如何进行句子分析呢?主题成分的不确定,带来的是主题在句法结构上的地位的不确定。这种分析方法虽然打破了"主谓二分"的定律,却又产生了"句子无界"

---

① 转引自石定栩《汉语主题句的特性》,《现代外语》1998年第2期,第40页。
② 参见曹逢甫《主题在汉语中的功能研究:迈向语段分析的第一步》,谢天蔚译,语文出版社,1998年,第38—43页。

的问题。

曹逢甫认为主题和主语分属语法组织的不同平面,不能作语言类型的比较基础,并在句法、语义这两个平面的基础上提出了一个类似语用的言谈概念,可以说是三个平面理论的源头。但正如申小龙所指出的,"曹逢甫虽然注意到汉语句子格局的特点,却回避了汉语句子主脑成分的区别。……他没有把主题句放到汉语整个句型系统中作全面的联系的考察。因此他不可能在汉语句型系统的相互制约中确认主题句句型的'价值',也无法认识主题句作为一种句型所特有的表达功能"①。

20世纪80年代后期,功能语法分析开始影响到国内的汉语话题研究。一批学者把语言研究的重点转向了言语行为及言语策略上,加强了对篇章结构、信息结构的研究。胡壮麟、徐克容等学者从语义功能角度研究词序,探讨语气、语篇等问题,对国内的汉语语法研究产生了较大影响。张伯江、方梅1996年出版的《汉语功能语法研究》借鉴了话语分析和功能句法学方法,对汉语主位结构、焦点结构、语法化、词类功能和句法功能进行了研究,用例都取自北京口语。由于功能语法重视语言的交际作用,所以易于从语言交际中发现一些传统的静态句子研究所发现不了的语法现象。比如,句法分析的结果有时不能反映篇章功能,话题必须在一个篇章结构中才能得到确认。出于交际需要,人们使用语言时会从信息传递功能的角度去安排语序,因而语言的信息传递功能被带进了汉语功能句法研究的视野中。

他们认为"主语-谓语"或"话题-说明"的结构不足以涵盖汉语句子的信息结构,除句首"实体"信息成分外,还有很多诸如情态成分、篇章连接成分也在信息结构中起到重要作用,但没

---

① 申小龙《中国句型文化》,东北师范大学出版社,1988年,第33—34页。

有得到说明,于是借用了韩礼德分析英语的主位结构,用"主位-述位"这对概念来描写汉语口语的信息结构。他们把汉语口语的主位结构分为话题主位、人际主位和篇章主位。其中,"话题主位"是"句中作为陈述对象的实体性的行为参与成分,话题成分在一句话里的意义是角色,但不一定是谓语动词的支配性成分,它为其后的部分确立了基本的陈述框架,所以必须是有定的",它可以由"名词性成分(包括时间成分和处所成分),介词短语,事物化的动词性短语"充当。张伯江、方梅还指出,"主位-述位"分析法的长处是"细致地分析出了句子的信息结构",但如何确定此结构的客观判断标准是最关键的问题。为此,他们提出了主位结构的形式标志:一是语气词,包括延缓、停顿、加强语调等手段;二是主位后置现象,因为"主位-述位"结构的本质就是"次要信息与主要信息的对比",所以主位后置符合"简练原则",也是汉语特有语序的表现[①]。

张伯江、方梅以汉语口语为对象对句子进行动态分析,所反映的语料的真实性和汉语话题的多样性方面均超越了前人。但完全抛弃句法特征,仅根据语气词及主位后置这两条标准来认定主位结构,流于标准的泛化。他们还允许从语境与听话者理解的角度分析主位结构,又失于主观性的过强。实质上,同样是口语,很多汉语句子的主题成分无需张、方所立标准也都能成立。"油馍我都省给你吃。""我病没好哩。""偷点心还凑合偷点儿?""这院子真大,住一个连也没问题!"(例句选自语料库《第九个寡妇》)这类句子在我们的语料库中俯拾皆是,仅凭语气词与主位后置这两条标准显然无法找出这几条例句中的主题语或张、方所说的

---

① 以上参见张伯江、方梅《汉语口语的主位结构》,《北京大学学报(哲学社会科学版)》1994年第2期,第66—75、57页。

主位。

在西方语言中，形式是自足的，语义和语用都受制于形式。汉语则相反，当传统的形式分析及现代的形式语法分析均不能反映汉语丰富多样的语义和表达功能之后，研究者就转而把目光投向了功能语法的研究，这不仅有助于揭示汉语的特性，也是与中国传统的语法研究精神相符的。然而，需要指出的是，与百年前《马氏文通》模仿拉丁语语法术语描写汉语事实的做法相似，中国的功能语法研究者在采用韩礼德的系统功能语法理论解释汉语的相关问题时，也难免"削汉适外"的做法，如涉及汉语言语交际的种种因素方面，他们的某些解释并不能完全令人信服。具体到主题这一重要语法问题，他们一方面将其置于一个缺乏句法特征的所谓篇章结构、信息结构、人际结构中进行讨论，另一方面又将其建立在既定的"主谓宾"这一西方语法框架之上，这种矛盾做法不仅导致主题范围的无限泛化，也必然导致研究者无法真正走出传统的形式框架，去认识汉语句子主题在句法与功能上的整体特性。

4. 转换生成语法的话题研究

乔姆斯基的转换生成语法理论在20世纪80年代至90年代对中国国内语法学界产生了很大影响，特别是其关于深层结构的学说和变换的方法影响最大。

乔姆斯基认为，结构主义语法只能揭示句法关系，不能解释语义关系，不能分化歧义结构，而转换生成语法不但可以描写句子的表面结构，更能解释句子内部的语法关系，可以化解歧义，这样一来，变换分析法就对解决一些复杂的汉语句子问题有了帮助，因为汉语句子当中存在形式与意义不对应的关系，如形式相同而意义不同，或者意义相同而形式不同，无论传统语法的成分分析法还是结构主义的层次分析法都无法解决这一问题,而变换的方法就在这里找到了一个突破口。因此,转换生成语法对汉语语法研究的影响最初是表现在以变换分析法解决汉语句子中诸如"异构同义"[①]等问题。比如陆俭明在《〈生成语法理论与汉语语法研究〉序》[②]一文中所举的例子:

①他吃了那苹果。
②那苹果他吃了。
③那苹果吃了。

这几个句子都被看作汉语句法中的不同句式,而且例②、例③是汉语特有的句式,体现了汉语语法特点。但沈阳、何元建、顾阳在上述论著中却认为这几个句子实际上"都属于由动词'吃'形成的同一个句位的不同变体,其中例①是'吃'的典型句位,其余的都是由于名词移位情况的不同、句中空语类情况的不同而造成的不同变体"[③]。所以,有些表面看起来属汉语的特点,其实是人类语言的共性。陆俭明还进一步指出,这种变换思想早在吕叔湘的《中国文法要略》和《汉语语法分析问题》中就已隐含,只不过老一辈语言学家没有将这一思想升华为理论,直到转换生成理论的引进才给这类"变式"思想带来了借鉴的机会。

90年代以来,汉语语法界一些学者如黄正德、徐烈炯、徐杰、汤廷池、沈阳、邢欣、宋国明、程工、冯胜利、袁毓林等,尝试用生成语法理论研究汉语的具体现象,如空语类问题、指称关系问题等,

---

① 按照本文所持功能主义句型理论的观点,"异构"则"异义","我吃了饭"和"我饭吃了"就是两个结构、语义均不相同,即功能完全不同的句子。

② 《生成语法理论与汉语语法研究》一书为沈阳、何元建、顾阳著,黑龙江教育出版社2001年出版。

③ 陆俭明《〈生成语法理论与汉语语法研究〉序》,《汉语学习》2002年第2期,第76页。

也用以进行句型、句式、题元和配价研究,取得了不小的成果[1]。

　　作为台湾地区生成语法理论的奠基者,汤廷池的研究遍及形式语法的各个方面,尤其是对各种句法结构的描写分析及移位变形、格变语法等句法理论的建设方面成果颇丰。他对汉语主语、主题的区分也进行了深度研究,在《主语与主题的划分》一文中指出了赵元任对于主语和主题的认识上的缺陷,进而提出主题、主语与施事者是可以独立并存的概念,"主题与评论是属于'交谈功用'上的概念:主题表示交谈双方共同的话题,评论表示在这个主题下所做之陈述或解释",主语与谓语则属于"句法关系"的概念,"因此句子的主语固然可以成为交谈的主题,动词的宾语、介词的宾语,甚至表时间或处所的状语也都可以成为主题"[2],也就是说,主语和主题的语义都不限于施事者,具有其他语义功能的名词都可以成为主语或主题。既然主语、主题都是独立并存的概念,那就应该加以区别,汤廷池为此提出了辨析主题、主语的七条标准,如把与谓词性成分在语义上有无选择关系作为主语与主题的分界标准;从位置上看,主题出现在句首,如果主题、主语同时出现,那么主题一定在先,主语在后。这样的分法看似完美,但问题在于,如果谓语动词前面是三个名词性成分,甚至更多呢?比如"这件事我脑子里一点儿印象也没有了"这样的句子,到底该如何区分主题和主语呢?汤先生把主题放到交谈层面进行分析,实际上是回避了其应有的语义和句法功能,割裂了句子成分在内容和形式上的有机统一,与中国大陆地区语法研究采用的三个平面分析理论有着异曲同工的性质。

---

　　[1]　参见刘雪春《汉语形式语法研究发展轨迹》,《汉语学习》2003年第2期,第43—49页。

　　[2]　参见汤廷池《国语语法研究论集》,台湾学生书局,1981年,第73—80页。

徐烈炯是国内生成语法研究中成就最为显著的学者，他和刘丹青1998年合作的论著《话题的结构与功能》采用生成语法学和功能语法学的有关概念和方法，在普遍语法理论和语言类型学的背景下研究汉语话题的结构和功能，其中语料大都来自上海话，他们认为上海话有着比普通话更为丰富的跟话题有关的语言现象，适合用作探讨话题问题的语言材料。

徐烈炯、刘丹青在论著第一章评价了不同语言学派关于话题的定义和观念，明确地提出他们对话题的定义，是从句法结构中的某个特定位置来认定的，话题可以指这个位置上的词语，但无关这个词语所指称的对象。他们采用乔姆斯基为主语下定义时所画树形图方式，也为汉语话题画出了树形图，明确地进行形式化定义，这意味着他们的话题研究是不涉及语义的，尽管他们声称要力图使他们"所定义的句法概念尽可能反映话题所具有的语义和话语功能性质"。关于话题在句法结构中的地位，他们认为：汉语的话题在句法上有与主语、宾语同等重要的地位，不与主语或宾语合一个位置。这个位置在汉语句子结构中一直存在，但不一定每个句子都被一个成分占用，如果被占用的话，这个句子就是一个话题结构，在话题位置插入成分的过程就是"话题化"。他们认为这一结构处理可适用于所有像汉语一样的话题优先型语言。至于话题化的过程到底是由什么机制促成的，他们对疑问词移位说、空语类说提出了反对意见，而采用乔姆斯基的主张，认为话题化也是通过"一般化转换"，把适当的成分插入结构位置中。所谓一般化转移，意指"从词库中选用一些词，按一定的语法结构要求把它们组合成短语，然后把整块短语置入某个位置，与其他成分相结合成更大的结构体"[①]。

---

① 以上论述参见徐烈炯、刘丹青著《话题的结构与功能》，上海教育出版社，1998年，第7—32、43—57页。

他们的句法分析所表达的是一种抽象的句子结构，有的句子即使语感上没有任何歧义，在句法结构上也存在多种可能。比如"小张不来了"这句话中的"小张"就既可以是话题，也可以是主语。这是句法的歧义，并非语义的歧义。除了从句法结构上区分话题和主语，两位学者还从线性位置上把话题区分为主话题、次话题、次次话题三种：主话题即句子的话题，位于句首；次话题是谓语的话题，位于主语和动词短语之间；次次话题是指兼语式和双宾语句中的兼语成分和间接宾语。他们说明了从结构上区分三种话题的必要性，以图全面描写话题的不同结构类型[①]。

徐烈炯、刘丹青在把汉语看作话题优先型语言的类型学背景下研究汉语的话题问题，试图从句法平面讨论话题的位置、性质，并努力从形式语法理论上确立汉语话题的句法地位，反映了他们推崇形式主义普遍语法的出发点，以及力图将汉语的特性融汇到世界语言类型的大框架之中的用意。

转换生成语法奉行通过一系列的规则把一套符号改写成另一套符号，以此得出合格的句子，这种方法能够成功定义其他许多不同的句子。这套转换生成理论被运用到汉语主题问题的研究中，就形成了与功能语法分析完全不同的观点。从转换生成语法学派的角度来看，主题只是个衍生成分，其句法功能是由其原始位置所决定的，所以讨论主题的独立句法功能意义不大。比如，黄正德1982年在他的博士论文《汉语生成语法——汉语中的逻辑关系及语法理论》中指出汉语的话题结构跟英语疑问结构相似，都是由移位形成的[②]。袁毓林讨论了主谓谓语句是基础还是派生这个问

---

① 参见徐烈炯、刘丹青著《话题的结构与功能》，第60—80页。
② 参见黄正德《汉语生成语法——汉语中的逻辑关系及语法理论》，黑龙江大学科研处，1983年。

题，认为从主谓句派生出主谓谓语句的过程具有明显的语用动机，而这个过程就是话题化，即某个本来处于句中位置的成分移到了句首位置，成为了话语平面的话题或次话题。他用了一些极具形式语法特征的术语，如"施事、当事等主体格""时间、处所等环境格""受事、系事等客体格"等来指称这些话题化的语义成分，并用一则计算公式来概括这种话题化的过程[①]。杨成凯也讨论了"主主谓"句式的话题问题，认为主语和主谓结构之间有无表述关系无法以明确的方法直接进行鉴定，断言句首成分是主语，这在逻辑上是不成立的。他解释道："汉语句子中复杂的名词性成分可以移到句首，同时在原位留下一个替身，也可以不留下替身。根据普遍语法，人类语言都有把复杂句子成分从句子的基本结构模式中移出去的造句方式，因为这样做可以使句子的核心结构简明，以便短时记忆有限的人类去理解它。"[②]他认为中外语言在这方面是一样的，只有放在句首还是句尾的差别。石定栩对功能语法学派所提出的六大类汉语式主题句（即主题与谓述性成分无关的句子）逐一进行了分析讨论，之后得出"主题其实都跟述语中某个位置相关，并无特别之处"的结论。也就是说，主题并没有本身特有的句法功能，唯一的例外是在主题链中控制相关名词的删除或代词化。因此在他看来，主题不过是一个普通的句法成分，只是位置提到了句首而已[③]。汉语转换生成语法的研究者普遍用这样的眼光看待汉语的主题：既承认它们是一个语用动机的产物，

---

① 参见袁毓林《话题化及相关的语法过程》，《中国语文》1996年第4期，第241—254页。

② 杨成凯《"主主谓"句法范畴和话题概念的逻辑分析》，《中国语文》1997年第4期，第257—258页。

③ 参见石定栩《汉语主题句的特性》，《现代外语》1998年第2期，第42—59页。

同时又认为它们不过是一个普通的句法成分经过移位或标记（如语气词）而形成的句法特征。

一般而言，语法研究的不同流派都致力于建立一套完整的理论方法，作为描述具体语言的框架，但乔姆斯基的基本理念却是"人类都具有相同的语言能力，各种语言的自然语法虽然千姿百态，本质却都完全一样，都是在同一个语法的基础上变化发展而来的，这就是所谓的普遍语法。语言学研究的最终目的就是要透过表面现象抓住本质，尽可能准确地描述处于自然状态下的普遍语法，建构普遍语法的理论形式。生成转换语法之所以从数理逻辑那里借用推理方式，用近乎数学公式的结构式来表达句法规则，就是为了更好地接近普遍语法的高度抽象本质"[1]。所以，转换生成语法并不致力于研究某个具体语言，而是试图揭示个别语法与普遍语法的统一性，探索语言的普遍规律。通过上文几位转换生成语法研究者的理论认识和分析观点，我们不难看出他们的共同点：努力寻找汉语中的语言普遍性，使汉语语法研究与西方现代语法研究接轨。在这样的前提下，一套以英语为主要研究对象的理论被搬到了汉语里，为了寻找那些存在于不同语言中的普遍规律，研究者往往要给汉语语言现象戴上各种似是而非的术语和概念的帽子，进而采用转换生成语法的那套抽象深奥的数理公式来描述汉语句子结构，解释汉语句法的种种现象；为了让形式语法的分析理论在汉语中找到更多的切入口，有的研究生搬硬套，甚至生造例句，不免令人怀疑这套抽象的形式分析方法对汉语语法的适用性。这种脱离语义的语法分析标准能在多大程度上揭示汉语的规律，是值得探讨的。

---

[1] 石定栩《生成转换语法的理论基础》，《外国语（上海外国语大学学报）》2007年第4期，第8页。

5. 认知语法的话题研究

进入21世纪，汉语语法研究似乎也步入了一个新时代。当上个世纪90年代以生成语法为代表的形式语法分析方法在汉语语法研究中遭遇种种局限，并受到众多诟病之时，或许是作为一种反拨，抑或是一种补救，汉语语法研究乃至句型、句式分析又偏向了重语义分析的一翼，开始呈现出浓重的以认知语法理论为基底的面貌。

认知语言学是建立在如范畴化理论、语义原型及其扩张理论、隐喻和转喻理论、视点理论、前景和背景化理论、认知图式理论、焦点化理论、主观化理论等现代认知科学研究成果的基础之上的。其创始人R.W.Langacker提出了认知语法的五个基本观点：（1）意义就是概念形成过程；（2）经常使用的词语一般表现为一个相互关联的意义网络；（3）语义结构相对于"认知域"时才能显示出其特征；（4）在一个词语的概念内容基础上赋予一个侧重内容（突显部分），才能得到一个语义结构；（5）语义结构包含了常规的"意象"。因此，语法也是一种意象[①]。

在认知语言学的理念中，语言不是一个自足的系统，对语言的描写必须参照人的认知规律和世俗经验。同样，句法也不是一个自足的形式系统，其分析不能脱离语义。而对语义的描写必须参照人的一般认知能力和知识系统。与此相关，认知语法主张语言只存在语音、语义、象征这三种单位。而象征即指一定的形式约定俗成地代表一定的意义。因此，认知语法研究的终极目的就是要揭示人类如何通过形态、语序等手段来表达和理解意义。由

[①] 参见R.Langacker《认知语法基础》第二卷张辉、齐振海导读，北京大学出版社，2004年，第1—2页。

此可知，语义结构在认知语法的研究中占据显著地位。

如果说乔姆斯基的生成语法是一种注重形式的认知主义，那么Langacker的认知语法就是一种注重概念的认知主义，它强调作为语言核心的意义是一种心理现象，强调语法结构来自对现实的象征，所以语言学必须研究语法结构在观念方面的理据。因此，认知语法的分析都是以"识解"为基础。所谓识解，即抽象性、图形/背景的转换、视角、隐喻、突显和侧重等人类的认知能力。语言符号为说话人提供了数量众多的识解场境的手段，于是说话人可以熟练地运用语言来识解各种场景。识解的常规方式的差异在很大程度上决定了说该语言的人对世界的看法。这一认识，促进了中国国内将认知语言学运用于翻译和语言对比的研究。

Langacker在他的《认知语法基础》第二卷中，运用他的认知语法理论考察了言语参与者认知、行为、角色介入之下的英语名词结构、名词词组结构、时态、情态、小句结构、有标记编码和小句整合等问题，以说明认知语法可为许多语言现象提供更加简洁和合理的描写[1]。这些研究内容对国内许多吸收了认知语言学理论的汉语语法研究者指明了语法分析的方向。

21世纪以来，国内认知语法研究的成果主要集中在对介词、动词、词范畴、名词短语、兼类问题及被动句、动补结构、动结式等汉语特殊句法的语义研究中。如束定芳（2000）的《论隐喻的基本类型及句法和语义特征》，赵艳芳（2001）的《语义范畴与词义演变的认知机制》，胡壮麟（2004）的《口述·读写·超文本——谈语言与感知方式关系的演变》，陆丙甫(2005、2005)的《时间表达的语法差异及其认知解释——从"年、月、日"的同类性谈起》《语序优势的认知解释（上、下）：论可别度对语序的普

---

[1] 参见R.Langacker《认知语法基础》第二卷张辉、齐振海导读。

遍影响》，文旭（2005、2008）的《左移位句式的认知解释》《汉语双主语构式的认知语法观》，王寅（2006、2007）的《隐喻认知理论的新发展——语言体验性论文之六：从神经学角度论证隐喻和语言的体验性》《汉语"动名构造"与英语"VN构造"的对比——一项基于语料库"吃/eat构造"的对比研究》，石毓智（2006、2008）的《论汉语的进行体范畴》《语法结构之间的功能交叉——论处置、工具、双宾、比拟、充当等结构的共性》，卢植（2006、2013）的《句子理解中一致性的认知加工》《基于转喻视角下的动结构式研究》，等等。以上研究虽然涉及汉语句法、句式分析，但基本只专注于句法中的个别现象或者某一特殊句式结构的语义分析，没有将汉语句型系统的建构和句型分析方法纳入到认知语法研究的视野中。

2016年，学林出版社推出了"认知语言学与汉语研究丛书"，包括沈家煊的《语法六讲》、张伯江的《从施受关系到句式语义》、张国宪的《现代汉语动词的认知与研究》、张旺熹的《汉语句法的认知结构研究》、崔希亮的《语言理解与认知》、吴为善的《构式语法与汉语构式》、刘大为的《比喻、近喻与自喻——辞格的认知性研究》等，算得上是认知语法研究领域最新研究成果的集大成。这七本专著中，《语法六讲》代表作者对汉语研究的思考和尝试，是整套丛书的"提纲挈领"之作。其他六本都是研究具体汉语现象与汉语特殊句式的。如《从施受关系到句式语义》从汉语句式范畴出发探讨句式内部的语义关系，特别是施事和受事的语义和语用特征、与施受有关的句式语义问题、篇章信息与句式语义等；《现代汉语动词的认知与研究》从汉语的词类范畴出发，讨论现代汉语动词的句法语义特征和语用属性、与动词相关的韵律与功能的互动等；《汉语句法的认知结构研究》主要从从话语"编码"的角度来考察汉语句式，重点讨论了"把"字句、"连"字句、重动句、句法重叠、介词衍生、"V着"结构等句法现象的认知结构,强调特定句法的语义结构来自人们把握外部世界的某种认知方式;《语言理解与认知》则是从话语"解码"的角度来考察汉语句式,解释人们语言解码机制中蕴含的认知动因,同时探讨了语法研究的方法和立场;《构式语法与汉语构式》借鉴了Goldberg创立的认知构式语法理论,对汉语构式及其承继关系进行了系统的梳理和阐释;《比喻、近喻与自喻——辞格的认知性研究》应用认知科学的理念和研究成果,从认知视角重新审视了传统修辞学中的某些辞格。

近十几年来,汉语语法研究领域最突出的新理论莫过于构式语法。脱胎于认知语法,但又相对独立的构式语法是普林斯顿大学教授Goldberg(1995、2006)[①]创立的,同认知语法一样,具有对形式语法进行反思的特点。所谓构式,"是语言使用者学得的形式和语义/功能的配对,包括语素、词、熟语、部分有词汇填充的短语格式和完全没有词汇填充的句式。任何语言格式,只要其形式或功能的某些方面不能从其组成部分或其他已经存在的构式中得到完全预测,就应该被看作是一个构式。此外,即使有些语言格式可以得到完全预测,只要它们的出现频率很高,这些格式也应该被看作是构式"[②]。这里的不可预测性,强调的是构式的整体意义大于部分组合意义。语言里特殊的短语格式和句式是构

---

① 1995年芝加哥大学出版社出版的 *Constructions: A Construction Grammar Approach to Argument Structure*(中译本:《构式:论元结构的构式语法研究》,吴海波译,北京大学出版社,2007年)和2006年牛津大学出版社出版的 *Constructions at Work: The Nature of Generalization in Language*(中译本:《运作中的构式:语言概括的本质》,吴海波译,北京大学出版社,2014年)。

② 冯奇、吴海波《认知构式语法:主要思想和基本原理》,《上海大学学报(社会科学版)》2015年第4期,第134页。

式,而如英语中的及物句、不及物句、被动句等基本句式也是构式。构式语法的研究目的就是对语言中特殊格式的语义/语用限制和复杂形式限制进行解释,从而更容易地扩展到对一般简单、规则的格式进行解释。

国内汉语构式语法研究基本上都是采用Goldberg体系中的"构式"理念所进行的一些个案研究,如"把"字句(张伯江,2000)、"被"字句(张伯江,2001)、存在句(董成如,2011)和祈使句(李勇忠,2005)这样的特殊构式,以及有标记的构式,如"连"字句(刘丹青,2005)、"爱咋咋地"(吴长安,2007)、"还NP呢"(郑娟曼,2009)、"A不到哪里去"(吴为善、夏芳芳,2011)等,分别对构式的跨语言特性、构式的表达价值、构式的层次性、构式的语境适切度等进行了研究和探讨。虽然成果丰硕,但构式语法的运用者并没有在研究范围和研究对象上建立一套行之有效的完整体系,来对汉语进行新的系统描写,包括句型系统的构建和句型分析方法的确立。比如,张伯江(2000)认为,构式语法适合用来研究和人的生活密切相关的表示移动、致使、状态变化的双及物构式、"把"字句、"被"字句;刘丹青(2008)认为难分解的结构因其整合度高,所以适合采用构式分析法;陆俭明(2008)也认为,可以用传统句法分析法解决得很好的问题没必要采用构式分析法。他提出,构式句法分析法不是要替代传统的句法分析法,而是对传统的句法分析法的一种补充[①]。他同时自问:"一个语言,如现代汉语,在句法平面上,到底可以概括为多少种构式?最常用的构式有哪些?从理论上来说,某个具体语言,一定有人类各语言共同的构式以及该语言特有的构式,那么人类各语言共

---

① 此处内容参考了张娟《国内汉语构式语法研究十年》,《汉语学习》2013年第2期,第65—77页。

同的构式具体有哪些？该语言特有的构式有哪些？"①

我们认为，陆俭明先生的这番自省不无道理。作为一种新的语法研究方法，构式语法如果一味停留在对各种特殊构式的孤立的研究上，而这种构式又可能是难以穷尽的、望不到边际的，那就无法归类并构建一个完整的汉语句型系统，使之成为行之有效的语法分析方法。正因为构式语法的研究视野不够开阔，缺乏整体的句型系统观，研究方法上又主要依赖内省法，缺少实证方法如语料库、调查法等对理论主张的佐证，因此对于诸如主语、话题、主题的区分和判断等涉及句型分类的宏观问题便显得研究不足，以致相关成果较少。

在可谓丰硕的认知语法研究成果中，关注汉语主语、主题、话题或主题句的论文并不多见，主要如文旭（2008）的《汉语双主语构式的认知语法观》，研究的是"双主语构式"，也即结构主义语法学所说的主谓谓语句，比如"这些学生，这个最刻苦"、"他肚子饿"等。作者在认知语法的框架下探讨双主语构式中的NP1和NP2是主语还是话题，以及这一构式与话题构式之间的关系。他认为主语和话题是两个不同的概念，主语是语法概念，具有语法、语义和语篇特性。而话题是句子语境里的已知成分，常常带有标记成分，因此是一个语篇概念。双主语构式中的NP1既不全是主语，也不全是话题。他用认知语法的理念进行解释，把双主语构式看成一个参照点结构，NP1为整个小句的参照点，可以覆盖主语和话题，NP2是内在小句的主语。参照点就是认知语法中关于人类知识领域和认知能力的一个常用概念。因为主语和话题都可以充当参照点，这样一来，就无须区分NP1是主语还是话题，在"他肚子饿"这样的构式里，"他"是一个参照点，可以激活

---

① 参见陆俭明《再论构式语块分析法》，《语言研究》2011年第2期，第5页。

诸如"肚子饿、口渴、头痛"等一系列的潜在目标。据此，双主语构式可以概括为[参照点+[主语+谓语]]这样一个结构。对于该结构的理据性，作者认为最初来源于"不可让予的领属关系"，即NP1是领属者，NP2为被领属者，身体部分关系则是这一关系中的典型。这种关系涉及认知突出性中某种内在的不对称性，即一个人比其身体部位更易于用作话题。

我们认为，文旭对于双主语构式涉及的研究范围过于狭小，排除了"这本书，我不喜欢"这种明显的话题构式和"这些学生，我不想提他们"这类左移位构式，只剩下"领属关系"这一种边界清晰、易于分析的构式，确有避重就轻之嫌。其次，"参照点"是认知心理学的概念，是否可以用作语法分析和划分句子结构的专门术语？认知语法研究者尽管论著颇丰，但似乎并未致力于创立一整套用于系统语法分析的固定术语。再次，作者指出其研究目的是从一个个具体语言现象入手，方能最终解决汉语的结构系统[①]。似这样一种过于琐细的研究模式，只怕难以在有限的时间内建构起基于认知语法理论的汉语句法体系。

梅德明、韩巍峰（2009）是两位较为关注主题、主语问题的学者，先后合作发表了多篇讨论主题及主语问题的论文，如《论主题-主语的突显与对应关系》(2009)、《静态动宾结构的主题化分析》(2009)、《典型双宾语结构的主题化分析》(2010)、《主题—主语之辩》(2011)等。其中，《论主题-主语的突显与对应关系》是很典型的运用认知语言学的原型论、突显观等理论来讨论主题与主语这两个重要句法概念的论文。作者以"豆子我吃了"这一

---

① 文中引用了范继淹先生的原话："要想彻底弄清楚某种语法现象，势必全盘解决汉语的结构系统不可。而要解决汉语的整个结构系统，又必须从一个一个的具体语言现象入手。"

句型为例，讨论了宾语前置句中主题的突显程度及其与主语的对应关系。他们认为，在汉语宾语前置的句型中，前提的宾语与主语可以分别看作第一主题和第二主题，即"豆子"是第一主题，"我"是第二主题。但是，汉语中宾语前提的位置既可以在主语之前，也可以在主语与动词之间，即"我豆子吃了"。那么，该如何确定主语呢？于是作者对这种宾语前提位置不同的句子进行了实验调查，结果发现宾语前置句对主语的确定取决于其是否为相关动词的原型施事或原型经历体，具有原型特征的名词（短语）就可被视为主语。从调查结果看，在"豆子我吃了"和"我豆子吃了"这两个同样是宾语前置的句子中，主语都是"我"，如此认定的理据是什么呢？作者认为取决于"我"是否为相关动词"吃"的原型施事或原型经历体。这里，作者既采用了语义学上对于施事的相关定义，认定"我"是"原型施事"，"豆子"是"原型受事"，同时又运用了认知语言学的模式识别研究所提出的原型匹配模型来进一步说明"我"为什么是主语：听话者首先确认各个成分的特征，再确认它们之间的关系，然后再与长时记忆中的信息进行匹配。所以，主语和宾语的选用不是逻辑问题，也不是语法问题，而是主体识解的认知问题。一个事体在被认知的过程中可以被分为优势和次优势，反映在句子中，主语是优势部分。在宾语前置的句子中，"处于第一主题位的成分倾向于被看作因强调等原因从其他非主语位上前提来的成分"。将次优势部分（豆子）移至优势位（"我"的位置）之后，其突显程度反而强于原先的优势部分——"我"。因此，"豆子我吃了"一句中，"豆子"虽位于第一主题位，得到了强调和突显，但由于认知上的原因，主语仍是"我"，该句仍然可以被准确地理解为"我把豆子吃了"，而不是"豆子把我吃了"，因为这不符合认知的原型识别模式。

我们认为，上述研究采用不同语法理论解释同一个概念，存在方法上的缺陷。而且从认知角度来解释汉语句法现象,过于注重个人的主观感受和内省结果,缺乏准确的标记手段,还是很容易模糊边界的。如果只是局限于对某个具体的句法现象进行分析尚可,若运用于整体的汉语句型分析,则难以全面覆盖。如束定芳所言:"仅仅依靠直觉和语感的研究结果毕竟缺乏科学的可靠性和说服力。认知语言学家们提出的一些假说必须得到坚实、可靠的实证证据的支持和验证才能真正确立其科学理论的地位。"[①]一种语法理论及其研究方法,若只能用于解释个别句法现象,那就不是真正科学的理论和方法。

除了对主语、主题和话题问题的讨论,王擎擎、金鑫(2013)的《现代汉语功能句型体系的建构》是极少数将目光投放到整个汉语句型系统构建上的研究成果。作者提出,拟以苏丹洁、陆俭明(2010)的"构式语块分析法"的操作方法,以"形式制约,语义管控"为原则,对汉语句型系统进行构建。按照他们的设想,在分析句子时先划分出表达不同功能的句型,再对功能相同的句型进行归类,以"形成功能视窗下各个不同功能菜单层级的句型体系"。需要指出的是,他们所定义的"功能"也是从语义角度出发的,只要某个构式可以表达某一功能,就可以把它纳入到该功能的框架内。

关于功能的认定,作者提出:"不仅要着力于整个构式义的解析,还要分析除构式标记词之外的句子成分的语义,并且要关注整个构式适用的语境。"相对形式主义语法分析而言,认知主义的语义、语境等概念固然充分考虑到言语使用者的价值和作用,散发着强烈的人文主义色彩,但其分析判断的主观性过强而失于准

---

① 束定芳《认知语言学研究方法、研究现状、目标与内容》,《西华大学学报(哲学社会科学版)》2013年第3期,第53页。

确性与标准性的缺陷也是显而易见的。此外，论文还存在一个很大的问题，即把句型与句式这两个概念混为一谈。既然研究路径是"先分析一个个构式所表达的语义功能，然后将相关功能归类，最后再形成体系"，那么这个体系就应该是一个句式体系。我们且不说汉语中不同构式的数量有多少，能否穷尽，即使完成了所有构式的分析和归类，又如何构建统一的功能句型体系？按相同功能归类的句型或句式又如何用术语命名？既然"在归纳功能句型时，可能没有能力做到穷尽性列举"，那么"创建一套标准一致、层次分明的句型系统"一说又从何谈起？对于这些问题，作者在论文中没有提供实例，我们无法知晓。查阅作者的其他学术成果，我们也并未发现该研究的后续内容。

总之，国内认知语法研究成果数量虽众，但大多集中于对词语、短语和某些特殊句式及有标记构式的个案研究，其中有些研究未能通过语料分析提出或修正相关理论，以解决实际问题；有些研究则把某种方法当成万能，不顾其适用范围，因而缺乏普遍的解释力；有些研究甚至还处于机械模仿的阶段。总体上看，在句型分析上，认知语法学派并没有形成系统性和创新性的研究方法，因此也缺乏审视整个汉语句型系统的宏观视角，对于诸如主语、主题的认定等汉语语法研究中最重要、最关键问题的认识和讨论缺乏应有的兴趣，对于汉语句型的划分和体系的建构也未能作出理论和方法上的新贡献。

三、基于功能句型理论的主题句研究

纵观百年来的汉语句型研究，从拉丁语语法体系的主谓二分到结构主义的层次分析，从三个平面的语法理论到功能主义的句型观，再到转换生成语法的话题研究，我们看到了汉语语法研究走的是一条徘徊于形式与语义、结构与功能之间的、游移不定的分析之路,这中间,始终摆脱不了印欧语法理论对汉语研究的巨大影响。正如申小龙所言,"汉语和印欧语在结构形态、组织方略和文化精神上分别处于人类语言连续统的对立的两极"[①],拿西方形式主义的语法理论来套用汉语,必然捉襟见肘,生出诸多矛盾。因此,我们有必要建立一套真正贴近汉语事实的理论来研究汉语语法,用符合汉语实际语感的方法来分析汉语句子,直至建立一个既科学又人文的汉语句型体系。在这方面,申小龙出版于1988年的《中国句型文化》可谓开风气之先。在这本文化语言学的开山之作中,他前所未有地将《左传》全书列为分析对象,建立了古代汉语专书语料库,首创了功能句型分析理论和方法,以主题句、施事句、关系句"三分天下",创立了一个汉语功能句型新体系。不仅如此,他还将这一新创体系用于现代汉语中篇小说《井》中,进一步进行穷尽性专书分析,以验证《左传》句型系统对现代汉语所具有的适用性。最重要的是,这部论著开创性地探究了汉语句型与汉民族文化心理结构的内在联系,阐述了汉语的主体意识、文化特征、认知心理特点,探讨了文化通约之下的汉语语法本体论和方法论。

申小龙指出:"同印欧系语言相比,汉语的特点并不表现在主题占重要地位,而在于整个句型系统在功能和结构上都存在名词性句型和动词性句型的质的区别。印欧语的语法可以不区分名句和动句,而以形式为纲主谓二分;汉语语法是一种注重功能、内容的语法,汉语句子类型的划分必须首先把名句和动句区别开来。主题只是名句中的一个句子成分范畴。主题现象虽然反映了汉语语法的一个重要特点,但却不能说汉语是主题占重要

---

① 申小龙《论汉语句型的功能分析》,《孝感学院学报》2002年第1期,第19页。

地位的语言。实际上，汉语的名句和动句都有与印欧语句子殊异的特点。在语言类型学的意义上，汉语整个句型系统的面貌是更深刻更带根本性的。"① 这段话的核心意义在于：西语在传统语法意义上的主谓句，无法移植到汉语的语法事实中。汉语句子的所谓"主语"，其实存在主题语与施事语的差别，从功能与形式上分别对应为名词性句型和动词性句型。将主谓句分解为主题句与施事句两大类，便很好地解释了评论说明事物的名词句和叙述事件过程的动词句这两大类汉语句型的本质特点，也颠覆了传统语法研究中为弥补汉语句子硬套主谓句框架的种种不足而将谓语成分勉强分类的做法。

1. 功能句型理论的支点

1.1 名动二分说——功能句型系统的理论基石

功能句型理论中的名动二分说，是申小龙建立功能句型体系的理论基石，这一立论既继承了郭绍虞等前辈语言学家的相关理论，又基于这些理论发展成了一套成熟的学说。

前辈语言学家金兆梓在1922年的《国文法之研究》中最早提出了汉语与西语中verb这个动词概念的差别，认为西语的动词是专门用以陈述的，而汉语"除动词之外，不论名词，静词，乃至副词，都可有陈述的功能"②。高名凯1948年出版的《汉语语法论》中明确提出了动词句、名词句的概念："以思想中的事物观念和历程观念为标准可以把句子分为名词句和动词句。"③按照这个标准，动词句是一种叙述性句子，叙述一个事件的发生或一个历程的经过；

---

① 参见申小龙《中国句型文化》，东北师范大学出版社，1988年，第51页。
② 金兆梓《国文法之研究》，商务印书馆，1983年，第8页。
③ 高名凯《汉语语法论》，开明书店，1948年，第131页。

名词句则是说明事物的句子，旨在说明一个事物的性质。

郭绍虞则在多种论著中反复强调汉语句子的特点。他于1978年提出了"名词重点"说，认为汉语语法是以名词为中心，西语语法则以动词为中心。因为"汉语是以实词为中心的，而实词之中名词最实，可称体词。动词、形容词都是相词。而动词形容词对名词而言，就都变成了虚词。……可见汉语的本质是不可能以动词为重点的"[1]。他在专著《汉语语法修辞新探》中进一步从造句上论述汉语的名词性特点："汉语造句的特点是以名词为重点的，……由于汉语不以动词为重点，所以主语不一定与动词发生关系，而许多名词性的词组就可成为主语。"[2] 最典型的例子要数《水浒传》第四十三回的句子："那一阵风起处，星月光辉之下，大吼了一声，忽地跳出一只吊睛白额虎来。"郭绍虞认为"那一阵风起处"和"星月光辉之下"是两个时空性的词组，在句中充当主语，"大吼了一声"则是谓语。这样的顺序是汉语句子的常态语序，更符合汉民族的心理习惯。如果以动词为重点，这个句子就要变成："一只吊睛白额虎，大吼了一声，在那一阵风起处，星月光辉之下，忽地跳出来。"意思没有变化，但顺序不一样了，阅读者的心理感觉也就大不一样了。

与郭绍虞的"名词重点"说相距不多时，林同济于1980年提出了"动词优势"说，认为英语造句主要用关联词语将句子的主干与从句相连，而汉语造句则"偏重动词着眼，运用大量的动词结集，根据时间顺序，一一予以安排。甚至尽量省略关系词以达到动词集中、动词突出的效果——这是汉语造句手法的基本倾

---

[1] 郭绍虞《汉语词组对汉语语法的重要性》，《复旦学报》1978年第1期，第35页。
[2] 郭绍虞《汉语语法修辞新探》，商务印书馆，1979年，第18页。

向"①,比如:"他拿着枪,绕着屋子走",汉语中这类句子大量呈现,足可证明汉语的特点是动词优势。

其实,有着大量阅读经验的人都会有这样的感觉:无论是郭绍虞先生所说的名词重点句,还是林同济先生所举证的动词重点句,在汉语事实中都是大量存在的。名词重点句在古典诗词曲中俯拾皆是:王维的"大漠孤烟直,长河落日圆"(《使至塞上》),温庭筠的"鸡声茅店月,人迹板桥霜"(《商山早行》),马致远的"枯藤老树昏鸦,小桥流水人家,古道西风瘦马。夕阳西下,断肠人在天涯"(《天净沙·秋思》),等等,不胜枚举。上举每一例均可入画,原因正在于名词意向的堆叠,营造了生动如画的完整意境。现代文较之古代诗文变化很大,但韵律与乐感作为某种修辞手段仍然有迹可循,甚而在文学作品中屡见不鲜,可谓是一种民族语言心理机制的外化。比如:"唱词念白加锣鼓点,生旦净末丑,统统一张嘴包圆";"一张长白脸,眉毛好整齐眼睛好干净";"他就那样青白着一张嘴笑笑,活活一个梁山伯。"(《第九个寡妇》)而动词集结的句子在日常口语与古今文学作品中也很丰富:"他去山上采来草药煎药汤喝"(日常口语);"一面引人出来,转过山坡,穿花度柳,抚石依泉,过了荼蘼架,再入木香棚,越牡丹亭,度芍药圃,入蔷薇院,出芭蕉坞,盘旋曲折"(《红楼梦》);"他揣着五块钱,在集上转,见一个老婆儿卖茶鸡蛋,买了五个,花了一块钱,又去供销社称了两斤点心。"(《第九个寡妇》)

汉语句型到底是名词句重点还是动词句重点?最重要的依据并非词语形式上的特征,而应该看句子中的动词和动词词组所具有的功能到底是动词性的还是名词性的。汉语本身缺乏形式标记,

---

① 参看林同济《从汉语词序看长句的翻译》,见方梦之、马秉义编《汉译英实践与技巧》,旅游教育出版社,1996年,第433页。

在词性的界定上具有很大的灵活性,形式上表现出来的特征与实际功能往往并不一致。根据西语语法范畴下的形式特征去判定汉语句子是名词型还是动词型,很容易忽视汉语语法与汉语事实之间的深刻联系。申小龙从功能句型理论出发,基于大量语料分析所建立起来的施事句(动词句)、主题句(名词句)、关系句"三分天下,鼎足而居"的汉语句型格局,足以说明古今汉语的句型存在名动二分的特点。

1.2 功能主义——汉语功能句型系统的理论基础

对于功能主义的认识,申小龙曾经指出:"汉语的句型系统不像西方语言那样有句法结构形态和句子表达两套。汉语句子的成立要素首先是某种特定的表达功能,然后是与之相适应的不同表意功能段的线性配置格局。功能和结构不是两套系统,而是结合在一起的。功能主义,是浸润在中国古代语文传统中的汉民族语文组织和理解的独特机制。"[①]这一认识的形成来自于他对西方语言哲学家如洪堡特、萨丕尔等人语言思想的深刻领悟,也来自于他对老一辈汉语语法学家张世禄、陈望道、郭绍虞等人对汉语所持独到见解的发扬光大。

洪堡特曾经指出:"人们习惯于到陌生的语言中寻找语法关系的表达,用自己语言里的语法形式的名称来命名所遇到的词形变化和词序现象,或者是根据一般的语言规律来予以处理。然而,事情却往往是,这样的形式在所研究的语言里根本就不存在,而是被其他的东西代替了。"[②]这是批评那些以自己母语的语法去研究另一种陌生语言的做法。萨丕尔则在《语言论》中用本能和非

---

① 申小龙《论汉语句型的功能分析》,《孝感学院学报》2002年第1期,第20页。
② 洪堡特《论人类语言结构的差异及其对人类精神发展的影响》,商务印书馆,1999年,第53页。

本能来区别人类言语和其他活动的不同。比如走路，是"一种机体的、本能性的功能"，是"不自主的，无目的的"，不具有社会意义。而人类的言语则是"一种非本能性的、获得的、'文化的'功能"①。这种"非本能性的"、"文化的"功能，直接导致了人类语言丰富多彩的差异性和表达功能的多样性。这两位颇具人文主义色彩的西方语言哲学家的思想极大地支持了申小龙关于语言的功能直接表达着不同文化的差异性这一看法。

早期陈望道、郭绍虞、张世禄等语言学家都注意到了汉语的特性，试图从汉语自身特点出发，建立不依附于西方语法框架的独立的汉语语法体系。张世禄先生的语序论、语气说，陈望道先生的功能观、词类说，郭绍虞先生对汉语语法特点的深刻认识，都为汉语语法的本土研究指明了新方向。

陈望道在1938年至1943年的文法革新讨论中，最先发表了《谈动词和形容词的分别》一文，提出汉语的形容词与西方语言不同，具有陈述功能，例如在"山高月小，水落石出"一句中，形容词"高""小"与动词"落""出"一样都作陈述语，并指出《马氏文通》以有无陈述功能区分动词和形容词的做法，实际上是西洋文法的翻版。在此后的《回东华先生的公开信》一文中，陈望道又明确地主张以"功能"观点研究汉语语法。在讨论后期发表的《文法的研究》一文中，他对"功能"一说进行了详细的阐释，指出每一个字语有声音、形体、意义、功能四种因素，其中功能与意义是需要"心领神会的"，是字语"内蕴的"品格，是一种"字语在组织中活动的能力"，"我们研究辞白的组织，虽然不宜偏废字语的形态，却当十分注意字语的品格。在品格的意义与功能两个因素之中尤当注意功能"。陈望道对功能的解释是："功能是语参加

---

① 萨丕尔《语言论》，商务印书馆，2010年，第3—4页。

一定配置的能力,组织是由功能决定的语和语的配置。组织要受功能限制,功能要到参加组织才能显现。"①这些精辟见解在我国早期语法研究尚不成熟之时显得十分珍贵,是符合汉语语法实际的研究观点和方法。申小龙的功能句型理论的核心就是关注句子内蕴的与形态、意义、组织之间的关系,与陈望道先生的"功能"说有着深刻的传承意义。

张世禄先生也曾指出:"汉语里句子的成立,是关于语气和语调的现象,与结构的繁简无关。"②谁都无法否认语气在汉语句子中的关键作用,它传达说话人的意图,帮助人们确认句子的整体功能与结构类型。"与结构的繁简无关",表明形式在汉语句子结构中不一定是自足的,但表达功能可以是完善的。汉语句子的语气和语调既然传达着说话人的意图,当然就是功能的一个部分,决定着句子的成立与否。申小龙在论著中常常谈及他的导师张世禄先生的"语气"说。张世禄认为汉语句子可以依据语气和语调分为直陈句、测度句、疑问句、反问句、感叹句和祈使句六种,认为语气的不同导致语义上的细微差别。从语气角度划分句类会令很多习惯西方语法分析理论的研究者难以理解。申小龙指出,这实际上触及到一个对中西文化深刻差异的认识问题。"张世禄的'语气论'以其对中西语言差异的深刻反省向世界表明,过去那种以西方文化为参照系的落后观,并不说明中国文化的发展缓慢,而仅仅说明中国文化的发展方向不同。"③张世禄先生还特别反对汉语语法研究全盘抄袭西洋语法体系,在"洋框框"内"修修补补"、"增添补缀"的做法,提倡"打破许多洋框框的束缚,清除

---

① 以上论述参见陈望道《中国文法革新论丛》,中华书局,1995年,第273页。
② 张世禄《关于汉语的语法体系问题》,《复旦学报(社会科学版)》1981年增刊,第8页。
③ 申小龙《当代中国语法学》,广东教育出版社,1995年,第58—59页。

汉语语法学上一些洋教条的影响"①。申小龙很好地吸收了这一思想，并具体落实在了他的汉语功能句型分析与体系建构的语法实践当中。

郭绍虞先生是中国现代汉语研究者中比较特殊的一位，因为他是以古典文学批评史学者的眼光来审视汉语的，所以其汉语语法观往往透露出汉语特有的人文精神，处处体现出新颖独到的见解。郭绍虞认为，汉语语词的形式和功能都具有弹性和张力，可以根据需要进行分合、伸缩、颠倒、变化等，这种弹性和张力是适应汉语音韵谐调的要求而产生的，也是根据语境和上下文的关系而起作用的。他还指出汉语的造句是"积词组而成句"的，把词组看成汉语造句的基本构件，这直接带来了汉语句子"流块堆叠"的逻辑顺序、"大主语"的名词重点、"节律声韵"的音乐性等外在样貌，而现有的语法分析是依据"洋格局"抄来的，不是从汉语事实中归纳出来的，因此，汉语语法的研究应当与修辞结合在一起，才能建立立足于汉语事实的富有中国特色的语法学②。申小龙极其推崇郭绍虞的汉语语法思想，认为其具有鲜明的民族性和深厚的文化哲学，能推动我们更深刻地理解汉语语法的民族文化内涵，从本质上认识中西语法的真正差异。

依照这样一条中外语言哲学家和语法学家的思想脉络，申小龙提出了"功能主义"的句型理论和语法分析方法，以声气之法作为汉语的结构之法，以句子的表达功能实现与否决定句子组织的文意完整性，以词组短语的铺排彰显句子的组织脉络。他认为中国语文传统的"句读"学说蕴含着深厚的语言功能主义思想。"一个句读，

---

① 张世禄《关于汉语的语法体系问题》，《复旦学报（社会科学版）》1981年增刊，第1—8页。

② 参见郭绍虞《照隅室语言文字论集》，上海古籍出版社，1985年，第77—111页。

意味着文气运行中一个音义并存的自然单位的形成。……结构之度即是声气之度。"气韵使汉语的"句读"形成一种"有意味的形式","气"就是"文句之建构",是"在运动中动态地、积极地进行的,而非消极地拿语辞去填充某种'动词中心''主谓一致'的框架","气"在文句中"充溢和流转,形成相应的语言节奏,或充畅,或徐缓,或沉郁","文句合于气韵的结构形式,最终是由句子的表达功能决定的"①,从而将汉语句子的声气说与功能说统一起来了。

申小龙指出,中西语文传统的对话,应该是功能主义与形式主义的对话。他所倡导的"功能主义",虽然与功能语法学派的关键词相同,但二者之间其实有着本质的差别。功能语法学派所坚持的功能实际就是语用的解释,还掺杂了某些程度的语义解释,基本无关乎句法形式。当形式分析不足以解释汉语的语言现象时,功能往往是一贴黏合剂,用以填补汉语形式解释不足的缺陷。而申小龙的功能句型理论所坚持的功能主义来自传统语文研究对汉语句子的理解,即汉语的句子不是一个形式范畴,而是一个完整的表达功能,意尽则为界。"功能"是蕴含于汉语语法深层的,它集形式与语义于一体,浑然不可分割,它是贯穿在汉语句法结构之中的精神和灵魂,没有功能的汉语句子无论名、动,只不过是一个个句子组织的拼凑式黏合,了无生气。故而语言的表达功能是第一位的,形式结构的阐释只能在句子语义的表达中进行。因此,无论主题句还是施事句,其终极意义在于表达说话者的意图和目的。

2. 功能句型系统中的主题句

吕叔湘先生曾说,汉语传统语法有一个很有意思的命题,即

---

① 参见申小龙《中国语言学的功能主义传统及其现代主义》,《传统文化与现代化》1994年第3期,第51—52页。

我们常常会把头脑里想到的事物先说出来，然后再组织句子，把意思补全①。这后来补上的句子一般不会重复先前说过的事物，整个结构就是通常所说的主题句。

申小龙对于主题句的描述更进一步：当我们造主题句的时候，先提出我们想要说明的一个话题。它可以是一个词，也可以是一个词组，甚至是一个句子形式，总之是一个要说明的"板块"，然后对这个话题加以评论。"一定的句型是同一定的语言心理相联系的。从某种意义上说，说话的意图，亦即句子的表达功能，是句子类型的本质。不同的句子各有不同的心理框架。从心理框架入手考察句型，我们发现汉语的句子基本上分为两种类型。一种是动词性句型，一种是名词性句型。前者我们称为施事句，后者我们称为主题句。""我们把汉语的'主题语'看作是名词性句型主题句特有的句子成分，主题句的有机组成部分。……句子首先是交际单位，一个语言片断之所以成为句子，根本条件是具有表达功能，而不是由于某种结构。"②

这样一来，汉语的句型系统在功能和构造上都存在名词性句型和动词性句型的质的区别，但无论主题句还是施事句，虽然缺乏划分句界的形态标记，却都有严密的逻辑事理。主题句的心理图象"是一种'客体＋评论'的静态的逻辑意念"，是一种承担评论功能的句子，是对句首的话题进行评论的一种名词句。这类句子通常呈现为"主题语＋评论语"的格局，写作者（说话者）视角可以在二者之一进行停留。当视角落到评论语身上时，主题语通常很简短，甚至承接上文省略，重点在于评论的部分。以本著作语料库句子为例："银脑从小就胆大神通大，豪饮豪赌，学书成

---

① 参见吕叔湘《汉语句法的灵活性》，《中国语文》1986年第1期，第1—9页。
② 以上参见申小龙《中国句型文化》，第38—44页。

学剑也成,打架不要命,杀人不眨眼"(《第九个寡妇》),这个句子的主题语是银脑,其后的长评论语是对他的脾气性格进行议论的主观性成分,较为复杂,使整个句子呈现出"辐射型"的格局;当视角为主题语时,句子的重点也落在主题语身上,如:"<u>万一是斩碎的骨头,上面没挂什么肉,就糊上一层稀里糊涂的甜酸汁子,那不太亏?</u>"(《第九个寡妇》)这个句子的评论语中的"那"是复指性成分,指向的是前面整个以句子形式(下划线部分)为主脑的主题语,这样全句便呈现出一种"网收型"结构。而"当我们造施事句的时候,我们通常处于一种叙述的心理框架。……可以归结为'时间坐标+空间坐标+施事者+核心事件',事件是施事句必不可少的核心,经常是由动词组来铺排的。直到一连串动作有了一个逻辑的归宿或终点,句子才算完成"[①]。从功能角度看,它迥异于评论事件的主题句。

总之,申小龙的功能句型语法理论,颠覆了多年来国内语法学界长期依赖于西方语言学理论的研究模式,其充分依据汉语事实、尊重汉语自身特点、立足于本土的汉语语法研究视角,对于苦苦探索汉语语法研究创新之路的语言学者而言,不无启迪。而他以文化为本位建立的功能句型系统,则又扩大了中国当代语法学研究的视野,为汉语句型分析建立了一个基于文化认同的本土范式。

四、文化语言学三十年

上世纪八九十年代至今的三十年里,文化语言学似乎经历了一场冰火两重天的洗礼,走过了一段极不寻常的历程。

---

① 申小龙《中国句型文化》,第38页。

1. 世纪末的冲击波：八九十年代国内学者的论争

20世纪80年代中期到90年代末，"文化语言学"的大旗下曾经聚集了周振鹤、游汝杰、陈建民、申小龙、戴昭铭、邢福义等大批语言学专家，他们的理论探索、方法创新和实证调查等一系列扎实的研究工作，为文化语言学的创立打下了深厚的理论基础，也在学术界产生了极大的影响，广受关注，成为研究热潮。其中尤以申小龙为代表的"全面文化认同派"所掀起的冲击波最为剧烈，以至在长达十多年的时间里一直是中国现代语言学研究领域的讨论热点。

对于申小龙的文化语言学思想，支持和反对的声音都很响亮，立场也很坚定。他们自觉站成了两个阵营，并以《北方论丛》为阵地，进行了长达八年的论争。论争中不乏言辞尖锐、语气强烈，甚至大扣意识形态帽子之举，但总体上看，这是一场讨论深入、领域广泛、影响巨大的学术讨论，对于中国现代语言学具有划时代的意义。

支持者一派以吴长安、杨启光、戴昭铭、李亚明、潘文国、苏新春、张黎等学者的观点最具代表性。

杨启光在90年代发表过多篇论文，如《中国文化语言学是对中国现代语言学的扬弃——以汉语语法研究为例》《中国文化语言学不是西方人类语言学》《神摄人治：汉语语法的真谛所在》《螺旋式复归，学术新范型——申小龙〈中国文化语言学〉评述》等，坚决肯定文化语言学流派对于中国现代语言学的重要意义。他指出，"中国文化语言学是在中国现代语言学陷入无法解脱的危机之际，对中国现代语言学学术规范进行历史的全面的反思与总体的彻底的反拨而形成的一种学术新范型"，如中国文化语言学以"多元文化"观取代了中国现代语言学"全盘西化"的文化观，以人文主义科学观取代了科学主义科学观,以语言文化通观取代了"符号""工具"语言观,以汉语人文性论取代了中西语言"大旨相似"论。中国文化语言学对于中国现代语言学而言,是一场涉及本体论和方法论的科学革命。它建构了体现汉民族哲学观念、符合汉民族思维方式、紧贴汉民族交际心理、尊重汉民族语文感受的语言文字阐释理论与分析模式。

杨启光甚至提出,这样的一场科学革命使得中国文化语言学在文化观、科学观、语言观、汉语观及方法论上与中国现代语言学不再存在"共同语言"。这个结论看起来很极端,实际上也提醒所有中国文化语言学的研究者,若要建构新的研究范型,就必须创造一套完全属于自己的独立的概念和术语。当然,在这个过程中,沿用某些旧范型的概念和术语也是不可避免的。但所有的概念与术语都应该置于新范型的体系中加以理解和把握。这是新范型对旧范型的一种扬弃。

潘文国(1992)在《汉语文化语言学刍议》一文中也高度肯定文化语言学直接或间接地推动了中国语言学界对《马氏文通》以来中国语言特别是语法研究范式的反思。他指出,从《马氏文通》问世以来,中国语法学家直接把西方语言研究的范式用作建立中国现代语言研究的范式,尽管批评、反对不断,但从来没有人怀疑过这一方向。文化语言学派的出现迫使主流语言学派重新考虑自身的研究范式。他还指出,文化语言学突破了从索绪尔开始的结构主义、形式主义的藩篱,跟其他学科及社会文化结合起来,使语言学与其他人文学科有了更多平等对话的机会。文化语言学还给予了汉语研究真正的本体论地位,强调从民族思维、民族心理、民族文化的深层结构出发,探索汉语结构的表层模式。

苏新春90年代也发表过多篇探讨汉语言人文性、古代语文传统与汉语研究关系及文化语言学理论建设方面的论文。他与张国扬合作的《当代中国汉语人文研究的兴起及其历史原因和发展趋势》(1992)对申小龙的文化语言学说给予了充分肯定，认为在文化语言学的不同流派中，文化认同派"在汉文化的浸润中考察汉语结构的人文性，似乎更具独创性。因为它致力于语言事实本身，……它寻求的是语言结构的人文特点，……它的目标不是在承认已有的汉语言结构知识之外再添上一点有关文化的新鲜认识，而是力图摆脱旧说，重新探求符合汉民族文化特点的汉语结构性和组织规律"。他指出，文化认同派对中国现代语言学的批评更有力、更彻底。因为语言有自然和人文的属性，而其本质属性是人文性。如果把汉语仅仅看成一个单纯的符号系统，便忽视了汉语深厚的文化历史沉淀和独特的文化心理特征。汉语注重功能、内容、韵律、意会，与传统的汉文化、汉民族思维形式联系密切。套用西方纯语言形式描写的范畴、术语和方法，反而肢解了重神轻形的汉语。他还进一步预言，文化语言学将会在"由语言要素的课题研究向系统研究的转化；由显性的语言意义向隐性的语言结构的认同；解释与描写文化功能与物质形式的结合；对比性研究的加强"等四个方面呈现出新的发展趋势，成为中国现代语言学中一支举足轻重的研究力量。

张黎（1988）在《汉语语法学革新的几个原则问题——由汉语意合语法谈起》一文中也谈到学界以往对汉语语法特点的认识，是在承认印欧语言的理论框架普遍适用性的前提下，"将人有我有说成共性，人有我无或人无我有说成个性"。但这并不是从汉语事实出发而进行的理论概括。"我们就是要摆脱西方语言理论的框架，从汉语事实中作理论概括。"汉语的事实就是：缺乏印欧系语法观念中的"语法"，因此，汉语语法研究的重心应该是语义，在此基础上发展的意合语法就是基于汉语特点的语法。

对申小龙语言思想持质疑、批评甚至否定态度的以伍铁平、朱晓农、陈炯、邵敬敏、刘丹青等学者为代表。其中以伍铁平的措辞最为尖锐。他在与范俊军合作的《评申小龙部分著述中的若干问题》(1992)一文中集中批评了申小龙"把语言看作世界观"、"无限制地夸大了中西文化和语言之间的差异"以及"试图把所有的语言学科及其他人文领域的学科和流派都统摄到中国文化语言学之下"等表现。他认为，把语言作为世界观，往往容易导致语言具有阶级性的观点。因为一个民族并不存在统一的世界观，不同的阶级有不同的世界观。如果承认不同语言代表不同的世界观，将很难解释语言之间的相互渗透、语言的融合和语言之间的可译性，也无法解释世界上的各民族语言的许多共性。

我们从这些批评内容可以看出，伍铁平并没有真正理解申著的思想，所谓"世界观"与我国阶级斗争盛行年代的同名概念其实并不一致。再者，承认语言世界观的差异，不等于抹杀人类的共性。正是人类的共性，使得不同语言之间可以通过翻译进行沟通。然而我们都清楚，语言翻译的过程往往就是文化特性、民族特性丢失的过程。从这个角度看，说语言具有不可译性也同样在理。

伍铁平文中还对申著中有关汉语与汉文化通约性的论述进行了否定，认为不能将语言结构与文化结构、语言个别现象与文化个别现象对等起来，因为语言与文化没有直接的对应关系和因果关系。对此，戴昭铭在《文化语言学的对象、任务和性质》(1993)一文中进行了反驳。他指出，尽管语言只是众多文化要素中的一个，但它在文化整体中的作用却极为重要。语言的活动领域几乎是无限的。文化领域中的思想观念、认识成果、价值体系等一切"有意义的东西"都必然要在语言中有所表现，人类社会可以没有法律和宗教，却不能没有语言。文化领域中的思想观念、认识成果、价值体系等一切有意义的东西都必然要在语言中有所表现，形成一些语词形式的文化符号。这些文化符号制约着某一民族的文化思维、文化心态，乃至一切文化活动，使之成为一定的文化模式。

邵敬敏（1992）《关于中国文化语言学的反思》一文也分八个方面对申小龙的观点，尤其是"语言决定论"和"唯文化论"提出了尖锐的批评。他认为，语言的人文性具有多个侧面，只有语言的局部与文化的局部可能发生交叉渗透关系。如果时时、处处、事事都试图在语言中寻找文化的内涵，那必然是作茧自缚。他明确反对申小龙把语言看作"一个民族的意义系统和价值系统、一个民族看待世界的样式、一种世界观"及还语言"以本体论的地位"等观点，认为这是一种妄自尊大的心理在起作用。因为一个民族可能全盘接受了另一种民族的语言，但他们的文化则仍有相当的保留；一个民族在文化上受到另一民族极深的影响，但他的语言却可能基本上保留下来。这说明语言与文化相互影响制约，但并非谁必然决定了谁的整个面貌。作者这一观点与伍铁平如出一辙，但他显然并没有理解"语言与文化同构"的真正含义。在文化语言学的理论中，语言与文化并非两个可以割裂开来的实体，如李亚明（1993）在《立足于阐发汉民族传统文化真谛——论训诂研究的价值系统取向》一文中所说，每一种语言体系不只是表达观念的工具，其本身就是思想的创造者。一种人所说的语言无意识地决定了这一种人的思维和认识世界的方式。语言的社会性和人文性决定了语言蕴涵着特定类型的价值系统和意义系统，而不只是一套工具系统和符号系统。汉语浓烈的人文性使其蕴涵了汉民族共同的价值观念、思维方式、心理状态、精神风貌等本质的文化特征。因此，汉语研究必须立足于汉民族文化猜神。

作为申小龙的同学、同年，朱晓农的观点更代表了有关文化语言学论争的反对一极。他与申小龙在《北方论丛》上进行了多个回合的论争，涉及语言学中许多重要问题，如科学主义的问题、语言与文化的关系问题、语言的共性问题、方法论的问题、对传统语言研究的评价问题、逻辑的民族性问题、理论与材料的关系问题、归纳和演绎的评价问题，等等。他（1988）在《差异·统一性·科学主义——汉语研究中的认识论和方法论》一文中提出，中国古代没有演绎法，没有亚氏逻辑，没有理性主义，没有逻辑检验程序，因而也就不可能发展出近代科学。从《马氏文通》开始的中国语言学，跟中国传统语言学一刀两断，重起炉灶，是必需的。只有这样才可能发展一门近代科学意义上的语言学。此外，各种民族语言表面上即使有千差万别，但在深层必然存在共性。语言研究应该在新的差异或特点背后寻找更普遍、更深刻的共性。中国的传统语言学无共性研究，缺乏科学所具有的理性认识功能和推动社会进步的功能。而中国现代语言学由"反模仿"发展出来的"找特点"研究方向已经持续了半个世纪，阻碍了语言研究在差异深处寻找共性规律，在现象背后寻找本质解释。因此，在语言学中无论怎么强调共性、强调科学主义和理性主义也不为过。中国现代的语言学最为紧缺的是科学主义的精神、理性主义的认识论、假设-演绎-检验的方法论。而假设-演绎-检验的方法是非民族性的语言学成立的必要条件。如果认为各种民族语言之间只存在个性差异，是不可比的，那么除了个别具体语言的研究外，就不可能产生语言学。从科学本身的性质来说，共性认识是它成立的必要条件。世间万物不管如何纷繁迥异，在它们背后总有着不同层次的共性。只有抓住共性，才能建立起具体的科学学科来。

刘丹青（1993）的看法与此相类，他在《科学精神：中国文化语言学的紧迫课题》一文中说到，汉语在本质上仍受人类语言共性的制约，普通语言学的许多原则和研究方法同样适合于汉语。汉语的结构、运用与发展中，仍有许多情况是由语言内部规律决定的，跟文化没有直接关系。许多人类语言的普遍规律并非汉语特有的"人文性"。即使是汉语的特点，也不都跟"人文性"有关。

申小龙对"语言研究需要科学主义"这一观点的回应是:"把科学作为一种世界观,认为只有自然科学才是知识,只有知识才能谈真与假的问题。表现在语言学上,就是用自然科学那种把事物的某一现象或某些性质抽象出来,一般化与非时间化后加以形式化的描述与说明的方法,来研究语言。然而大量事实说明,把语言狭隘地理想化后加以形式的描述和研究远不足以说明人的日常语感和语言能力与行为。"[①]对此,张黎(1988)的观点也支持了这一看法:认为世界最终会被科学所统治,且科学是没有疆域的,这代表了人类的一种信念。但如果把它作为终极真理接受的话,就忽视了"彼岸世界"的丰富性以及科学的主体——人类自身的难以捉摸性。

2. 异域的回声:海外学者的评论

西方语言学者对申小龙语言学思想进行评价、讨论的主要有澳大利亚悉尼大学语言学系的马爱德(Edward McDonald),他(1995)在《"中国文化语言学"运动和汉语的本质:中国国情的新表现?》[②]一文中分别从汉语语法特点、语言与文化、中西对立、历史转折、革命:"青年学者"和"老先生"、国情:"洋框框"或"中国特色"等六个方面来评价申小龙的文化语言学观点。最有代表性的批评是针对前两个基本主题。他认为,申小龙(1988)关于汉语的意合特点"就是汉语的理解和表达不依据某些客观的标记(形态变化)来确认语言组织,缺乏'客观性'……汉语语法是一种需要人的主体意识积极参与的语法。……主体性强、人

[①] 逸如、冯韧《当代中国语言学的世纪变革——评八年来〈北方论丛〉开展的文化语言学论争》,《北方论丛》1994年第3期,第4页。

[②] 该文由高一虹翻译,发表于《北方论丛》1995年第4期。

的因素突出……"这一观点存在极大谬误,而这一谬误实际上来源于西方语言学家高本汉。他反驳说:"意义的语法实现不一定通过形态或不同词类之间的一致关系体现出来;词序和词汇选择同样也是语法实现的手段。"而申小龙犯了与高本汉同样错误的原因是基于"清除一切西方舶来品,向世人证明汉语完全不同于其他语言"。关于语言与文化的关系,申小龙认为在"散点视"和"心理时空"这两点上存在语言结构和文化上的通约性。对此,马爱德认为,尽管上述两点对汉语的描述有一定道理,不过把这些特点直接对应于文化的某些历史特征,已经超出了语言分析力所能及的范围,且这样的结论过于宽泛。他认为申小龙的分析路子是先在文化中找到某些主题,然后应用于语言的分析。这完全背离了语言与文化研究的正常方向。因此,中国文化语言学运动可以说是当代中国知识分子所面临诸多问题的典型范式:中国文化特性的确定、对西方的矛盾态度、权力机构的僵化、"改革"的真正意义以及实施方法。

他认为"申著强烈地暗示着这样一个错误观点:汉语不仅不同于,而且优越于任何其他语言。……这种将语言和文化完全等同起来的决心必定是出于一种爱国主义愿望:将汉语直接置于汉文化中心,使其'免疫'于外界的分析或可能的批评。……在创新的外表之下,中国文化语言学实际上奉行的是深刻的保守主义"[①]。他还认为,认同派文化语言学在另一意义上与中国文化认同,即它反映出中国知识分子特别是"文革"中成长起来的一代,在特定文化历史背景中的心态,即对改革的意义以及本民族在世界上的位置充满了矛盾心理,表现在语言研究中便是这样一种极

---

① 参见高一虹《语言文化差异的认识与超越》,外语教学与研究出版社,2000年,第136页。

端的文化爱国主义。

马爱德虽然承认申小龙所做的工作是在努力对"一个先验的西方模式"①进行基本的"修正工作",甚至提出了一些设想(2000),试图将申小龙有关汉语的许多"有益洞见"结合进一种语言学理论之中,而这种语言学既不是枯燥的、缺乏理论概括的形式分析,也不是玄而又玄的"文化认同",而是力图用具体而系统的方法,根据一种语言本身的特点来描写它,并将这种语言与语言使用的社会以及文化环境结合起来②。然而在他看来,尽管申小龙的语言思想包含许多有益洞见,但这一构想仍然必须置于系统功能理论这一西方语法框架来寻求实现,因为申小龙的解决办法是完全摒弃客观分析以迎合某种"精神"的召唤,在语言与文化的其他方面之间寻找难以证实的相似性来支持自己的理论,所以是根本不可行的。

马爱德的批评观点包含两方面的问题:一是秉持西方中心主义,以西方价值观、西方文化特征、西方语言学理论等为标准尺度来评价中国文化语言学;二是从意识形态角度来理解中国文化语言学者的研究意义。这种饱含偏见的看法并不偶然。

1997年,北京大学英语系教授高一虹主编翻译了申小龙的二十篇论文,由东北师范大学出版社结集出版,题为《申小龙文化语言学论文集》③。这次译介工作对于西方学者了解中国语法研究最新动态和最新成果,起到了很好的桥梁作用。

翻译过程中,高一虹曾将自己的一篇译稿寄给美国学者奈达

---

① 指许多汉语语法者机械照搬西方模式来研究汉语。

② 参见马爱德、曾立诚《语言的文化视角与社会符号功能:申小龙的语法理论在系统功能理论框架的解释》,《毕节师范高等专科学校学报(综合版)》2000年第1期,第25—34页。

③ 海外版为:Gao, Yihong ed., *Collected Essays of Shen Xiaolong on Chinese Cultural Linguistics*, Northeast Normal University Press, 1997.

(Nida, E. A.),就翻译问题征求他的意见,却意外收到奈达先生言辞激烈的点评,其中充满诸如"错误、没有意义、说大话、伪科学、哗众取宠、概念模糊、令人费解"一类的武断式的评语。他点评道:语言共性和人类共性的确存在,多数语言学家和人类学家都认为生活于地球各处的人类,其行为90%是基本一致的。(申认为不同文化之间)"没有公约数"的说法也是相当错误的。奈达还认为,(申文)一定会使外国人震惊不已,可是由于不少有关观点满足了许多中国人的情感需要,这样一项创立独特的中国语言学的运动,无疑会很有政治市场[1]。奈达措辞尖刻而武断的评语,充分代表了西方中心论者的观点:不同民族与不同文化大多数情况下是共性的,这个衡量的尺度就是"西方标准"。任何企图挑战这个标准的想法和行为,不是狂妄自大,就是带有政治目的。

德国学者布里吉特·欧恩里德(Brigitte Hohenrider)于2004年在欧洲科学出版社出版了她的博士论文《中文的中文性研究——申小龙与文化语言学》[2],可谓对申小龙及中国文化语言学研究最为系统和最为深刻的欧洲学者。

该书系统讨论了中国文化语言学的基本情况,介绍并讨论了申小龙的语法理论,包括申小龙汉语语法学的中心主题,如作为本体论的语言和文化的统一观、作为方法论的文化认同观、汉语人文性的假设以及汉语的三种基本句型。最后提出了七个总结性主题,代表其最重要的认识。其中与文化语言学有直接关系的为如下三点。

(1)申小龙的文化语言学一方面在句法学分析中系统地整合

---

[1] 参见高一虹《语言文化差异的认识与超越》,第149—152页。
[2] 该书的中译本尚未正式出版,笔者参考的是由李欣婕、刘静翻译,彭彧、庄黄腾校订的油印版译本。

了句子的功能和意义,并且由此用主题句明确指出了汉语句法与形态屈折的印欧语句法的一个有趣的根本不同;另一方面,他从意识形态的,即语言学以外的理由出发,努力为汉语建构一个语言哲学的上层建筑,以确认中国的身份,并强化中国的汉语与汉文化与印欧语系语言与文化截然不同的差异。

(2)申小龙的语言学研究超越了一些至今仍占主导地位的汉语语言学观念,符合语言学中把句法分析与语义学、句子的功能和语境结合的普遍潮流。但他对语言哲学的论述虽具思辨性,却缺少具体的语言材料来证明。

(3)文化语言学超越了将语言理解为封闭和同质系统的结构主义,但没有走向西方,也没有提供一个独特的语言学的中国开端。因此,作为一个独特的研究分支,在国际上并不重要。但对于中国而言,文化语言学努力在中国文化的语境中寻求中国语言的特性,是反对全盘接受美国结构主义影响的中国语言学主流。

作者认为文化语言学虽然已经取得了不少有价值的研究成果,但还不能称之为科学革命。不过,其具体成果是不容忽视的,可以视作联系汉学中中国语言研究领域种种有趣而意义重大的讨论的纽带。

我们看到,跟奈达、马爱德相比,欧恩里德对中国文化语言学的研究是深刻的,其观点也客观和公允得多,比如"汉语与印欧语言相比有自己特殊的语法特性,它们主要从汉语语法范畴的内涵中产生,而不能通过词形变化的形式来表明";"在研究汉语时,应该考虑到人们用来进行语言分析的语言学理论在汉语的语言特征的普遍性和特殊性问题方面并无定论。在翻译时,中国语言和文化与我们自己的语言和文化的同异都应该起到中心的作用,而且应该被当作原则问题思考"。但在语言共性与个性的认识问题上,欧恩里德与绝大多数西方语言学者一样,倾向于共性的认识,"并不认为有必要发展一套汉语独有的理论"。申小龙使用"语言与文化通约性"论证的原因并非真正的语言学上的需求,而是从社会政治角度将其作为手段,在向西方靠拢的中国现代语言学领域中"掀起一场革命",或多或少地有意识地将科学研究用作达到并非科学领域目的的一种工具。而这正好与申小龙本人在上世纪80年代中期所处的文化大讨论中强调中国文化与民族精神的意识形态背景相符。他所使用的证明文化通约性的方法论和他过分重视中国与西方的文化差异一样,都是这方面的例证,其实是意识形态在起作用。

综观三位西方学者对于文化语言学和申小龙语言思想的观点,不难看出,西方学者对于建立符合汉语特点的语法研究理论和体系普遍抱有强大的偏见,这源于他们根深蒂固的西方话语中心主义。试问,不深刻掌握汉语、把握汉语的人文性特点,而以语言共性和科学主义为前提抹杀一切违背西方语言学原理的旨在探索民族语法道路的努力,难道不是他们自己所批评的语言学上的大沙文主义吗?科学主义难道就没有缺陷,就是包治百病的神仙药方吗?科学跟其他人文学科一样,也受人的因素的影响,其本质也在于它的多样性。至于动辄以"意识形态"的帽子扣在民族语言学研究的动机和行为上,则更是超越了一般语言研究的界限,而以政治上的有色眼镜来看待人文主义语言研究的纯学术活动,似乎失去讨论的价值和意义了。

无论如何,中国文化语言学的理论和思想能够在海内外引起长达十几年的讨论和论争,足以说明该理论的影响力之大、之广。虽然这场持久的论争并没有给出任何统一认识,但讨论的问题激发了研究者的思想火花,使我国语言学理论不断深化,达到新的高度。讨论还打破了中国语言学界长期存在的壁垒森严的门户偏见,使不同主张的研究者可以互相包容,展开对话,并将学术观点的交锋视作学术理论发展的必要条件，从而在世纪之交开创了一个民主、健康、生动、活泼的学术争鸣局面。

3. 静水流深：21世纪的文化语言学

21世纪的文化语言学经历了上世纪最后十几年轰轰烈烈的论争的洗礼，其后似乎进入了一个相对平静的休整期。

我们以"文化语言学"为关键词，对知网从2000年至2018年的文献进行了不完全的统计，发现符合搜索目标的论文一百三十一篇，其中对文化语言学最近五年或十年研究情况进行回顾和综述的论文有三篇，以赵明（2015）的《近十年文化语言学研究：回顾与反思》最有代表性。对中国文化语言学的理论、体系、研究方法等作进一步思考、探讨和认识的论文为十五篇，除文化语言学领军人物陈建民（2002）的《文化语言学的理论建设》，申小龙（2004、2017）的《中国文化语言学范畴系统析论》《中国文化语言学的问题意识、关系思维和语言自觉》及文化语言学研究者孟华（2008）的《中国文化语言学的再认识》等论文讨论了对于中国文化语言学再认识、文化语言学的范畴系统和问题意识及文化语言学理论建设等重大论题，其他论文所涉内容则比较具体，如将文化语言学与比较文学、翻译研究、外语教学等其他学科联系起来进行跨学科研究的论文有四篇，其中最有代表性的为杨乃乔（2015）的《汉字思维与汉字文学——比较文学研究与文化语言学研究之间的增值性交集》。介绍文化语言学最新论著的书评类论文有六篇，如郭涛（2001）的《评〈文化语言学论纲——申小龙语言文化精论〉》、程乐乐（2003）的《吸纳百家 自成一体——〈文化语言学〉（修订本）简评》等。其余百余篇论文或学位论文大多是就汉语中的某些具体语言现象，如地名、人名、文化词语、意象、语篇、语言策略等所进行的成因、特点分析或翻译、对比研究，属于文化语言学的应用类研究。

专著方面，申小龙延续了20世纪90年代的思考，于21世纪初期出版了《语言与文化的现代思考》（河南人民出版社，2000年）、《汉语语法学——一种文化的结构分析》（江苏教育出版社，2001年）等著作。高一虹的《语言文化差异的认识和超越》（外语教育出版社，2000年）从中西方语言、思维和文化差异的角度，探讨语言相对论对于语言研究和语言教学的启发意义，为文化语言学的理论建设提供了一个很好的辅助性和补充性的研究视角。张公瑾、丁石庆主编的《文化语言学教程》（外语教学与研究出版社，2004年）和苏新春的《文化语言学教程》（教育科学出版社，2006年）是两部关于文化语言学的教材，对于普及文化语言学理论等相关知识具有重要意义。近几年还出版了邱智晶、任雪莲、窦晶主编的《回顾与展望：语言与文化问题研究》（黑龙江朝鲜民族出版社，2012年），游汝杰、周振鹤的论文集《耦耕集（文化语言学存稿）》（广西师范大学出版社，2014年）等有关文化语言学的论著。

表面上看，21世纪的文化语言学研究似乎不再如上世纪八九十年代那般热闹风光，但实则是将研究视角转向了更为深入、更具创新的领域，这主要表现在以下三个方面。

3.1 理论上的长足进步

首先，文化语言学领军者申小龙的理论思想在21世纪取得了长足的发展。

20世纪八九十年代的大讨论围绕着科学主义与人文主义、语言与文化关系、语言的共性、语言世界观、中西语言和语文传统的差异、中国语文传统的现代阐释等宏观问题展开，形成了中国现代语言学的评价、汉语的人文性、文化语言学流派、汉语研究的人文科学方法等热点的讨论，论争的过程促使申小龙不断完善对于建设中国文化语言学的整体构想。期间出版的几本专著代表了他的构想成果:《中国句型文化》(东北师范大学出版社,1988年)是基于《左传》与《卅》的功能句型框架所进行的近代汉语与现代汉语主题句发展脉络的研究,由此创立了功能语法理论与功能句型分析方法;《人文精神,还是科学主义——20世纪中国语言学思辨录》(学林出版社,1989年)系统地反思了中国现代语言学的科学主义与汉语人文精神二者间的矛盾;《语文的阐释》(辽宁教育出版社,1991年)对中国古代语文研究的人文主义传统、汉语的文化特征与汉语修辞学传统的关系、汉语语义研究传统的现代转型等进行了系统的阐释;《语言的文化阐释》(知识出版社,1992年)引进并深入探讨国外语言学研究中人文主义范型的理论与方法;《文化语言学》(江西教育出版社,1993年)则建立了中国文化语言学的学科体系。其后不久,申小龙在《中国语文精神之文化反思——郭绍虞语法哲学探究》(1994)一文中,除系统介绍郭绍虞先生的汉语观之外,对于由其引发思考的几个问题——中西语法是否存在差异？中西语法的差异是否文化差异？中西语法的文化差异是否决定了研究方法(范型)的差异？——都给予了肯定的回答。这是他文化语言学思想日臻成熟和自信的表现。

尽管如此,进入21世纪之后,申小龙并未停止探索的脚步,他的研究视点逐渐专注于欧洲和美洲的语言人文主义、索绪尔的普遍语法理论、中国语言文化研究的汉字转向问题、汉语句型的视点问题、汉语四字格与中文句子建构的关系等理论基础的巩固和具体现象的分析上,可谓宏观俯瞰与微观审视并举。

申小龙(2017)最新发表的论文《中国文化语言学的问题意识、关系思维和语言自觉》将早期文化语言学思想作了进一步的阐释,并抽象到"问题意识""关系思维""语言自觉"的理论高度。所谓问题意识,是张世禄、陈望道、郭绍虞、张志公等语言学前辈在语法学研究道路上的各种困惑、质疑和反思,具体表现为:以形式主义的理念分析汉语的结构，导致从词、词组到句子分析的系统性误解；以欧美语言学为标准，否定了中国传统语言学对汉语的认识，使得汉语的基础理论没有得到解决；用形式主义和自然科学的眼光看待语言现象，忽视汉语汉字的文化内涵和文化功能；中国现代语言学低估表意汉字和拼音文字在文化属性上本质的区别，以纯粹的符号性、工具性思维处理汉字问题。所谓二元思维，是指文化语言学在不断推进对汉语汉字文化特征的认识过程中形成的系统化的中西文化二元对立范畴，如流动型语象vs几何型语象/心理时间流vs物理空间体/功能型句子vs形态型句子/词组铺排vs动词核心/动词集结vs动词核心/散点视vs焦点视/功能内聚力vs形式内聚力，等等。而语言自觉则表现在文化语言学首先提出了汉语和汉字的人文性问题，这个问题充分反映出中国本土语言学者对母语"重意会不重逻辑分析、重意义表述、灵巧而富有弹性与主观性"的文化自觉。

在汉语特点的现象研究中，申小龙对四字格的分析也是独到而新颖的。《四字格与中文句子建构的二重模式——中文本土句法范畴系列研究》（2016）一文讨论了四字格的定位、中文四字格的语境联想与选择、中文句子建构中骈散相宜的二重模式等主题。他指出，四字格是中文最具文化本色的结构单位之一，四字格若隐若现地存在于中文的散句组织中，在骈句组织中则是最为活跃的语块。如果我们采用中国文化的视角来看待中文句法的"骈"化特质，就会发现四字格的文法价值。如果我们采用中国语文传统的功能主义和音句思维来理解汉语句子的格局，则四字格的句法难题就容易解决了。因此，现代汉语语法的句子分析应该充分重视并学会理解音乐性组合（如四字格）在句法组织中的功效。而重新认识并继承传统语文写作中这种以四字格为基础的音句思维，也有利于当代的语文写作摆脱欧化句式，写出骈散相宜、声象和意象统一的优美文章。

其次，21世纪文化语言学的理论发展中，最值得注意的还有汉字文化研究的新视角。

中国海洋大学文学与新闻传播学院教授孟华从上世纪90年代末便已开始专注作为符号的汉字文化研究，并在最近的十多年里集中发表了汉字文化研究相关的论文逾二十篇，如《"字本位"理论与汉语的能指投射原则》（2001）、《汉字"象"的表达方式》（2002）、《索绪尔语言理论中的字本位思想初探》（2005）、《汉字两书论》（2006）、《类文字与汉字符号学》（2014）、《论汉字符号的肉身性理据》（2015）、《"中性"——汉字中所隐含的符号学范式》（2017）等，还有专著《汉字符号学》（上海古籍出版社，2001年）、《汉字：汉语和华夏文明的内在形式》（中国社会科学出版社，2004年）、《语言·文字·图像》（天津人民出版社，2008年）、《文字论》（山东教育出版社，2008年）、《汉字文化新视角丛书：汉字主导的文化符号谱系》（山东教育出版社，2014年）等，成果丰硕，引人瞩目。

孟华借用雅克·德里达及罗兰·巴特的符号学相关理论，将汉字定位为"类文字"，具有"中性"的符号学范式。在这些看似抽象而陌生的符号学概念的外衣之下，其实表达的是对传统的"语言符号与非语言符号、共时与历时、形式与实体、同质和异质、语言结构和言语活动、书写与口语、任意与理据"等非此即彼的二元对立项结构的消解思想，即二元对立论分析在汉字符号系统中都不适应汉字。汉字既是语言符号，也是非语言符号；既是图像符号，也是文字符号；汉字的"六书"既有任意性，也有理据性。因此，德里达说汉字是"我们可以掌握在所有逻各斯中心主义之外发展起来的文明的强大运动的证据"[①]。拉丁字母符号系统

[①] 转引自孟华《"中性"——汉字中所隐含的符号学范式》，《符号与传媒》2017年第2期，第102页。

即属于二元格局中"语言、共时、形式、同质、结构、任意"的一极。而汉字系统,尤其是繁体字系统,保留了丰富的视觉造意理据,但又不是图像化、线条化的象形字,而是介于象形字和简化字中间的"意象字",即更加依赖视觉的理据性载体来产生意象,从而来建立起它与汉语词义之间的联系。孟华以"玉"字为例,具有物象意义的"玉"作为义符反映到汉字结构中,便形成了一个构意谱系,可以用来表示玉符号、珍贵的事物,以及精致的加工、玩赏等行为,或者像玉一样精美的颜色、纹理等。汉字是以实物符号"玉"的眼光去书写汉语中包含珍贵、精致等含义的事物、性质和活动相关的词义。类似于"玉"这样的大量实物符号便成为汉字符号构意系统的主要理据。

相形之下,拉丁字母是一个个抽象理念或区别性特征,是实物不在场的意义的约定性替代品,汉字则是高度"肉身化"的符号系统,它的形体结构中隐含着大量的意义理据,如"人际关系方面的亲缘性交流理据;与现实有关的决疑性指涉理距;与符号使用者有关的意象性表达理据;与集体无意识有关的'模件化'结构理据"。汉字丰富的肉身化理据,使之成为一种介于实体与形式中间,兼容语言、图像、印迹、物象等异质符号的类符号系统,既是汉字符号系统外部的实体化因素,又属于汉字内部的形式化理据。

孟华的汉字研究从符号学角度对申小龙的汉字转向思想进行了很好的补充。孟华(2008)的《中国文化语言学的再认识》、申小龙(2013)的《中国语言文化研究的汉字转向》、申小龙与孟华合作(2014)的《汉字文化研究的新视角:再汉字化》等论文均强调汉字的文化属性研究对于汉语语法研究的重要性。

申小龙指出,汉语的句子组织中,句法的基点是字,意义的基点也是字,字义成为句义乃至篇章之义的基础。对此,中国古代语言学早有认识:"因字而生句,集句而成章,集章而成篇。"(《文心雕龙·章句》)汉字天然就是一个基本的语言单位,无须词的转换,句子的意义依靠有限的文字做充分的意会。这样的文字在句子的理解中就成了一个一个的意义支点,在多方意会中灵活地组合起来。正是汉字的这种语言性,决定了中国古代语言学以字学为基本的研究范式。

对此,孟华做了进一步的解读:申小龙的字本位关注的是汉语语法系统功能的汉字性、汉语存在条件的汉字性。无论是字还是句,都是以汉字为其存在方式的。根据符号学原理,符号有两个维度,一是表达维度,一是组织结构的维度。前者是表达层面和内容层面的意指关系,后者是符号与符号之间的组织法则。一个符号系统基础单位的性质,决定该系统组织的结构方式。汉语基础单位的汉字性质,使"汉语形式松弛而容许有丰富的语义解释",是字的灵活组合为这种语义解释提供了自由空间,这就是"以神统形"。汉字和汉字性,决定了汉文化编码的动机性、理据性,表现在组织结构上就是非形式化的事理铺排,也即"散点透视"。这种范式既是中国语言的语法特征,也是中国文化的深层结构方式和民族思维特性,进而实现了汉语和汉文化的相互认同。

中国现代语言学受西方话语中心的词本位理论的影响,放弃了以句读为本的中国传统语法精神。这种"去汉字化"思潮带来的直接后果,就是所谓的"母语的危机",即植根于汉字性的诗歌传统和格律、意象等创作手法的丢失。此外,与西方拼音语言"言文一致"的单轨性不同,汉族人在输入汉语的过程中始终保持着对汉字的自觉意识,具有一种言文分离的双重语感,这就是汉语和汉文化的语文性。如若在汉语研究中去掉汉字性、语文性,就将"严重背离汉族人的双重语感以及汉字所负载的传统文化内涵",导致汉语"人文精神的失落"。而文化语言学派对汉字重新定义的"再汉字化"倡导，使汉字研究在中国语言学研究中的位置得到了重新认识。汉语研究中的"再汉字化"转向，就是"重新确认汉字在文化承担和文化融通中的巨大功用和远大前景"。

3.2 基础课程教材编写上的理论创新

21世纪的文化语言学将学术研究与高校育人紧密结合，在古代汉语、现代汉语、语言学概论等基础课程的教材编写上大胆突破既定模式，努力追求理论创新。

早在1995年，申小龙和宋永培就主编了一本由广西人民出版社出版的全新的古代汉语教材《新文化古代汉语》。为了让高校学生系统认识古代汉语的文化特征，把握古代汉语的结构规律和意义内涵，教材以文化阐释带动理论体系的创新，使传统的古代汉语教材具有了人文科学研究的新意。2003年，申小龙延续了从文化语言学视角阐释语言学基础知识这一意识，主编了高校基础课教材《语言学纲要》（复旦大学出版社出版）。作为复旦大学"九五"重点建设课程的教材之一，这部复旦版《语言学纲要》不同于其他"语言学概论"，始终贯彻关注人类各民族语言独特性的文化语言学理念，致力于将普通语言学的普遍意义建立在对各民族语言文化差异充分理解的基础上。因此，复旦版《语言学纲要》调整了一般"语言学概论"长期延用西方语言理论的框架，提出了新的基于汉语汉字事实的理论，从汉语的文化特征来论述语言现象，增加了对语言人文属性的阐述，拓宽了语言学基础理论研究的新视界。

2011年，申小龙又主编了语言学专业基础课的第三部教材——《现代汉语》（上海外语教育出版社出版）。这本教材联合了复旦大学、厦门大学、中国海洋大学、大连外国语大学、内蒙古大学的语言学学者共同编撰，再次贯穿了对汉语汉字的文化特征的思考。教材注重传承汉语言文化特征，深入阐释汉语的文化内涵，意在"把一门单纯的语言知识课，改造为从语言文字视角观察中国文化的特征、理解汉民族思维方式、贯通人文科学各领域研究的课程"。不仅如此，《现代汉语》还立足于中国当代语言实践，深刻揭示语言的社会性，使学生强烈感受到语言是观察社会现象的一面镜子。教材还通过汉外语言对比，让大学生理解汉字的性质和规律，从身边最熟悉的语言现象中发现母语的奥妙，培养大学生热爱母语、热爱方言、热爱中国文化和家乡文化的情怀。因此，《现代汉语》在内容框架上也与传统的"现代汉语"教材拉开了距离，"将更多的空间让给拓开学生社会文化观察的思路"，使学习内容"既有生动的抽象，又有充满生活气息的感性"[①]。

以文化语言学视角撰写的语言学教材还有复旦版的《中国古代语言学史》(2013)。该教材将中国古代语言学的发生与发展置于中国古代社会文化的历史发展背景中进行考察，突显了中国古代语言学传统在中国文化传统中的重要地位和价值。教材还专设了"少数民族语文传统"这一章节，将少数民族的语言文字研究作为华夏多民族语文传统的重要组成部分，显示了考察中国古代语言学传统的多元化视角。

3.3 功能句型研究在实践上的深入发展

自2010年始，复旦大学中文系理论语言学的研究团队建立了大型功能句型语料库。语料库的语料多选自近现代经典文学作品，其中，古代汉语的句子本无标点符号，只有句读，是经过后人标点和标注的原材料。而现代汉语文本则使用了欧式标点符号。现代汉语标点符号是西方语法思想的产物，古代汉语乃至近代汉语的书面语只以句、读标识声气停顿之处，并没有标点符号的概念。数个句读段呈流水式铺排的现象很多见，其间是句还是读，并无

---

① 本段引文均出自《现代汉语》(复旦大学出版社，2011年) 前言。

统一标准。后人加上标点符号后,固然解决了断句的难题,但许多主观性问题也随之而来。今人为古书加上标点,难免有主观性;作者写作时加标点,也不排除某种程度的主观性和随意性。因此,语料库的语言材料不能完全反映汉语功能句型的断句,需要研究者逐句进行功能审核,再对审核后的句子进行分层次的类型标注,使原始语料成为一种深度加工的语料库。

语料库加工的过程同时也是句型系统分析研究的过程。在功能句型系统语料库的建立过程中,需要深入细致地分析每一类句型,并梳理该类句型的历史发展趋势,探讨该类句型的历史发展特点和规律。借助对断代文本穷尽性的语料分析,研究者得以发现汉语句型的演变规律,考察句型使用频率的变化,总结每一类句型在当时的句型系统中所占比重的消长。这项工作繁琐而细致,成果也丰硕而喜人。即将由复旦大学出版社出版的"21世纪中国文化语言学丛书"便集中反映了功能句型的研究成果。其中包括三大功能句型的专题博士论文,如《汉语主题句研究》(王小曼)、《汉语施事句研究》(王懿)、《汉语关系句研究》(曹靖一)。硕士论文《汉语存现句研究》(刘姣)、《汉语祈使句研究》(陈斯莉)是其他功能句型的专题研究;硕士论文《汉语耦合句研究》(黄文静)是功能句型子类的研究。与功能句型相关课题的研究还有博士论文《汉语功能句型框架下名词述谓与动词非述谓研究》(尚来彬),硕士论文《现代汉语语法欧化论的全新审视》(庄黄腾)、《汉语四字格句法功能研究》(夏璐)、《汉语疑问句研究》(郝梦真)等。

此外,复旦功能句型研究团队还在近五年的时间里集中发表了多篇功能句型相关的专题论文,如申小龙的《论中文句型之句读本体,功能格局,事理铺排——兼论汉语句型研究中西方概念的消解》(2013)、《中文句子视点流动的三个向度》(2013)、《中文理解对欧洲语言形式理论的解构》(2014)、《中文理解的功能主义——洪堡特汉语思想的现代启示》(2015)、《中文句法建构中的声象与意象——四字格功能研究》(2016)、《四字格与中文句子建构的二重模式——中文本土句法范畴系列研究》(2016);王小曼的《论〈水浒传〉文学性与语言形式的同构性》(2013)、《论"不知"的功能分布及其历史演变——兼论汉语功能句型研究》(2014)、《基于专书语料库的复杂句分析与汉语句型观》(2014)、《从专书语料分析看汉语句型特点——兼论汉语文学中的叙事特性》(2015)、《汉语主题句历史发展研究》(2017);王懿的《论"只见"的功能演化》(2015)、《文化语言学视域下汉韩长句翻译研究》(2015)、《汉语句子的叙述视角与功能句型》(2016)、《汉语句子的叙述视角与流块建构》(2017)、《论四字格在汉语句法研究中的特殊价值》(2017);曹婧一的《"跨越N个世纪"结构多义性和用法分析》(2015);尚来彬的《文化语法观之汉字、"字组"的"符号化"限度》(2016)、《"V/A非述谓得X"语义关系及V/A非述谓分析》(2017)、《试论中文"名物为体"与句"动静交融"》(2018)、《非述谓"V起来"的形式功能及语法化》(2018)、《现代汉语定中词组述谓研究》(2018);李昊的《汉语流水句研究与本土句法理论建设》(2017),等等。

　　上述系列研究成果表明文化语言学在理论研究上具备了较强的系统性,既深入对比了印欧语言形式理论与汉语句法结构的本质差异,又通过语料库的建立与分析进行了翔实的例证。面对丰富多样的真实语料,文化语言学研究者以人文主义精神自觉重建范畴体系,深入挖掘汉语言文化的本质精神。这一努力,打破了中国现代语言学界长期以来的形式化语法分析视角,把语言结构分析与文化紧密结合起来,充分尊重汉语事实,努力建构汉语本土语法研究体系。这不仅有利于文化语言学的长足进步,也有利于推动中国语言学的发展。

总之，21世纪的文化语言学取得了令人瞩目的成绩，在理论与实践中均获得了长足的进步，并呈现出了文化语言学研究后继有人的繁荣景象。然而，任何进步都是与不足相伴相生的。中国文化语言学当然也存在一些值得反思的地方。其一，理论基础建设仍需加强与创新，要形成经得起各种质疑与诘问而坚不可摧的扎实理论体系；其二，研究方法仍需进一步探索改进，要注意语言学事实的发掘与规律的概括，要强化定性研究与定量研究相结合的方法；其三，要形成独一无二的范畴与术语体系，提升其可操作性，吸引更多有志于中国文化语言学建设的学人加入到研究队伍中；其四，各个领域的研究应该平衡发展，要在较少涉及的领域，如对比研究与跨学科研究方面争取更大建树，不断提升文化语言学的研究高度和广度。

3.4 小结

一个世纪以来，从传统语法框架中的直接成分分析法，到结构主义语法框架中的主谓句分析法，从功能语法、转换生成语法的话题研究，到认知语法的话题研究，从对中国文化语言学支持与反对的论争，到语言研究应该坚持人文主义立场还是科学主义立场的讨论，其实反映出的是同一个对于语言研究的价值观问题：语法研究究竟应该重视共性还是个性？不同民族语言中的差异性大于普遍性还是普遍性大于差异性？

许多秉持科学主义的语言研究者在面对汉语的特性时，多数采取"异中求同"的思维，如陆丙甫（2010）的专著《汉语的认知心理研究》发现，"各种语言的方式状语、工具语、处所状语、时段状语、时间状语等的语序多样，但如果以动词为核心观察它们与动词的距离，发现世界语言'许多变化仍然在这个基本轨层所规定的范围内'"，坚持对语言共性的探索是陆丙甫语言研究三十多年来孜孜不倦的追求①。这个充满赞誉的评价，从另一个角度说明研究者积极追求和发现汉语与其他语言之间共性的心态。

新西兰怀卡托大学华裔学者孔宪中甚至认为："大概众人都承认这所谓流水格局是汉语文句的特征，但是否如申小龙所说：是由于认知心理和思维方式所导致的呢？假如是的话，那我自己身为中国人会觉得羞耻。因为流水格局是单纯的。……为什么汉语文句会以流水句格局为主呢？我的解释是：汉语缺乏语法，所以表达时不得不采取流水句格局。并非国人的认知和思维与西方不同，而在流水句格局反映出来。反之，流水句的文句可能会局限国人的认知和思维在流水句格局之内。……不求比较，便不知他人的东西较为优越。"②这种贬抑汉语母语为"缺乏语法"、"局限国人的认知和思维"，以及"他人的东西较为优越"的观点尽管比较极端，但也代表了中国现代语言学研究领域一种普遍的焦虑：不依附于西方语法理论的普遍规则，不站在巨人肩上（首先自认语法与语言理论的矮人，必须借助巨人之肩才能抬眼看世界），汉语语法研究便无法与西方世界接轨，建立真正的科学主义的语言学理论和方法。而语言研究缺乏科学主义，就意味着落后、意味着低劣，也就没有其在语言学领域的地位。

真是如此吗？复旦大学哲学系教授张汝伦三十年前就给出了否定的答案。他从哲学思辨的角度指出："中国人从哲学意识萌动时起，就没有把人与世界对立起来，而是始终把人看成世界和宇宙不可分割的一部分，但并非中心的部分。人之伟大和价值不在于使世界打上他的印记，而在于他体现了世界和宇宙的各个方面，

---

① 参见应学凤《认知心理视野下的汉语语法研究——读〈汉语的认知心理研究〉》（《中国出版》2011年第24期，第66页）的相关评述。

② 孔宪中、胡百华等《让汉语文站在巨人的肩膀上》，商务印书馆，1997年，第52—53、194页。

'即万物皆备于我',从而能'赞天地之化育',与宇宙精神相往来,最终在'天人合一'或'万物与我为一'的境界中,从宇宙论的高度体认人和世界的本质关系。因此,中国传统哲学中确实没有西方哲学中那种站在世界的对立面,以认识世界、征服世界为己任的主体——自我。中国哲学中的'人'和'我'的概念的基本特征在于他们不仅有人类学的含义,而且也有宇宙论的含义。"[1]

我们对这段哲学表述的解读就是,中国人的世界观不属于非此即彼、二元对立的结构关系,而是你中有我、我中有你、物我合一的全方位的关系。用这样一种世界观来看待语言,则语言也不是纯粹的符号与工具,而是"忠实反映了一个民族的全部历史、文化,忠实反映了它的各种游戏和娱乐,各种信仰和偏见"的本体。"我们强调汉语特殊性,并不等于反对语言共性,共性的研究必须建立的个性研究的基础之上。离开了语言的特殊性,就没有语言的普遍性。语言的特殊性在一定的意义上就是使用这种语言的民族和社会的特殊性。语言学如果要成为一门普遍意义的科学,理应充分考虑到语言的特殊性的关键意义,在对各种不同类型的语言研究的基础上,总结概括出人类语言的一般特点,在此基础上方能确定语言学研究的一般范围、理论和方法。"[2]

因此,我们对汉语的研究不能依附于用工具论看待语言的西方理论,而应该在引进、吸收西方语言学理论的同时,立足本土,充分尊重汉语的语言事实,发掘汉语文化特性,创建属于本民族的语法理论和体系,而不是割断自己的语文传统去克隆不同文化的语文研究范式。只有这样,才能建立中西语文研究的对话窗口,

---

[1] 张汝伦《语言和文化传统——申小龙〈人文精神,还是科学主义〉读后》,《读书》1987年第11期,第9—10页。

[2] 张汝伦《语言和文化传统——申小龙〈人文精神,还是科学主义〉读后》,《读书》1987年第11期,第5页。

惠及双方，共同发展，对世界语言学作出贡献。

　　本书对于汉语主题句的研究，是我们通过近、现代汉语功能句型语料库的建设，尝试以不同于以往各语法学派的研究视角，巩固并完善汉语功能句型理论与体系的一次尝试。我们希望，这既是一次穿越形形色色的汉语文本的"田野调查"，也是语言学理论本土化的研究创新。

第二章　汉语主题句的方法研究

一、研究途径

本论著选取14世纪的《水浒传》、18世纪的《红楼梦》及当代的《第九个寡妇》这三部不同历史时期的文学作品进行专书研究，研究途径如下：

第一步，界定功能句法理论背景下的主题句定义与性质，划分功能与形式标准；

第二步，确定专书版本，对电子版本进行校勘之后建立三部作品的功能句型语料库；

第三步，对三部不同阶段文学作品中的主题句进行穷尽性分析描写，归纳出主题句的下位分类情况；

第四步，分析比较不同历史时期主题句的演进特点及其异同，发现其中的演变规律，梳理主题句发展的历史脉络，丰富原有功能句法理论。

二、研究思路与方法

1. 研究思路

本论著以申小龙在《中国句型文化》一书中开创的汉语功能

句型理论为基础，以其创建的汉语功能句型分类体系为指导，对三部断代作品语料库的句子进行穷尽性分析，将其中的主题句全部抽取出来，分别建立三部作品的主题句语料库。其后继续对三部作品语料库的主题句逐一进行下位分类，以此类推，直至完成语料库中全部主题句的分析描写工作。最后在分析描写的基础上，对三部作品主题句的发展规律和句法功能特点进行理论总结和概括，刻画主题句在不同历史阶段的发展脉络和演变规律，以此印证功能句型理论和功能句型分析方法的优势，同时提出创新性观点，丰富和完善功能语法理论的成说。

总之，本著作将基于《中国句型文化》奠定的理论和句型体系，以三部专书的主题句研究结果为依据，进一步深入考察汉语主题句的结构特点，同时考察主题句在较长历史时期的发展演变规律，将共时研究与历时比较结合起来，以期概括出的结论更具科学性和实证性。

2. 研究方法

2.1 建立Excel主题句语料库

在鉴定、校勘过《水浒传》《红楼梦》《第九个寡妇》的电子版本之后，本著作将充分利用现代计算机技术，建立Excel主题句语料库，利用其强大功能，对句型进行多级分类。

Excel是一个先进的数据库管理系统，具有强大的数据处理、统计分析能力，其查询功能可对数据库句子进行各类汇总、平均等统计，且查询、统计条件可根据需要灵活设置。这些优势为我们的主题句分类及下位分类、主题句形式标记的条件查询、各类主题句的定量分析等提供了极大的便利，最大程度地保证了统计结果的精确性，同时也提高了研究工作的效率。

2.2 分析归类与静态描写

分析归类是专书研究最基础、最根本的工作。我们将对三部作品语料库的主题句进行穷尽性分析,并逐层归类。这个过程必须是细致、审慎的,特别是对其中一些难以判断归类的句子,需要反复推敲甚至讨论,才能最终确定类别。这将为其后的静态描写与科学归纳提供先决条件。

分析归类完成之后就是对各级分类句型进行静态描写和阐述归纳。静态描写是所有语法研究中必不可少的工作程序,是共时平面的研究。我们将分别对三部作品的分类句型进行共时的观察与描写,这个过程必须是具体、全面的,不遗漏、不忽略任何一个例外的语言现象,以实现结论的可靠与深入。同时,我们也将遵循王力先生所说的"所谓区别一般和特殊,那是辩证法的原理之一。这里我们指的是黎锦熙先生所谓的'例不十,不立法'。我们还要补充一句,就是'例外不十,法不破'"[①]。

2.3 定量分析与定性分析

本研究将运用计量统计方法,把定性分析与定量分析结合起来。苏新春指出,语言研究中的定量方法就是通过对语料进行数的反映,以达到认识语言规律和特点的做法[②]。"定量研究方法,将所研究的现象的有关特征实行量化,然后对取得的数据进行统计学处理,得出结论。该方法兴盛的一个主要原因,它体现了现代人们所推崇的科学精神。从根本上说,定量研究方法渗透着这样一个观念:世界上一切事物不依赖人的主观意志而存在,是可以被认识的;它们的各种特征都表现为一定的量,所以,定量的方法是认识事物的科学方法。"[③]

---

① 王力《汉语史稿》上册,中华书局,1980年,第19页。
② 参见苏新春《汉语词汇定量研究的运用及其特点——兼谈〈语言学方法论〉的定量研究观》,《厦门大学学报(哲学社会科学版)》2001年第4期,第135页。
③ 孟悦《目前我国应用语言学研究方法的调查与分析》,《现代外语》1993年第1期,第1页。

我们建立专书语料库的意义，就在于以量立论，而不仅仅依赖随意选取的个别例子，这是最客观而科学的研究态度。而现代计算机技术正为定量分析提供了极大的便利，Excel 数据库系统具备了自动筛选、计数、求和、求平均值、求百分比等自动计算功能，这为本研究的定量分析提供了坚实的论证基础，在此基础上所进行的定性分析便具有较强的说服力和论证力。

定性分析是语法研究的核心，是从质的方面分析语言现象。本研究将在功能句型语法观的指导下对语料库中所有主题句进行全面分析和综合，在定量分析的基础上把握主题句的本质，总结归纳各类主题句的句法功能特征，发现断代主题句的历史发展规律，揭示汉语句型的本质特点。

从定量分析到定性分析的过程，也正是观察和把握语言现象从量变到质变的规律性的过程。二者的结合，确保了研究的精确性和科学性。

三、分析文本与语料库

专书文本的选择，是研究开始的第一步。选择好适当的文本，对论文的研究起着关键性的作用。实际上，有书面记载以来的汉语文本可谓不计其数，其中大部分都是可供研究的专书语料，这就面临一个如何取舍的问题。根据专书选择的一般原则，既有一定的语言容量，又能够反映时代语言面貌的文本，往往成为研究者的首选。在汉语史的研究中，《左传》《孟子》《史记》《世说新语》《敦煌变文》《金瓶梅》《红楼梦》等都是各个断代较有代表性的研究文本，值得我们参考。基于以上认识，本研究截取了14世纪、18世纪、21世纪这三个断代，分别选择了《水浒传》《红楼梦》《第九个寡妇》这三部文学作品作为代表性文本，来研究主题句在近代汉语到现代汉语这七百多年时间里的句型特点与演变规律。

1.《水浒传》与《红楼梦》的语言面貌

在中国的汉语史上,长期存在口语与文言并存的现象。为了在语体风格上求得一致,近代汉语的专书就必须选择能够反映或接近当时口语特点的文本,这样才能与现代汉语专书之间建立可比性,才能真实地记录语言的历史发展面貌。因此,《水浒传》《红楼梦》的语言性质及其在汉语史上的研究价值,是我们的专书研究必须进行确认的。

罗常培、吕叔湘在谈到汉语的历史发展时指出:"一种新的书面语言开始出现,到了十二、十三世纪就有了相当多并且相当纯净的作品:'语录'(禅家的和理学家的),外交使臣记录(如保存在《三朝北盟会编》里的),'诸宫调','话本',以及许多笔记小说里记下来的片段对话。这种新的书面语言是同口语密切联系的,……这种新的书面语言和旧的书面语言,用后世所起的名称说就是'白话'和'文言',……这'白话'就是我们现在的民族共同语的文学语言的来源。白话作品,从'话本'和'元曲'到《儒林外史》和《红楼梦》,都带着各自的地方色彩,但是总起来说,它们的方言基础是一个,北方话。……这些作品往往在非北方话地区刊印,并且也有非北方话地区的作者用这种白话来创作,可见这种语言在一定程度上已经具有全民性。"[①]因此,他们认为,汉语共同口语的开始形成,虽难于确定具体时代,但不会晚于14世纪。

我们选择的专书《水浒传》正是起源于14世纪宋元时期的"讲

---

① 罗常培、吕叔湘《现代汉语规范问题》,见《现代汉语规范问题学术会议文件汇编》,科学出版社,1956年,第9—10页。

史"话本。《水浒传》取材于民间传承的有关水浒英雄的历史故事，反映了市民阶层的欣赏趣味。作者施耐庵、罗贯中对水浒故事的艺术加工，仍然延续了宋元话本讲史、说经的模式，留有说话艺术的痕迹。他们仿佛就是说话人，面对着听众，用纯粹的白话娓娓讲述着动人的故事。一次讲不完，下一次接下去讲，这就是章回小说形式的由来。施耐庵、罗贯中虽是文人，但都曾在元末繁华的杭州城生活过，能驾驭流利熟练的白话来描写场景，刻画人物，语言通俗易懂，有广大的阅读人群。尽管小说中一些词语具有吴方言的特点，但在当时南北杂处、经济文化交流融合的杭州城里，说话艺术出现南北方言并存的现象十分正常，并不影响《水浒传》语言属宋代官话也即白话的结论。《水浒传》确立了白话文体在小说创作方面的优势，并因此而成为中国白话文学史上的一座里程碑。

诞生于18世纪的《红楼梦》，更是代表了中国古典白话小说艺术成就的最高峰。作者曹雪芹本人虽出生在南京，自少年时代即开始在北京求学谋生，这样的经历使得他能够熟知并驾驭当时的官话即北京话和南京等特定地区的方言。语言学家周定一先生在《〈红楼梦语言词典〉前言》中说："我们认为，而且可以证明，曹雪芹使的是地道的北京话，也确实用了些南京一带的方言，以及个别吴语。"[①]对《红楼梦》语言风格的这一认识如今已是公认的客观事实。《红楼梦》不仅是民间习讲官话的课本，还被翻译成多国文字，成为外国人研究其艺术成就之外的北京官话学习教科书。

从汉语史研究价值的角度看，《红楼梦》的语言承上启下，正

---

① 转引自陈熙中《从〈红楼梦〉的语言看作者》，《曹雪芹研究》2014年第1期，第14页。

是近代汉语向现代汉语发展过渡时期的标志性作品，是我们研究18世纪汉语共同语的发展规律所不可或缺的语言史料。"'红楼梦语言'突出的特征是兼容性、普及性、创造性、具象性。它所表明的不仅是语言色彩的丰富性，更重要的是基本词汇的全民性。曹雪芹熟悉全民语言中三教九流的各个支派和变态，除了封建贵族的语言风尚，还有村夫老妪的俚语土话，和尚道士的宗教用语，科学技术专门用语，绘画戏曲等艺术用语，谈医学、谈烹调、谈针织、谈星相不一而足。这些习惯语经作者改造后，语法结构已与全民语言趋向一致，以全社会都能理解和接受的特殊语汇进入汉语共同语。"①

综上所述，《水浒传》和《红楼梦》的语言都具备了反映时代口语面貌的条件。选择这两部作品进行定量、定性的专书句型研究，有助于我们准确地描写分析近代汉语句型的功能类型，为本著作对汉语主题句历史发展规律的比较研究打下扎实的基础。

此外，专书的篇幅也应该达到一定的容量，数据才可能具备说服力。为了便于统计、比较和分析数据，我们以《第九个寡妇》的262千字（版面字数）、11900条句子为基准，将《水浒传》《红楼梦》的语料分别截取到第二十五回、第三十四回同为11900条句子处，建立了六十余万字、三万五千七百条句子的大型数据库。我们认为，这样的一个语料总量与句子数量，已经足以表现出汉语主题句在功能与结构上的特点。我们期望，在对上述三部专书文本进行穷尽性的等量句型分析和充分的语料描写基础上，详尽比较不同历史时期汉语主题句系统的演进特点，充分梳理不同类型主题句发展的历史脉络。

---

① 于平《试论"红楼梦语言"形成的社会文化因素》，《南京师大学报（社会科学版）》1999年第6期，第116页。

2.《水浒传》的分析文本

《水浒传》的版本一般有简本和繁本两个系统:"简本文字简略,描写细节少","现在只作为研究资料来使用";"繁本描绘细致生动,文学性较强"[①]。繁本系统中,通行的版本有百回本、百二十回本、七十回本。《水浒传》百二十回本在一百回本的基础上又插入了二十回的征田虎、王庆等故事情节,但却是后人补写后硬插进去的,专家普遍认为其艺术成就平庸。而七十回本也是由"明末金圣叹将繁本的《水浒传》砍去梁山大聚义以后的部分,又把第一回改为楔子,成为七十回本,诈称是一种'古本'"[②]。据人民文学出版社1997年的出版说明,"只有百回本可能是《水浒》故事定型成书的最早本子,也最接近传说故事的原貌"[③]。因此,据《水浒传》研究者看来,万历三十八年的杭州容与堂刻本《李卓吾先生批评忠义水浒传》,虽不是百回本祖本,却是最早最完整而又最可靠的。现在出版的众多百回本,都是以容与堂刻本为底本的[④]。

人民文学出版社是中华人民共和国成立以后最早出版中国古典小说的出版社,几十年来出版过几乎所有重要的中国古典小说,对中国读者的影响很大。人民文学出版社根据百回本最早的版本之一——万历末年杭州容与堂刻本、题为《李卓吾先生批评水浒传》的本子进行标点、校订及排印,于1975年初版,至今已多次

[①] 参见章培恒、骆玉明《中国文学史》下卷,复旦大学出版社,1996年,第184—185页。

[②] 章培恒、骆玉明《中国文学史》下卷,第185—186页。

[③] 参见《水浒传》出版说明,人民文学出版社,1997年,第1页。

[④] 参见侯会《〈水浒传〉版本浅说》,《古典文学知识》1998年第4期,第105—111页。

再版印刷，成为权威定本。因此，我们将人民文学出版社1997年出版的《水浒传》选为14世纪专书语料库的文本。

3.《红楼梦》的分析文本

《红楼梦》的版本也有两个系统：一是脂砚斋评的八十回抄本系统，据统计有十一种之多，如己卯本、庚辰本、甲戌本、《红楼梦稿》本、蒙古王府本等，流行于约乾隆十九年（1754）到五十六年（1791）间；二是由程伟元、高鹗于乾隆五十六年（1791）和乾隆五十七年（1792）先后以木活字排印的一百二十回印本系统，是在脂评系统前八十回的基础上增加了后四十回，共有"程甲本""程乙本"两种。程、高的印本系统对抄本进行了较多改动，尤其是续补的后四十回，在思想和艺术水平上较之原著大为悬殊，但因其保持了《红楼梦》在结构上的完整性，能够满足普通读者的阅读需求，因此成为《红楼梦》的流行版本。

据人民文学出版社2008年《红楼梦》校注本三版序言，人民文学出版社1975年开始校订时，经过热烈讨论之后决定采用乾隆二十五年庚辰本。事实上，在脂评系统的十几种抄本中，庚辰本被普遍认为是"抄得较早而又比较完整的唯一的一种，它虽然存在着少量的残缺，但却保存了原稿的面貌，未经后人修饰增补"[①]。因此，人民文学出版社1982年初版、2008年再版的百二十回本，即以"庚辰本为底本，以其他各种脂评抄本为主要参校本，以程本及其他早期刻本为参考本"[②]。这是我们选择此版《红楼梦》为专书语料库文本的理由。

[①] 参见《红楼梦》前言，人民文学出版社，2008年，第6页。

[②] 《红楼梦》前言，第6页。

4.《第九个寡妇》的文本选择

《第九个寡妇》是旅美作家严歌苓2006年创作的长篇小说,同年获得《中华读书报》"2006年度优秀长篇小说奖"、新浪读书网"2006年度最受网友欢迎长篇小说奖"。严歌苓近年来在国内知名度甚高,声誉颇佳,其实并非偶然。自1981年开始小说创作,她一直笔耕不辍,出版了《小姨多鹤》《第九个寡妇》《赴宴者》《扶桑》《穗子物语》《寄居者》《金陵十三钗》《铁梨花》《陆犯焉识》《天浴》《雌性的草地》《少女小渔》等二十部长篇小说和二十余部中短篇小说,不仅被频频改编为影视剧,还屡次获得海内外多种文学大奖,包括台湾的时报百万小说奖、联合报文学奖首奖、日报文学奖首奖等,还被翻译成十余种外国文字。如此斐然的成就自然吸引了不少文学研究者的关注。北京大学中文系教授陈晓明评价严歌苓作品时说道:"我以为中国文坛要非常认真地对待严歌苓的写作,这是汉语写作难得的精彩。她的小说艺术实在炉火纯青,那种内在节奏感控制得如此精湛。"著名作家梁晓声也评论说:"与我们的一些作家经验式的写作不同,严歌苓的语言里有一种'脱口秀',是对语言的天生的灵气。"书评人赵青梅认为,严歌苓的小说语言非常精练,不枝不蔓,内敛而灵动,每一句、每一段都有戏,都在推进人物和情节,达到了极好的阅读口感[①]。

2006年6月27日,严歌苓为上海大学中文系学生举行了一场题为"形象思维方式与写作的关系"的讲座。她说,中文是一种具有强烈画面感的语言,因为"我们的文字起于象形。每一个汉字本来都是一幅画,所以画面感、色彩感和动感都会非常强烈"。她还指出,中国传统的文言文其实存在很多文字上的鲜活用法,

---

① 以上评论均见百度百科"严歌苓"词条,[EB/OL].百度网:2014-08-02。

"我们可以把名词用作动词,动词用作形容词,这会使语言显得非常鲜活生动"。可是,"现代白话文丧失了古文言的灵活用法,让文字的活力不复存在"。她认为,曹雪芹那种纯熟的文言白话风格现在没有得到继承①。

严歌苓久居海外二十多年,难免不令人怀疑她的中文写作是否纯粹,对此,她有不少的自我分析:"移民也是最怀旧的人,怀旧使故国发生的一切往事,无论多狰狞,都显示出一种特殊的情感价值"②;"我这些年生活在国外,写的却是国内现实题材,我也在想,在国外用母语写作,写的还是正宗的中国文字吗?所以我书桌上总是摆着一本李商隐诗集,每次写作之前先看几行诗,中国的文字有这样的节奏、这样的音乐、这样的意向,每一个字有一个意向,不是白白搁在那儿,中国的文字是最干净、最惜墨如金的,所以我就这样的写东西,就像定音差一样开始写作中国文字"③;"英文写作时的我是勇猛的、鲁莽的、直白的,中文背后的我是曲折、含蓄、丰富、复杂和老奸巨猾的"④。所谓的老奸巨猾,也许正是她对母语运用自如的一种自况吧。

由于有着这种母语运用的意识和观念,严歌苓虽然生活在国外,却对汉语文字的驾驭达到了炉火纯青的地步,无论什么题材都可谓信手拈来、游刃有余,其生花妙笔,充分展现了汉语言文学的魅力。尤其是严歌苓作品中蕴含的那种丰富的视觉感、听觉感、画面感,以及句式和用语上简洁含蓄的表达方式,特别能显

---

① 以上引言均见干琛艳《严歌苓:白话文写作不如文言文?》[EB/OL]新华网:2006-06-29。

② 严歌苓《呆下来,活下去》,《北京文学》2002年第11期,第55页。

③ 参见张嘉《"有价值悦读"沙龙:文学靠什么赢得读者》[EB/OL]时代·中国文化创意产业网:2014-08-01。

④ 严歌苓《十年一觉美国梦》,《华文文学》2005年第3期,第48页。

示出其对传统白话小说特征的传承。借用刘恪的话来说:"在我们漫长的中国小说发展中,大约90%的作家都是属于视觉语感的写作,这就是说,我们绝大多数小说都可以还原为画面,绝对具有可视性。与之相适应的中国小说以故事为主体,具有一定的讲述性,历代以来中国小说的讲述都可以作为评话弹词的艺术表演。语感的视觉性决定了中国小说家擅长于描绘,擅长于布置环境中的画面感,描写风景我们且不用说,几乎所有的小说都会来一段风景描写,业已成为作家最基本的技术手段;就连小说中的塑造人物,我们也力主人物形象和环境融合,被称之为某一个特定时代的风俗画,这一点在明清的话本小说中最为突出,最杰出的经典也许就是《金瓶梅》,很难想象我们古代有那么一部庞大的市井风俗小说。"①

《第九个寡妇》是严歌苓众多优秀长篇小说中的一部,描写中原地区名叫王葡萄的寡妇在土改时期藏匿其地主公爹的传奇故事,时间跨越20世纪40年代至80年代。小说充满故事性、传奇性和通俗性,却也不乏含蓄隽永的现实批判和理性思考。创作这部小说的时候,她曾经亲身来到河南农村实地考察,深入访问,体验生活,吸纳了丰厚的泥土气息,这使得《第九个寡妇》的语言充满了浓郁的中国乡土气息与古典韵味。从这个角度看,《第九个寡妇》比严歌苓的其他小说更适合作为我们专书语料库的分析文本,其作品在语言表达上的典型性也足以使其成为21世纪汉语言研究的一个范本。

---

① 刘恪《论感觉,中国小说语言中的一个语感问题》,《中州大学学报》2010年第6期,第20页。

第三章 汉语主题句的功能认定

一、汉语主题句功能认定的语言学理论基础

汉语的句子是"功能"型的，一串串句读能否构成一个句子，绝非因为某种形式标志，而要取决于它们的结合能否实现特定的表达功能，传达出相对完整的意义。因而分析汉语这种非形态型的句子，必然难以像西语那样从形式、结构入手，而必须以句子的表达功能和句子内部所包含的事理逻辑为出发点。

德国著名的当代语言学家莱奥·魏斯格贝尔继承了洪堡特的语言认识论，同时又进一步提出了自己对语言研究的看法，他认为语言研究的真正目的不仅是语音形态，还应该是语言的精神结构，也即语言的内容。因此，必须采用内容相关的研究方法，而非形态相关的研究方法，这样才能真正深入到语言的内容结构中。魏斯格贝尔还进一步指出，形态相关与内容相关的研究方法，都是静态的结构研究，不算真正的语言学研究。他认为真正的语言研究必须包含语言的动态研究。而所谓动态，即语言塑造精神世界的一种作用力，或者说功效。与功效相关、作用力相关的研究，才是真正的语言学研究。比如，每一个词、每一个句法成分都是一种作用力，都在把世界化成语言。所以，动态地研究语言，就

要探讨语言的功效[①]。

与魏斯格贝尔的语言功效说相仿,汉语功能语法的核心思想——功能说,也意在强调语言的某种作用力。汉语句子的说话者是在叙述一个事件,还是评论一个人或一件事,往往决定了句子的流向是动作的铺排延展,还是主观视点的移动跳跃——不同的作用决定了句子不同的结构方式,从而传达出不同的意图和效果。不过,动态特征不易捕捉把握,往往需要依据某种静态标记以确认和肯定,这就需要我们将汉语句子中的形态或结构特点与相应的功能联系起来,以充分的描写与分析确定句子的语法特点。这一功能语义与结构形式相结合的句型观建立在我们对汉语天然属性充分认识的基础上,建立在我们对传统语文学遗产的深刻体悟上,更建立在我们对大量汉语事实的描写分析上。套用魏斯格贝尔的话来说,基于功能的句子研究才是真正的汉语语法研究。汉语句子的语法不是西方语言那种以动词为核心的主谓结构,而是蕴含着特定功能的有意义的结构。这就是我们功能主义句型研究的理论基础,也是汉语句型分析描写的出发点。

从功能出发,汉语主题句的标准格局为"主题语+评论语",无论是主题语还是评论语,都可由动词、名词、形容词和词组,甚至句子形式充当。下位区分则依据评论语的功能特点及其相应的最为典型的结构关系、形式标记来归纳分类,建立可供操作的句型标注规范,从评论语所具单一功能、多功能组合、名动糅合等三大特点划分出三大类主题句,各大类依据评论语功能的特点再分出若干下位主题句。所有主题句中,主题语是句子的起点,是句子结构的核心,而评论语则是句子的语义重心所在。这一划

[①] 参见李洁《莱奥·魏斯格贝尔的语言理论及其内容相关语法》,《国外语言学》1988年第2期,第83—86页。

分标准与《中国句型文化》的多层次划分视点略有不同，而将视点就全部落在评论语身上，统一了划分层次。这样一来，《中国句型文化》中原有几类以主题语为划分视点的主题句名称便须根据其评论语的功能特点重新命名。这一点将在下节对应的主题句功能认定小节中进行阐述。

二、汉语主题句功能认定的依据和标准

申小龙的《中国句型文化》将汉语的句型系统建立在三个要素的基础上：句读本体、功能格局、事理铺排。这将是我们判断汉语主题句归属、进行主题句功能认定与分类分析的出发点与理论依据。在具体实践中则确立"以流动的句读段为句子组织的基本单位，确定句界，并结合特定的表达功能观照句子格局；以表达功能为立足点，辅以结构形式特点，建立主题句分类句型体系；以语料库中各类句子的所占比确认其在汉语句子中的地位"这一句型归纳与分析的原则。

1. 以传统语文学句读论为基础建立句型观

古代文本中的汉语句子，尤其是文学作品中的句子，存在大量流水句现象，并无现代语法学意义上的"句"的概念，更无区分句界的标点符号，只凭句、读来标明声气的停顿与结束，以及语义之未尽或完成，气住义尽则为界。这就是传统的句读，它既是中国人阅读语感的直接反映，也符合汉语事实，符合中国人思维理解的习惯，因此是一种合理的断句方法。但是句与句之间是读是句并无一定标准，古籍中的标点符号问题也来源于此。这样一来，现代人读古文，在句读上就可能存在不同的理解。同一部《水浒传》与《红楼梦》，也可能因版本不同而出现标点符号不一

致的现象。即便是现代文的作者本人,写作时选取哪一种标点符号,也完全出自主观性的认知,不一定就是坚不可摧的堡垒。因此,汉语句子存在一个断句的问题,需要我们从中国传统语文学关于"句读"的论述中获得启发。

唐天台沙门湛然《法华文句记》卷一指出:"凡经文语绝处谓之'句',语未绝而点之以便诵咏,谓之'读'。"[1]想说的话还没说完,为了便于继续诵读而作标记,这是"读";而想说的话已经说完,就是"句"。可见,在古人眼里,"句读"跟结构、形式并无关系,而是跟语义有关的概念,是文章运行中的或行或止,是对上下文意旨的一种审度,义尽则为句。这一点在元代程端礼《程氏家塾读书分年日程》中多处可以得到印证。他对"句读"的定义分别为:"句:举其纲,文意断。读:'者''也'相应,文意未断,覆举上文。"[2]程端礼详细列举了各种句读的例句,甚至罗列了何种情况为句、何种情况为读的标记。其中值得注意的是:"凡议论体,自然读多句少;凡叙事体,自然句多读少。"[3]这已经从语义功能上为我们分析汉语句型指明了方向。清徐增《而庵诗话》的论述更具意味:"子美诗有句有读,一句中有二三读者。其不成句处,正是其极得意之处也。"[4]此段话更点明了句读的本质——一个语气、文理的运行程序。不成句之处,正是语气未断、文理未完之时,好比人在演讲的途中,正处思路顺畅、意兴滔滔之时,一旦结束,也就完成了演说,如同文章中的一个"句"。因此,传统语文学对"句读"的看法,来源于古代学人对汉语母语的语感和认知,"是一种声气止息法则(音句之读),同时又是一种文意完备法则(义

---

[1] 郑奠、麦梅翘编《古汉语语法学资料汇编》,中华书局,1964年,第208页。
[2] 郑奠、麦梅翘编《古汉语语法学资料汇编》,第210页。
[3] 郑奠、麦梅翘编《古汉语语法学资料汇编》,第211页。
[4] 郑奠、麦梅翘编《古汉语语法学资料汇编》,第214页。

句之读)。……形成了以句读为本体,以句读的循序铺排为局势,以意尽为句界的句法观。将音句之读和义句之读有机地结合起来,才能真实把握汉语句法的脉理"①。中国语文传统的句读,立足于节律、声气和文意的止息,应该成为我们建立功能句型观的基础。

2. 功能与结构统一的句型分析思想

传统语文学对"句读"的定义,到了《马氏文通》那里演变成了结构上的概念,可谓中国的白酒装进了西洋威士忌的瓶子里,感观与风味都起了变异。"凡有起词、语词而辞意未全者,曰'读'。""凡有起词、语词而辞意已全者,曰'句'。""所谓'辞意已全'者,即或惟有起词、语词而语意已达者,抑或已有两词而所需以达意,如转词、顿、读之属,皆各备具之谓也。是则句之为句,似可分为两类:一则与读相联者,一则舍读独立者。"②自此,汉语句型分析与起词、语词、止词(即主语、谓语、宾语)这类句子成分的称谓联系在了一起。拿来一个句子,先判断是单句还是复句,即"与读相联者",还是"舍读独立者";然后判断是主谓句还是无主句,如果是主谓句,则根据谓语结构确定其归属动宾谓语句、后补谓语句、连动谓语句、兼语谓语句、主谓谓语句等不同类型。这一分析方法几乎成为汉语句型分析的常规定式,占据了汉语句型研究领域的大片江山。

当结构分析以削足适履的方式将汉语事实套用西语框架的种种析句弱点暴露之时,研究者们普遍认识到,从汉语的形式出发分析句子,必然捉襟见肘,进退维谷。作为与形式相对的概念,

---

① 申小龙《论汉语句型研究西方概念的消解和本土句型的重建》,《北方论丛》2012年第5期,第49页。

② 马建忠《马氏文通》,商务印书馆,1983年,第410、425页。

功能可以从意义上为语法分析找到新的出路。尤其对于缺乏形态标记的汉语来说,基于功能的语法研究,既符合汉语的语言事实,也符合传统语文学研究的精神。上世纪80年代,胡壮麟、徐克容等学者就从语义功能的角度研究词序,探讨语气、语篇等问题,对国内的汉语语法研究产生了较大影响。张伯江、方梅随后以汉语口语(北京话语料)为研究对象,用功能语法理论来研究汉语的话题,认为话题可以由名词短语、时间处所名词、名物化的动词短语充当。他们认为汉语是一种注重功能的语言,句法制约力相对较弱,SVO、SOV之类句法语序类型对汉语研究用处不大,进而提出对句子进行动态分析,在没有外部标记时可以根据情景及分析者的理解来处理句子,允许对同一句子进行不同分析[①]。张、方二人的观点有超越前人之处,但完全抛弃句法特征,从语境与听话者理解的角度分析话题,则使得分析标准过于泛化,主观性太强。这似乎又从语法分析的形式主义走向了主观主义。

文化语言学开拓者申小龙坚持将形式特征与功能语义结合起来观照汉语事实,他认为:"不把句型和功能结合起来,汉语句子的问题就只能一直纠缠于结构形式,既不能说明汉语的表达为什么习惯采用迥异于'主谓结构'的'流水句'格局,又不能说明汉语'流水句'究竟是按什么规律组织起来的。"[②] 从功能句型理论的观点看,汉语缺少划分句界的形态标记,但有严密的逻辑事理:施事句的功能是叙述动作事件的过程;主题句的功能则在于评论人物事件,如《水浒传》以下三例:

(1)你<u>是</u>个卖肉的操刀屠户,狗<u>一般</u>的人,也<u>叫</u>做镇关西!(主

---

① 参见张伯江、方梅《汉语功能语法研究》,江西教育出版社,1996年,第5—12页。

② 申小龙《论中文句型之句读本体,功能格局,事理铺排——兼论汉语句型研究中西方概念的消解》,《杭州师范大学学报(社会科学版)》2013年第3期,第77页。

题语：你）

（2）那里<u>是</u>镇守边庭，用人之际，足<u>可</u>安身立命。（主题语：那里）

（3）小人房钱，昨夜都算还（空范畴：房钱）了。（主题语：小人房钱）

从表达功能上看，例（1）（2）（3）都不是叙述一个事件或连续的动作行为，而是评说人或事物：（1）是"等同是认+像似是认+等同是认"的三段单功能是认主题句；（2）是"说明是认+能愿"的双段多功能主题句；（3）是单段空范畴主题句。除功能认定外，三例分别有形式标记相呼应，如标有下划线的"是、一般、叫做、可、'空范畴'"所示。功能与形式对应的关系将在下文详细阐述。

从句子焦点的落点所在，主题句还存在不同聚焦类型，如例（4）：

（4）<u>这</u>是个穿黄军装的小伙子，<u>比</u>她男人铁脑还小，嘴唇上的黑茸茸还没挨过剃刀。（《第九个寡妇》）

主题语为"这"，评论语包含了"比较+领属"两种评论功能，是以评论语为焦点的辐射型主题句。有时句子焦点会落在主题语上，如例（5）：

（5）<u>"坐山观虎斗"，"借剑杀人"，"引风吹火"，"站干岸儿"，"推倒油瓶不扶"</u>，都是全挂子的武艺。（《红楼梦》）

主题语"'坐山观虎斗'，'借剑杀人'，'引风吹火'，'站干岸儿'，'推倒油瓶不扶'"，是一个并列短语形式的长主题语，评论语则是以"是"为标记的是认功能结构，该主题句是焦点落在主题语身上的网收型主题句。

不同的句子有不同的心理框架，施事句以叙述事件为出发点，主题句以评论事物为要义，各有各的作用，各有各的造句方法。立足于功能视角，辅以结构形式特点，我们就可以在千变万化的汉语句子中找到归类的依据，归纳各种复杂难辨的句子。

3. 立足于词组构件的大主语析句观

传统语法结构理论中,主、谓、宾、定、状、补等句法成分与名词、动词、形容词、副词之间存在一一对应的关系,在句子分析中,不同词性的词语充当不同的句法成分,各自分工,互不干涉,这在形式标记严密的西方语言中是行得通的,但却完全不符合汉语的语言事实。首先,汉语没有严格的词性概念,名词动化、名词形容化、动词名化、动词形容化、形容词动化等现象比比皆是;其次,汉语的语感允许对句式灵活运用,对语义的理解也可以依赖语境与主观意合。类似于西语那种所谓严密的句法结构只出现在政论性语篇及欧化句式中,日常口语、文学作品中的句子往往是传统句法分析所力不从心的。这正是因为汉语中存在太多迥异于西方语言的"所独"。

郭绍虞先生认为词组是汉语"所独",尤其以四言词组为甚,这是其他语言所缺乏的,却是汉语古今文章中大量存在的,这正是由于汉语的书写载体——汉字所具有的单音和意义独立的特点,加上音韵声调所呈现出来的音乐感、节律感,使得汉语中字数不一的词组常常穿插在句子中,甚至成为独立的句子成分,生成了一种独特的造句功能,活跃在多种文体甚至口头语中。郭绍虞曾经举过《红楼梦》第三十九回刘姥姥所说的一句话[①]:"我们村庄上种地种菜,每年每月,春夏秋冬,风里雨里,那里有个坐着的空儿?"按照传统的主谓结构分析法,这句话里"我们村庄上种地种菜"很容易被看作一个主谓句,而后面的部分就遇到麻烦了:"那里有个坐着的空儿"是连谓成分的话,主语就只能是"我

---

① 参见郭绍虞《汉语词组对汉语语法的重要性》,《复旦学报》1978年第1期,第34页。

们村庄上",可是从语义上看,"村庄"有"空儿"又是不合逻辑的;至于"每年每月,春夏秋冬,风里雨里"等几个词组又是什么成分呢?恐怕就只能看作状语了。实际上,这句话的主脑成分应该是"种地种菜",而"每年每月,春夏秋冬,风里雨里"都是名词性的评论语,整个句子是一个评论性的名句,评论对象是"我们村庄上种地种菜",句中词组都是独立成段,独立充当评论语的。连刘姥姥这样大字不识的庄稼人口中,也是词组连篇,这只能说明,词组充当句子成分是汉语表达的一种常态。且不说骈赋之类的韵文,即便在现代文与口语中,整齐的四字词组或不整齐的多字词组,在句子中独立运用,也是一种常见的语言现象。"汉语的四言词组,是兼有短语和句子与成语这几种性质的,所以适于为主语。……不论四言词组或不整齐的非四言词组,总之,它们的形式都是简短的,也即是说话时都可作停顿的……"①郭绍虞先生把这类词组归纳为双声叠韵词、象声词、成语等多种结构的四言词组,认为它们在句子里相当于一个"读",可以停顿,因而容易取得主语的地位,如上例的"种地种菜"。"我们所谓主语,既不以动词为重点,当然就不必拘泥于使动受动、施事受事这一套。主语的范围也就比以前要扩大得多。"②因此,我们在专书句型分析中从所承担的整体功能的角度上,将整齐与不整齐的短语(如名词性短语、动词性短语、形容词性短语)、小句(如存现句、祈使句)、小句组合形式(如关系句)等视作句子成分,它们不只局限于充当施事句中的大主语,也可充当主题句中的大主题语。所以,由词组、短语及存现句、有无句、施事句、主题句、关系句、祈使句等句子形式充当主题语,这在我们的功能句型分析中也是

---

① 郭绍虞《汉语语法修辞新探》,商务印书馆,1979年,第118页。
② 郭绍虞《汉语语法修辞新探》,第132页。

合理的析句视点之一。如以下各例中下划线部分：

（6）<u>踢毬打弹，品竹调丝，吹弹歌舞</u>，自不必说。（《水浒传》）（并列短语充当主题语）

（7）<u>休道这两个鸟人，便是一二千军马来</u>，洒家也不怕他。（《水浒传》）（关系句形式充当主题语）

（8）<u>你搅得众僧卷堂而走</u>，这个罪业非小。（《水浒传》）（主题句形式充当主题语）

（9）<u>哥哥便只在此间做个寨主</u>，却不快活。（《水浒传》）（祈使句形式充当主题语）

（10）<u>有钱可以通神</u>，此语不差。（《水浒传》）（熟语成分充当主题语）

（11）<u>万一是斩碎的骨头，上面没挂什么肉，就糊上一层稀里糊涂的甜酸汁子</u>，那不太亏？（《第九个寡妇》）（主题句形式充当主题语）

（12）<u>老头们睡场院是怕窨屋里闷</u>，听不见官路上的响动，鬼子再来跑不及。（《第九个寡妇》）（施事句形式充当主题语）

（13）<u>门缝外满是人腿</u>，全打着布绑腿，也有穿马靴的。（《第九个寡妇》）（存现句形式充当主题语）

在（6）至（13）的主题句中，话题的范围极为宽泛，如同移动的视角，视野所及，无论是人物、事物，还是事件、经历，抑或属性、特征，都可以成为评论的话题。因此，句子中的主题语（话题）可以是一个词、一个词组、一个小句，甚至是一个长句。立足于功能语法观，我们便可不再拘泥于主谓宾结构的条条框框，无论是词组、短语，还是小句或小句组合形式，无论其具有名词性还是动词性，都可看作一个个句读段，自由灵活地充当主题语的构件。这样一来，汉语句子的弹性与张力就充分显现出来了，这才是真正尊重汉语"所独"，立足于汉语精神来描写与分析汉语语法，使汉语句型的分析呈现出更多的本土性、多样性与灵活性。

三、汉语主题句的划分视点和标注规范

1. 有形式标记的主题句功能认定与分类依据

1.1 "是认"主题句

是认主题句的分类依据在于是否表示对主题语性质的一种确认，或者对评论语性质的强调，其形式标记除了典型的"是"以外，还包括"系、乃、叫、叫做、唤作、莫非、莫不、姓、算、成、皆……也"等，我们根据与其搭配的词语的词性或语义功能来细致区分是认主题句的下位类别。如"是"的前后两部分如果是等同关系，就是等同是认主题句；评论语格式为"是……的"的，则为强调是认主题句；当"是"出现于主题语前，则是对主题语所具有的事实的确认和肯定，如："是条右胳膊哩。""莫不是江湖上传说的及时雨宋公明？"不再需要评论语进行说明、描写或叙述了。以此功能认定视点为依据，是认主题句的下位还划分有描写是认主题句、说明是认主题句、表态是认主题句、原因是认主题句、目的是认主题句等。"必定、必然"作为副词，在语义上与"是"不等同，但在对评论语的强调与确认上，同样具有强烈的主观性，承担着相同的功能，因此也被视作"等同是认主题句"的功能标记。有的是认主题句是双段甚至是三段的，只不过评论语的是认功能类型不同，我们将其列入双段是认主题句或多段是认主题句，如："晁某是个不读书史的人，甚是粗卤"是"等同是认+描写是认"的双段是认主题句；"货物也是些药品和盐，再就是生漆、桐油之类，都是拿去也吃不成，喝不成的东西"，则是"说明是认+说明是认+等同是认"的三段是认主题句。

1.2 "能愿"主题句

能愿主题句的划分视点在于表示对主题语的能力、意愿及可行性的看法,传达的是说话者对各种情态的预计和判断。作为情态语,"能、能够、会、敢、得、须、须得、肯、情愿、可、可以、别"等统领了全句的功能走向,不再是简单的叙述事件或行为的动句了,因此是我们归纳主题句能愿功能的典型形式标记。值得一提的是,某些表能愿的情态词可能同时拥有其他词性和功能。例如"要",既承担表示"应该""将要"和"估计"的情态功能,同时又可以是动词,表示"索取""请求""要求"等实词语义[①]。对于这样的标记词,必须区别对待。例如:"鬼子要媳妇们认领自己的男人。""现在葡萄可要出气了。"这两句,前者是施事句,后者是能愿主题句。"别"也值得一提。申小龙在《中国句型文化》中把"别"归入告诫型情态语,认为其表示对对话人的告诫,具有强烈主观色彩。但事实上,通过对语料库的材料事实分析,我们发现,半数以上含有"别"的句子其实只是简单的祈使句,例如:"你别问了。""闪开,别挡我道。"由此可见,功能的判定往往是结合语义的,功能与形式一致只是理想的析句状态,当二者发生错位时,功能应该是我们把握全句的首要依据,其次才是形式。

1.3 "带'得'"主题句

带"得"主题句的划分视点为动词、形容词后的形式标记"得",这类主题句其实是用另一个小主题句的形式对主题语的性质进行评价,而含有"得"的动词或形容词则是这个小主题句里的主题语。例如:"他身上的味道老干净,干净得都刺鼻。""干净",是对主题语"他身上的味道"的评论,而在"干净得都刺鼻"这个小主

---

① 参见《现代汉语词典》第6版,商务印书馆,2012年。

题句中又同时担任小主题语,"刺鼻"则是对"干净"的再次评论。通常,这类句子会简化为"他身上的味道干净得都刺鼻"。例如:

(14)这个大寺,如何<u>败落</u>得恁地?(《水浒传》)

(15)贾母等已<u>哭</u>的哽噎难言了。(《红楼梦》)

(16)难怪她头一次上秋千就<u>荡</u>得和魏老婆儿一样疯。(《第九个寡妇》)

带"得"主题句的评论语通常表现为一个动词性结构,即"动词+得"结构,很容易被看成一个谓述性成分,表达的是施事关系,似乎跟具有评论性的名句没有什么关联。但仔细观察,我们会发现这些带"得"成分在句子中的作用并不那么重要,句子的重心其实是它后面的二次评论语。如果把上述例句三个带"得"成分隐去,也并不影响我们对全句意思的理解,如"这个大寺如何恁地?""贾母等已哽噎难言了。""难怪她头一次上秋千就和魏老婆儿一样疯。"原句中的带"得"成分只是使语义表达更加明晰,其存在与否不影响句子的核心内容。正如朱德熙指出的:"汉语和印欧语在语法上的显著区别之一是汉语的动词和形容词可以直接充任主宾语而无需乎改变形式。"① 带"得"成分在句子中其实就相当于一个充任小主题语的名词性成分,接受其后评论语对它的二次评论,因此不具备叙述性,而含有体词的功能。

因此,带"得"之后的成分,无论是叙述性、说明性的,还是描写性、比喻性的,实际上都是对句首主题语的评论。

1.4 "比较"主题句

比较主题句的形式标记很丰富,常见的有"比/不比;比得/比不得;较之;不如;不若;莫若;不及;没有/有;和/同……一样/不一样"。特殊的还有"形容词+似/如;胜过;输给"等,如:

---

① 朱德熙《语法讲义》,商务印书馆,1982年,第101页。

（17）你两个撮鸟的头，<u>硬似这松树</u>么？（《水浒传》）
（18）虽然是个县治，<u>胜如州府</u>。（《水浒传》）

带有比较类形式标记的评论语均用比较的方式对主题语性质进行评论。

1.5 "复指" 主题句

复指主题句的典型标记为"他/她/它、这、那、其、这里/那里"等代词。在《中国句型文化》中，申小龙将这些含有"这、那、他"等代词的复指主题句视为移位主题句[①]的一种类型，认为移位主题句的评论语中存在一个语义上与主题语同格异位的空位，当这个空位出现在宾语位置上就是纯空语类，出现在主题语位置上时就要用代词"这、那"来复指，出现在宾语位置上的非空语类，代词副本则是"它、她们"等[②]。本著作中我们将这两类主题句分而别之，出现空位的空语类归入"空范畴"主题句，将在下文论述；凡是有代词标记的均归入"复指"主题句，因为复指成分并非都给人"移位"的感觉，如："你去扒一个女疯子的裤子，<u>那</u>不作贼自个？"句中的"那"；而且从语感上说，无论是小主题语还是宾语位置上的复指成分，都不能省略而成为真正的空范畴，如：

（19）<u>这高俅</u>，我家如何安着得<u>他</u>？（《水浒传》）
（20）一要归依三宝，二要归奉佛法，三要归敬师友：<u>此是三归</u>。（《水浒传》）

这样一来，评论语含有复指成分主题句以"空范畴"命名就很难成立。此外，有些复指成分并不一定都由真正的代词来充当，

[①] 本研究统一了以评论语功能特点为划分主题句类型的视点，将"移位主题句"易名为"空范畴主题句"。

[②] 参见申小龙《中国句型文化》，东北师范大学出版社，1988年，第394—398页。

而是由一些具有代词性质的短语来充当的，如：

（21）媳妇是要梳髻的，这点知识他还有。(《第九个寡妇》)

（22）肉长的胸脯和肩膀把木头和泥土撞得直颤，眼看这血肉之躯要把土木的筑造给崩开了。(《第九个寡妇》)

这两例中的"这点知识"和"这血肉之躯"，用"复指"来指称其功能特性，应该比"空范畴"更为准确。

1.6 "提事叙评"主题句

提事叙评主题句在《中国句型文化》中的名称是"提事主题句"，是以主题语为视点命名的。但本著作取消了不同角度的视点划分方法，以避免划分标准的不一致。我们将划分视点全部集中在评论语的功能特点上，这样，以主题语为视点的命名就须有所调整。原提事主题句的特别之处在于，主题语与评论语之间没有直接的逻辑关系，而是随意提到一件事，继而加以评论。而这些评论语是针对所提之事有叙有评的，根据这一特点，我们把这类主题句更名为"提事叙评"，以突出其评论语与主题语之间的关系。提事叙评主题句的主题语与评论语之间缺少类似于施、受的关系，所以主题语有时会借助"但；凡；至于；对于；若论；说到；这个/那个；比如；看看……；连……"等标记词来提示其在句中的地位，例如评论语为叙述性的：

（23）但有财帛者，便去山寨里报知。(《水浒传》)

（24）就连人家夫妻打架，他也给这个当家给那个做主。(《第九个寡妇》)

评论语为议论性的：

（25）若论仁义礼智，信行忠良，却是不会。(《水浒传》)

（26）若问此物，倒有一面之缘。(《红楼梦》)

（27）凡堆山凿池，起楼竖阁，种竹栽花，一应点景等事，又有山子野制度。(《红楼梦》)

（28）对于葡萄，天下没什么大不了的事。(《第九个寡妇》)

当然，也有很多提事叙评主题句的主题语无需上述形式标记即可成立，但其后一般会有逗号隔开，语音上也可作停顿，评论语中也常见动词性结构，例如评论语为叙述性的：

（29）甚么道理，叫你众人们坏钞？(《水浒传》)

（30）多的银子，明日又来吃。(《水浒传》)

（31）过节和婚丧，点心、酱油都是从孙家店里订。(《第九个寡妇》)

（32）两袋白面钱，你过几年就能受用她，拣老大个便宜。(《第九个寡妇》)

评论语为议论性的：

（33）这诗词上我倒有限。(《红楼梦》)

（34）这实在没法儿了。(《红楼梦》)

提事叙评主题句的评论语常见动词性结构，看待这样的句子，我们应该破除西方语法以动词为中心判断主谓句的句法观，注重从整体功能上对句型的名动性质进行判断。

1.7 "致使"主题句

致使主题句的形式标记主要有"致使、以致、使得、使、让、令、叫"等，其功能在于表现主题语对其他事物所造成的结果、所产生的效果。如："她推门的声音使院子一下静了。""葡萄懒得手生蛆，鞋也不给铁脑做，叫铁脑到学校两脚卖大蒜瓣儿……"值得注意的是对标记词"让"的辨析。根据《现代汉语词典》第6版，"让"有动词和介词两大类词性，其中，动词类的第4条义项解释为"指使、致使、容许或听任"等几种语义。实际上，这几个语义有着明显的差异，之所以列为同一义项，大概因为它们的语法功能相同，都处于兼语句中第一个谓语动词的位置，具有使令性。但细细辨之，含"指使"意的"让"之后的兼语成分其语义重心在于所要达到的目的,而含"致使"意的"让"之后的兼语成分其语义重心则在于所产生的结果,前者是未然的,后者是已然的,需加以区别,分而待之。如:"玛瑙板着脸跟个教书先生似的,让她怎样给男人行方便。""他们的爹是落后,丢人,让他们羞得活不了人。"两句中的"让"分别是指使和致使的意思,在分析归纳句子类型时需分别对待。

1.8 "被动"主题句

被动主题句的常见标记词主要是"被",口语中有"让、给",近代汉语中还有"吃"等,表达的是主题语与评论语之间的一种受动关系,是语义上而非结构上的概念。如:

(35)下露水之前,人们被两声枪响惊醒。(《第九个寡妇》)

(36)两袋烟工夫,男人女人都让他们走得心乱气短。(《第九个寡妇》)

(37)八个"老八"都给救下了。(《第九个寡妇》)

(38)二哥哥吃打坏了!(《水浒传》)

此外,《水浒传》中还有一种"被"字与"把/将"字糅合的句式,如:

(39)我们那一条杀入去的船只,都被他杀下水里去后,把船都夺去了。

(40)不想被他们不问事由,将我拿了。

不仅如此,汉语中还有为数不少的被动主题句是无需标记词的,如:

(41)单单只剩得一个何观察,捆做粽子也似,丢在船舱里。(《水浒传》)

(42)孙克贤要买小闺女王葡萄的事马上在史屯街上传开了。(《第九个寡妇》)

(43)剩下的三十多亩地,就全赁了出去。(《第九个寡妇》)

这更说明汉语被动句中的"被"字并非严格意义上的形式标记,而仅仅用于表达一种语义上的受动关系。因此,汉语中的被动句也是一种"主题语+评论语"的结构,具有名词句的性质,与西方语言中有着明确形态标记的被动句存在本质上的区别。

1.9 "分述"评论主题句

分述评论主题句在《中国句型文化》中被称为"总分主题句","总分"是就主题语而言的,视点落到评论语上,则体现为一种对主题语的各个部分分头进行评论的功能面貌,因此我们改称为"分述"评论主题句。这类主题句的主题语与评论语的主脑成分是总体与部分的关系,其标记形式为"有的……有的……;者……,者……没一个;……个个;……谁"等。如:

(44)两下众官没一个敢走动胡言说话,静静地立着。(《水浒传》)

(45)原来阮家弟兄三个,只有阮小二有老小,阮小五、阮小七都不曾婚娶。(《水浒传》)

(46)封家人个个都惊慌,不知何兆。(《红楼梦》)

(47)老姊妹四个,这一个是极小的,又没了。(《红楼梦》)

(48)从此史屯就有了九个花样年华的寡妇:最年长的也不过二十岁,最小的才十四,叫王葡萄。(《第九个寡妇》)

(49)三件褂子有铁脑姐姐一件,铁脑舅家的闺女一件,还有一件是葡萄的。(《第九个寡妇》)

此外,《红楼梦》中还出现一例较特殊的分述评论主题句标记语:"你……我……",如:"如此亲朋你来我去,也不能胜数。"此例中的"你""我"虽不是有定指称,但也属"亲朋"中的一部分,"不能胜数"的是"你来"和"我去",故同样构成了一种分述评论的逻辑关系。

分述评论主题句的评论语也常见动词性结构，如上例中"静静地立着"、"不曾婚娶"等，看待这样的句子，同样要站在功能的高度，从整体上把握句子的名动性。不论分述部分的结构属评论性还是叙述性，其终极指向是句首的主题语，都是对句首这个"总体"所做的评论，因此应该看成评论性的名句。

2. 无固定形式标记的主题句功能认定与分类依据

2.1 "领属"评论主题句

我们在《中国句型文化》中"领属"主题句的原名称中加上了"评论"二字，同样是基于主题语视点到评论语视点的转移。这类主题句的评论语部分本身又是一个小句，其主脑成分与全句主题语之间是一种领属关系。所谓领属关系，指的是事物之间领有或隶属的关系，反映到主题句中，就形成一种"主题语＋主题语领属＋评论语（说明语／描写语／叙述语）"的句法结构。

最常见的领属关系是人与身体部位、器官之间的领属，如以下两例：

（50）朱梅脸是红的，嘴唇青白。(《第九个寡妇》)

（51）西门庆这厮一双眼只看着那妇人。(《水浒传》)

还有人物、事物及其属性、特征等之间的领属关系，如以下三例：

（52）这和尚声音好熟。(《水浒传》)

（53）这生坯子气性够长的，三个月才过去。(《第九个寡妇》)

（54）（茶叶）味倒轻，只是颜色不大好些。(《红楼梦》)

物体与其构件之间的关系也属领属主题句的范围，如下例：

（55）只见知客寮门前大门也没了，四围壁落全无。(《水浒传》)

当领属评论主题句结构中处于评论语位置的小句具有叙述性时，其中的领属名词很容易与述谓性成分前的地点状语混淆，如下例：

（56）（宋江）心中一时思量不起。(《水浒传》)
（57）因此心中更比往日的烦恼加了百倍。(《红楼梦》)
（58）可她心里懂不了这个道理。(《第九个寡妇》)

此三例的"心中""心里"等名词性成分单独看，与句首主脑同样存在领属关系，但从其所在小句及全句的功能上看，动作性、叙事性十分明显，而"心中""心里"只是动词前的地点状语，其存在与否，并不影响全句语义。再看《第九个寡妇》中如下两例领属评论主题句：

（59）孙怀清心里一阵放松，身上却发虚。
（60）葡萄手在油酥面上揉着，心里满是心思。

处在同样位置的"心里"，却是其所在小句的主脑，直接主导后续的叙述语或评论语，是动作的直接发出者或评论的对象，且分别与"身上""手"形成一种对举关系，去掉则影响全句语义的完整性或准确性。总之，对于领属评论主题句中领属性名词成分的判断，同样要依据其功能，而非表面形式，这正是功能句法观的核心理念之所在。

2.2 "小主题评论"主题句

"小主题评论"主题句是指由主题句形式充当评论语的主题句，如："周谨枪法生疏，弓马熟闲。""刘姥姥此时坐不是，立不是，藏没处藏。""这个模范哪一点儿不过硬？"其评论语的主脑成分是一个次于全句主题语的小主题。这类句子在早期的单句复句研究中曾经被称为"包孕句"，后来这一提法被取消，而代之以"主谓谓语句"。主谓谓语句是依据结构分析理论而总结出来的一类汉语句式，丁声树（1961）、吕叔湘（1979）、朱德熙（1982）、李临定（1986）、胡裕树（1995）等先后讨论过这一句式的定义、范围和分类问题。

朱德熙采用符号S和S'来代表整个主谓结构的主语和谓语部分的主语[①]；按照李临定的定义，主谓谓语句"是主谓短语充当句子的谓语。这里把全句的主语称为大主语，主谓短语的主语称为小主语，主谓短语的谓语称为小谓语"[②]。这与朱德熙的处理办法是一致的，所不同的只是范围与分类的差异。李临定的《现代汉语句型》对主谓谓语句规定的范围比较窄，分为三大类十四小类，限于"形容词作小谓语和某些有限制的动词作小谓语的句子"，所举的例子如："这个人脑瓜灵活。""我们哪一个也没去过那里。""大队办公室里灯光明亮，炭火通红。""我国的矿产，蕴藏源丰富，种类多，分布广"[③]等。

问题在于，如果主谓谓语句的谓语部分又包含一个或者更多的主谓谓语句，那就会形成一个如同霍凯特（C.F.Hockett）1958年所提出的"汉语套盒"现象[④]。典型的例子如"这件事我脑子里一点印象也没有了"，这又该如何处理呢？吕叔湘不同意将动词前的名词挨个儿当主语的处理办法，认为这样做的结果"大大扩大了主谓谓语句的范围"，模糊了一些有用的区别。提出"只有不能用'主-补-动'句式来说明的才是主谓谓语句"。还进一步补充了主谓谓语句的两个特征："主谓谓语句的作用，说明性多于叙述性"；"主谓谓语句往往在大主语之后出现停顿"[⑤]。但他同时也承认，这两点并非绝对的，不能作为划分句式的

[①] 参见朱德熙《语法讲义》，第106—108页。
[②] 参见李临定《现代汉语句型》，商务印书馆，1986年，第302页。
[③] 李临定《现代汉语句型》，第302—306页。
[④] 参见C. F.霍凯特著、索振羽等译《现代语言学教程》，北京大学出版社，1987年。（原文为：C.F.Hockett, *A Course in Modern Linguistics*, Macmillan Publishing House, New York, 1958:251.）
[⑤] 参见吕叔湘《汉语语法分析问题》，商务印书馆，1979年，第81—83页。

标准。

　　胡裕树则倾向于分化动词前的多个主语，认为主谓谓语句是由一般谓语句转换而成的，或者是宾语提前到句首，或者句首成分与充当谓语的主谓结构的主语存在限定关系，还有一种是"由全句的修饰语中减去介词'关于''对于'等构成的"。他认为主谓谓语句的主语是全句的起点，含有话题性质，一般的主谓句转换成主谓谓语句是为了适应表达上的需要①。把动词前的几个名词性成分看成宾语提前，或者状语、提示语、游离语、外位语等成分，都是试图分化这些名词性成分的做法，目的是为了留下一个主语，突出动词中心的主谓结构。

　　对于句首多个名词性成分的句子，功能句型分析理论的处理方法所依据的是"主题-评论"的结构观，"主题-评论"结构的层层套叠是汉语句法所允许的结构方式，是评论性的名句所具有的独特结构，也是使主题句句法层次得到深化的一种手段。申小龙的《中国句型文化》将这一现象称为"主题句形式的套迭"，认为"这一构造方式的本身有助于对主题语的不同方面作多种角度的评论"，"是汉语句法的特点"②。这类主题句在三部作品中为数不少，正说明这种结构方式有利于拓展主题句的伸展空间，使主题语的性质和特征得以从各个不同的方位展现出来，丰富了表达的层次，汉语句子的弹力和张力也因此得到彰显。

　　传统语法分析方法采用"主谓宾"的基本框架进行句型分析，面对千变万化的汉语句子时，只能以繁复的分类和名称，将各种句子塞进统一的主谓框架中，其实却掩盖了很多句子的真正面貌。而以功能视点分析句子就能避免这种削足适履的做法，无论是句

---

① 参见胡裕树《现代汉语》（重订本），上海教育出版社，1995年，第321—323页。
② 参见申小龙《中国句型文化》，第402—404页。

子形式还是词语、词组形式,关键在于其功能到底属名词性还是动词性,确定了这一点,则万变不离其宗,皆可以评论性名句(主题句)和叙述性动句(施事句)归纳之。正如申小龙所言:"我们之所以要把汉语句子的主脑成分区别为'施事语'和'主题语',并非向流行的看法那样要排除'多主语',而是要解决主语的二重性问题,即分化在'主语'位置上混杂的名句话题和动句施事者的功能。"①

主题句形式充当评论语只不过恰恰说明了汉语句子不是以动词为中心构造的,而是可以依据功能需要自由、灵活地组合,以团块形式整体组织句子的各个成分,使句子的容量更加丰盈,形式更富于延展性。用这样的眼光看待汉语句子,我们才能充分领略汉语之灵活、自由和独特。如以下各例:

(61)蒲城县人户稀少,钱粮不多。(《水浒传》)

(62)洒家一分酒只有一分本事,十分酒便有十分的气力。(《水浒传》)

(63)这位凤姑娘年纪虽小,行事却比世人都大呢。(《红楼梦》)

(64)老内相所见不差。(《红楼梦》)

(65)老蒋气数尽了。(《第九个寡妇》)

(66)他们说话都是悄声悄气,有喷嚏都得忍回去。(《第九个寡妇》)

"人户""年纪""气数"等充当小主题语是很自然的,而"说话""行事"这两个动词性成分表面上看是一个述谓成分,实际上只是一个提事性的小主题,具有体词性。"小主题评论"主题句其实是汉语句子复杂化、多样化的体现,正如吕叔湘先生所言:"研究句子的复杂化和多样化,可以说是在静态研究的基础上进行动

---

① 申小龙《中国句型文化》,第414页。

态的研究，是不仅仅满足于找出一些静止的格式，而是要进一步观察这些格式结合和变化的规律。怎样用有限的格式去说明繁简多方、变化无尽的语句，这应该是语法分析的最终目的……"①

2.3 "空范畴评论"主题句

"空范畴评论"主题句是指类似"翻过来的鬼子话大伙渐渐明白了"这样的句子。"空范畴"是我们借用转换生成语法的一个术语。所谓"空范畴"，本指英语中"'名亡实存'——即在形式上不存在而在语义上存在——的成分"，"生成语言学的词迹论认为，句子发生移动后，往往会留下词迹（trace）。词迹就是空范畴的一种形态"②，也即一定句法关系中那种有语义内容而没有语音形式的成分，这是人类语言中普遍存在的现象，汉语也不例外，只不过，汉语的空范畴并非真正由移动而产生，也无"词迹"可寻，我们之所以借用生成语义学这一概念，是因为"空范畴"这个术语比《中国句型文化》中的"移位"更能准确地反映以评论语为视点的句型划分标准，因为"移位"只是一种形象的说法，并不反映语言中的真实情况。

对于汉语句子中的"空范畴"现象，不同学派的语法研究者看法不一，吕叔湘先生在谈到汉语句法的灵活性时指出，"移位就是一个成分离开它平常的位置，出现在另外的位置上"③，这是从传统句法结构视角出发的汉语句法认识观。转换生成语法理论的追随者认为把名词词组移动到句首符合最简方案理论，符合语言的经济原则。有的学者从语用的角度看待移位现象，认为这是汉语句子话题化的方式。而在认知语法分析学派看来，移位是出于

---

① 吕叔湘《汉语语法分析问题》，第91页。
② 徐盛桓《空范畴初探》，《外语教学与研究》1984年第4期，第1—2页。
③ 吕叔湘《汉语句法的灵活性》，《中国语文》1986年第1期，第1页。

语义上成为焦点的需要,其功能主要在于强调、夸张,是新信息的标记,是对比的标记,还是新话轮到来的标志,还起着语篇衔接的功能①。

我们认为,"空范畴评论"主题句中主题语的位置本来就在句首,并非真正发生了位置变化,而从评论语中的某个位置移到句首去了。评论语里的所谓空位,从语义上看,与主题语之间确实存在"同格异位"的关系,但形式上却是缺失或者说并不存在的。从功能角度看,"空范畴评论"主题句的主题语并非真正发生了移位,无论句首主题语"回到"所谓的"空位"中,句子是否还成立,在汉语说话人的心目中,它在句首的位置都是天然的,是实现评论功能的一种固有结构。也就是说,尽管缺乏形式标记,这个看似从动词后的宾语位置移位到了句首的成分,就是有着无形标记的主题语。在三部作品语料库中,无论近代汉语还是现代汉语,这类主题句都大量存在。例如:

(67)我的性命今番难保了!(《水浒传》)

(68)茶钱洒家自还你。(《水浒传》)

(69)丫头老婆们不好了,也只管告诉我。(《红楼梦》)

(70)林姑娘的行李东西可搬进来了?(《红楼梦》)

(71)大地方成亲前脸蛋何止是看过,亲都亲过。(《第九个寡妇》)

(72)油馍我都省给你吃。(《第九个寡妇》)

"空范畴评论"主题句的特征其实可以很好地说明"鸡不吃了"与"鸡,不吃了"之间的差别。因为同样的"鸡",其间并无固定的形式标记以示区别,只有语音上的稍许停顿、书写上的逗号

---

① 参见文旭《左移位句式的认知解释》,《外国语》(上海外国语大学学报)2005年第2期,第45—52页。

相隔能够标识作为主题语的"鸡"的功能。而在功能句型分析中,我们采用"空范畴"评论这一名称,可以更好地识别"鸡不吃了"这一结构的评论功能与叙述功能。因此,只要从功能入手,句子的动、名属性自然能够立判,而不必纠缠于到底采用脱离语义的纯形式分析,还是抛弃形式结构的纯语义解释。

2.4 "描写"主题句

描写主题句是指由形容词或形容词性成分等对主题语进行评论的句子,因为形容词及一些具有形容词性的短语最能体现描写兼评论的功能,再加上表示程度的"太、多、好、这么"等副词,更强化了其评论性功能。例如:

(73)兄弟好懦弱!(《水浒传》)

(74)宝兄弟,你忒婆婆妈妈的了。(《红楼梦》)

(75)她这么直截了当。(《第九个寡妇》)

有时候动词也有可能充当描写主题句的评论语,前提是与"有点、挺、真、太"之类的程度副词同时使用,这样动词就不再是单纯地叙述事件,而是附带了评论色彩。王力先生早在《中国现代语法》中就指出:"如果及物动词后面不带目的位,而前面又有'可''好''难''易''够''中'一类的末品,或后面带着'得''不得'一类的末品者,这动词和末品合成的仂语可认为描写性仂语,它是等于一个描写的用途的。""纯粹的叙述语是不涉及程度的。如果在叙述语里加上程度限制(最、太、忒、颇一类的字),它就多少带些描写性。"[①]《第九个寡妇》中有不少这样的例句:

(76)自由恋爱的人可真懂。

(77)谁家小姑娘,挺识逗哩。

(78)老朴有点作弄史屯人。

---

① 王力《中国现代语法》,商务印书馆,2011年,第50—51页。

描写主题句很容易与描写句及描写是认主题句混淆。其实，描写句是与主题句平行的句类，并非主题句的下位，其特点就是由形容词的生动形式或拟声词对主题语性状进行描摹，如："武松自在房里气忿忿地。""她黑暗里笑眯眯的。"描写主题句与描写是认主题句的差别则在于主题语与评论语之间是否存在标记词"是"，比如：

（79）你看这婆子，只是风！（《水浒传》）

（80）你们奶奶就是这么急脚鬼似的。（《红楼梦》）

（81）孙二大这人就是太能。（《第九个寡妇》）

上述几例描写是认主题句与前几例描写主题句相比，"是"居于动词、形容词之前，故其确认强调的功能也居于描写功能之上，应首先归入是认主题句大类的下位主题句。

2.5 "单纯"主题句

所谓单纯主题句，是相对是认主题句、能愿主题句、被动主题句等一些具有"是认""能愿""被动"等特殊功能及相应形式标记的主题句而言的。这类主题句缺少与功能相呼应的形式标记，其所具备的功能也就不具有特殊性，而只是单纯性地对主题语进行评论。因此，我们从形式上将这类主题句划分为"名词性评论语主题句""动词性评论语主题句"和"代词性评论语主题句"三小类。

2.5.1 "名词性评论语"主题句

名词性评论语主题句，即评论语为名词或名词性词组的主题句。《中国句型文化》所建构的句型体系中有一类与主题句平行的句类——说明句，是指"用普通名词对主题语的情况加以说明的句子"[①]，如："那丫头十几岁了？""每人一吊钱。""小女孩平一

---

① 申小龙《中国句型文化》，第415页。

岁时，街上来了个小伙儿，一口京话。"句子结构中无需动词的参与，也可以实现完整的语义，是汉语中颇具特色的句类。名词性评论语主题句与说明句有较大程度的相似性，都是由名词性成分充当句子主脑后的主干成分，对句首成分进行说明；不同之处在于，名词性评论语主题句的名词性成分具有明显的评论性，主体意识的参与程度较强，因而不再是客观的情况说明。一般来说，这种主观评论性是由名词性成分前的副词来体现的。例如：

（82）丈夫，你<u>如何</u>今日这般嘴脸？（《水浒传》）
（83）还有如今现在江南的甄家，嗳哟哟，<u>好</u>势派！（《红楼梦》）
（84）二哥<u>都</u>二十五六了。（《第九个寡妇》）

2.5.2 "动词性评论语"主题句

动词性评论语主题句，即评论语为动词或动词性词组的主题句。一般来说，以动作语串连起施事成分与受事成分的句式都属于动句，即施事句。但功能句型的划分不仅要依据结构、形式的特点，在它之上还有功能这一制约全句属性的因素，应作为我们划分句类的首要依据。试看以下几例：

（85）我这里五台山文殊菩萨道场，千百年清净香火去处，<u>如何容得</u>你这等秽污。（《水浒传》）
（86）这般天气热，<u>兀的不</u>晒杀人。（《水浒传》）
（87）你<u>好不</u>知疼痒，<u>只顾</u>逞办！（《水浒传》）
（88）倒不见那蠢物<u>也罢</u>了。（《红楼梦》）
（89）姐姐家的东西，<u>自然先偏</u>了我们了。（《红楼梦》）
（90）若论这个小姐模样儿，聪明智慧，根基家当，<u>倒也配的过</u>。（《红楼梦》）
（91）反正这场院常有这样撒野的脚，<u>分不清</u>张三李四，打孽、打日本、打汉奸、打地主富农、打闹玩耍……（《第九个寡妇》）
（92）偷点心<u>还凑合</u>偷点儿？（《第九个寡妇》）

（93）烧就烧呗。(《第九个寡妇》)

倘若仅以"容得、晒杀、不知、顾、罢、偏、配的过、分不清、偷、烧"等动词为视点进行句型分析,以上诸例都应归入施事句中。但细致品味,"容得"前的"如何",是一个具有情态性的疑问词;"晒"前的"兀的"意同"怎么",具有反诘和感叹的语气;"不知"前的"好"表示程度,"顾"前的"只"含有责备意,都具有主观评论性;"罢"前的副词"也"具有"无奈"之意;"偏"在此句中作动词用,前面的副词"自然"带有肯定的语气,具有主观性;"倒也"用在动词短语"配的过"前,含有"让步、承认"之意;"分不清"是"张三李四"还是"打孽、打日本……"的并不是"脚",而是"人";"偷"前的副词"凑合"具有强烈的评论意味;"烧"后的语气词"呗"传达的是无所谓的语气。这几个句子的共同点在于,后半段的动词或动宾短语与句首的名词性成分之间并非传统句法结构中所谓的"主谓"关系,联系二者的其实是说话者的主体思维逻辑,是依赖于特定语境的、高度意合的汉语功能句法。不受表面形式结构的局限,正是汉语灵活性的体现,也是汉语之美的具体实例。因此,句首主脑之后的叙述性成分尽管都是动作语,却仍然是在评论句首的主题语。这类带有谓词性成分的句子,我们称之为"动词性评论语"主题句。

2.5.3 "代词性评论语"主题句

代词性评论语主题句,顾名思义,其评论语是由代词性成分充当的。在我们的语料库中,这类代词主要体现为疑问代词,常见的有"如何、若何、这么着、怎么、怎么样、咋着、咋样、咋的、咋"等,通常用于疑问句中。虽然这些疑问代词所指代的内容并不明确,但基本上都是询问事物的性质、状况、方式、原因、情况等,所指向的答案理应是对疑问代词前的名词性成分即主题语进行性状、情况方面的评论。因此,我们将这类由疑问代词直接充当评论语的句子命名为"代词性评论语"主题句。这类主题句在《水浒传》《红楼梦》中并不鲜见,在现代汉语《第九个寡妇》中也为数不少,由此可见,这类主题句当属汉语主题句的常态句式之一。例如:

(94)我们尽数都去,和他死併<u>如何</u>?(《水浒传》)
(95)此计<u>若何</u>?(《水浒传》)
(96)你今儿<u>怎么样</u>?(《红楼梦》)
(97)其联<u>若何</u>?(《红楼梦》)
(98)搞腐化<u>咋着</u>?(《第九个寡妇》)
(99)葡萄的手<u>怎么了</u>?(《第九个寡妇》)

3. 对于非句子主干成分的功能认定

非句子主干成分指的是主题句中除主题语、评论语等主干成分以外的附加成分,如插入语、话语标记、篇章语、韵文等。

3.1 对插入语的功能认定

插入语长期以来被认为是一种特殊成分,同地点状语、时间状语等句子修饰语一样,不属句子的直接组成成分。包括吕叔湘(1979)、王力(1985)、黄伯荣(1991)、胡裕树(1995)等先生在内的许多语法学家都持有这一观点,认为插入语是一种独立成分,"不同别的成分发生结构关系,位置一般比较灵活"[1];"其作用是使句子表意严密化,补足句意,包括说话者对话语的态度,或引起听话者的注意"[2]。因此,插入语也被称为独立语或附加语。随着语法研究的进一步发展,从语义、语用角度进行的插入语研

---

[1] 胡裕树《现代汉语》,上海教育出版社,1995年,第345页。
[2] 黄伯荣、廖序东主编《现代汉语》(增订二版),高等教育出版社,1991年,第96—97页。

究越来越丰富，代表性的有邢福义的观点，他认为插入语是一种语用成分；范晓对插入语的研究比较充分，他指出插入语是句子中的有机组成部分，是添加某种意义的语用成分[1]，可以"表推测和估计；表肯定和强调；表信息来源；表意见和看法；表示引起对方注意"[2]。于是，从语用角度出发，插入语的提示功能、连贯功能、语态功能、结构功能、篇章连接功能、语用修辞功能、语义补充功能等被不断挖掘出来。

近二十年以来，插入语的研究还转向了主观化、语法化的方向。沈家煊（1994）、石毓智（1998）、刘丹青（2001）、方梅（2002）、张谊生（2002）、董秀芳（2004）、曹秀玲（2005）等学者先后探讨了语法化问题，还分专题讨论了某些词语或短语结构的语法化动因、历程和语义功能，并给这类词语或短语结构以新的称谓——话语标记。本研究根据语料库的语言事实，将关涉到功能句型判断的一些特殊成分分为两大类：一类是具有非凝固形式和附加功能的插入语，另一类是具有主观化倾向和虚化语义的话语标记。本小节讨论插入语。

我们所说的插入语类似于陈建民所说的"插说"。他指出："插说就是插在句子中间使句子中断的话。它可以是一个短语，也可以是一主一谓句、一主多谓句、多主谓句。一般地说，插说的前后都有停顿，书面上用逗号或破折号表示。"所举例子如："我买了两斤平鱼，<u>广州人叫鲳鱼</u>，请朋友吃饭。""他写了三篇文章，<u>有一篇是在探亲期间写的</u>，寄给某地《汉语学习》。"[3]从结构上看，这些插入语属非凝固形式，是完整的句子；从语义上看，具有补

---

[1] 参见范晓《三个平面的语法观》，北京语言文化大学出版社，1998年，第341页。

[2] 范晓《汉语的句子类型》，书海出版社，1998年，第315页。

[3] 引文与句例均见陈建民《汉语口语》，北京出版社，1984年，第227—232页。

充和解释功能。在我们的语料库中，类似上述例句的插说现象在施事句中很常见，例如：

（100）三人慢慢地饮酒，<u>将及晚也</u>，只听得楼下打将起来。(《水浒传》)

（101）董超去腰里解下一双新草鞋，<u>耳朵并索儿却是麻编的</u>，叫林冲穿。(《水浒传》)

（102）林黛玉一行哭着，一行听了这话说到自己心坎儿上来，<u>可见宝玉连袭人不如</u>，越发伤心大哭起来。(《红楼梦》)

（103）贾母想了想，<u>果然不差</u>，便说……(《红楼梦》)

（104）她打开一个手帕，<u>里面包了张纸条</u>，给那小伙儿看。(《第九个寡妇》)

（105）葡萄说着，抓起他的包，<u>里面有药和针管</u>，领他往院里去。(《第九个寡妇》)

而在主题句当中，这类现象也并不鲜见，例如：

（106）武松是个直性的汉子，只把做亲嫂嫂相待，<u>谁知那妇人是个使女出身，惯会小意儿</u>，亦不想那妇人一片引人的心。(《水浒传》)

（107）林黛玉心里原是再不理宝玉的，这会子见宝玉说别叫人知道他们拌了嘴就生分了似的这一句话，<u>又可见得比人原亲近</u>，因又撑不住哭道……(《红楼梦》)

（108）过去这儿来过的人多呢——洋和尚,洋姑子,<u>城里学生,日本鬼子、美国鬼子</u>,谁耽长了？(《第九个寡妇》)

（109）人们一改过去走路的模样：<u>拖腿拉胯，脊梁向后躲</u>，变得伸背挺胸，步子全是舞台上的"急急风"。(《第九个寡妇》)

（110）十来个"老八"比她们男人皮要白些，<u>白天歇着夜里出动的缘故</u>，也不如她们男人硬朗，吃得太赖，饥饱不均。(《第九个寡妇》)

上述各例中下划线部分既不是主题语的附加成分，也不是评论语的补充成分，中途的插入打断了句子结构的完整性和连贯性，却不是句子结构的必要构件；语义上或为补充，或为解释，但不影响全句的语义表达；从功能上看，插入语纯属插说，类似于一个冗余成分。总之，这些插入成分并不参与整个句子的功能建构，离开主干句可以独立，有完整的语义和功能，在语义上与核心句不相干，或者关系不太大，仅有一定的解释与补充作用。从结构上看，它们如同旁枝末节，并不影响整个句子主干的清晰度。最重要的是，它们的插入，对句子功能的整体性产生了一个"停顿-再续"的作用，表面看似乎破坏了主干句的整体功能，仿佛说话者中途被强行插话，暂时中断了原来的话题，片刻的停顿之后又回到原来的谈话轨道上。而实际上，这类插入语在功能上是不影响全句的，去掉之后，原句的功能仍然十分清晰，完整性并未受到破坏。因此，我们着眼于功能，将插入语看作一种真正的插说，排除在功能句型分析的框架之外。

需要指出的是，此类插入语也有可能出现在句末，如：

（111）洪教头深怪林冲来，又要争这个大银子，又怕输了锐气，把棒来尽心使个旗鼓，吐个门户，<u>唤做把火烧天势</u>。（《水浒传》）

（112）阮小七身边拔起尖刀，把何观察两个耳朵割下来，<u>鲜血淋漓</u>。（《水浒传》）

（113）贾瑞急的也不敢则声，只得悄悄的出来，将门撼了撼，<u>关的铁桶一般</u>。（《红楼梦》）

（114）想毕，一直走到个钱铺里，将那银子称一称，<u>十五两三钱四分二厘</u>。（《红楼梦》）

（115）又想起什么，从床底下摸出个玻璃瓶，<u>里面盛着红糖</u>。（《第九个寡妇》）

（116）他们用粪叉子把尸首的上半身扒拉出来，认出是史五

合的媳妇,<u>头天饿死的</u>。(《第九个寡妇》)

这些例句都是在已经实现全句功能表达的情况下又续上了一个具有补充功能的小句,从结构上看,形成了一个叙述或评论加补充的新结构态势,有别于中途插入的情况,因此我们把这一类句子归入续补关系句中。同为插入语性质,却因为位置的不同而并入两种句类中。这一方面说明功能视点对句型分析具有统领作用,它令我们如同站在一个制高点,俯瞰之下,旁枝末节尽可斩断,所有句子的功能轮廓顿现,尽在把握之中。另一方面,功能与结构密不可分,忽略功能的结构流于形式,缺乏意义根基;撇开结构谈功能,也将失之主观臆断。因此,在结构主干比较明晰的情况下,功能也须适当臣服于结构。

3.2 对话语标记的功能认定

以功能语法观分析汉语句子,在脱离形式结构羁绊的同时,也免不了因语义功能的主观性强而陷入反复斟酌、难以定夺的情形。为了真实反映汉语句子的语义和句型特点,我们往往需要对某个词语或词组进行语义功能上的共时考察。"不知"就是我们在分析句子时遇到的这类词组之一。

3.2.1 对话语标记"不知"的功能认定的微观分析

通过对现代汉语专书语料库《第九个寡妇》的检索,我们发现"不知"在语法、语义及功能上承担着不同的角色,其中既有形式与功能一致的"不知",也有形式与功能错位的"不知"。除去"不知道"这一义项,"不知"还有如下不同用法。

(一)"不+知"的状动结构。"不知道"这一语义在全句中十分虚弱,其存在与否并不影响全句意思的完整性。如位于句首的"不知":

(117)<u>不知</u>她和儿子挺认了母子没有。

(118)<u>不知</u>是不是来过猪场的那个地委书记。

位于小句句首的"不知":

（119）他想，<u>不知</u>她是不是藏了个男人在屋里。

（120）老年的朴同志想，<u>不知</u>尤物葡萄还活着不。

这类"不知"最大的特点是其所在句子多为疑问句或包含疑问语气的句子，"不知"的意义在于缓和疑问语气，或强化言说者或主语的主观感受，与全句功能没有太大关系，全句的焦点集中于疑问的部分。

（二）"不+知"的状动结构。"不知"并非主语发出的动作，而是言说者如作者或事件陈述者的行为，也多用于疑问句或有疑问语气的句子中。例如：

（121）三分人、七分鬼的老父亲要能活过来，<u>不知</u>会不会问起那支金笔。

（122）老朴媳妇坐他边上，<u>不知</u>看不看出老朴冷。

（三）"不知+怎么、为什么、为啥"的组合结构。例如：

（123）她<u>不知怎么</u>就走出去了，站在了男孩面前。

（124）<u>不知为什么</u>，他起身扒在窗上看。

这些"不知"与疑问代词"怎么、为什么"等组成了一个相对凝固的结构，处在谓语动词前或句首位置，构成一个类似于副词成分的状语格式，不能将其等同于谓语成分。

通过以上分析可以看出，现代汉语里"不知"在结构上是一个状动组合的凝固形式，从语义和功能上看，它在很多场合类似于连词或副词，语义很虚弱，起着话语标记的作用。而在从主语到言说者的视角转换场合里，"不知"又为全句增添了评论性的功能和性质。对于"不知"的这些形式、功能的认定，直接关系到功能句型的分析和归纳，因此，我们对以"不知"为代表的话语标记进行了深入考察。

语法界把"谁知、谁知道、你知道吗、你知道"等作为话语标记进行语法化研究的论文较多见①,但专门研究"不知"的很少,仅有谭萌萌2013年的硕士论文对"不知"的用法进行了专题研究,却也只研究了现代汉语中的"不知"②。因此,我们有必要在历时层面进一步考察"不知"的功能分布情况。

3.2.2 不同历史时期"不知"的语义及功能演变

实际上,"不知"由来已久,早在《诗经·黍离》中就有"知我者,谓我心忧;不知我者,谓我何求"的诗句,明显可见"不知"与"知"在语义上的相对性。现代汉语中,"不知"的语义和用法应该是对古代汉语的一脉相承,只是"不知"在相对稳定的共时环境中,也呈现出语法功能上的复杂性,这是否代表它在历时过程中早已发生了某些分化呢?为了验证这一点,我们选择了先秦时期的《左传》、魏晋时期的《世说新语》、唐宋时期的《唐宋传奇》(华夏出版社本)、元明时期的《水浒传》(120回本)、清朝中期的《红楼梦》(120回本)等五部不同时代的代表作品,建立了古代汉语和近代汉语的专书语料库,进行了穷尽性检索,意在通过对"不知"追根溯源的探索研究,发现其语义功能的演变轨迹,以便对功能句型分析提供理论与实践上的保障。

(一)先秦时期

以《左传》为代表,共搜索出"不知"句五条,均为状动结构,意为句中主语"不知道、不明白"等,语义功能均很单纯。例如:

(125)勤而无所,必有悖心。且行千里,其谁<u>不知</u>?

(126)臣不任受怨,君亦不任受德,无怨无德,<u>不知</u>所报。

---

① 参见杨晓霞(2006)、刘丽艳(2006)、张聪燕(2008)、张富翠(2009)等学者的论文。

② 参见谭萌萌《现代汉语"不知"多角度研究》,华中师范大学硕士论文,2013年。

（二）魏晋时期

选取《世说新语》为代表，共检索出"不知"句二十五条，大多仍为状动结构，是句中主语发出的施事行为，全句构成一般的主谓结构。例如：

（127）岂有终日执之，而不知其味者乎！

（128）主始不知，既闻，与数十婢拔白刃袭之。

在二十五条"不知"句中，有四条的"不知"有类似于话语标记的作用，它们多出现在疑问句中，其中三例位于句首，一例位于句中。例如：

（129）不知卿家君法孤，孤法卿父？

（130）萧祖周不知便可作三公不？

此两例"不知"的语义明显虚化，位置也很灵活，具备了话语标记的一般特点，说明"不知"早在魏晋时期已经开始了语法化的进程。

（三）唐宋时期

以《唐宋传奇》为代表，共检索出"不知"句一百五十条，发现"不知"语义、功能的分化已经向现代汉语靠拢，形成了三大类。

（A）形式功能一致、在主谓结构中充当谓语成分的"不知"（以下简称"主语的'不知'"），为状动结构。例如：

（131）吾不知国客乃复为神仙之饵。

（132）因分与资财遣居于外，易姓为郑氏，人亦不知其王女。

（B）虽处在谓语成分的位置，但施动者不是句中主语，而是言说者的"不知"（以下简称"言说者的'不知'"），为状动结构。例如：

（133）今厅前有一枣树，围可数丈，不知几百年矣。

（134）每有香果琼枝，天衣锡钵，自然浮出，不知从何而至。

这两例"不知"句最大的特点就是视角的转换,使得"不知"从句中主语后的谓词地位解放出来,体现出故事言说者与读者之间的交互性,其形式与功能已经不再是一一对应的关系了。作为一个游离于主谓框架之外的成分,"不知"使全句呈现出主观性和评论性。这一点对于句子的分析、归类所起的作用不容小觑。

(C)疑问句中语义虚化、功能类似话语标记的"不知"。从结构上看,此类"不"与"知"的黏合程度较高,呈现出语音间少停顿、语义趋融合整一的特点;从功能上看,其所处位置灵活,且语义不影响全句的意思表达,表现出话语标记的特点。根据"不知"所处位置的不同,又可分为两种情况。一是位于句首位置的,如:

(135)<u>不知</u>上客从何而至?

(136)<u>不知</u>诸郎君何此欢噱?

二是位于小句句首位置的,如:

(137)何用更去封姬舍,有事只求处士,<u>不知</u>可乎?

(138)此非炼炭所炊,<u>不知</u>堪与郎君吃否?

(四)元明时期

以《水浒传》为代表,检索出"不知"句总数达四百零三条,发现其语义功能呈现出更为明显的分化态势,达到了五类之多,且前四类都达到了相当的句数,说明"不知"在元明时期的分化更加成熟了。

(A)主语的"不知":

(139)那道人<u>不知</u>智深在后面跟来,只顾走入方丈后墙里去。

(140)智深<u>不知</u>是计,直走到粪窖边来。

(B)言说者的"不知":

(141)众土兵那里敢向前,各自逃命散了,<u>不知</u>去向。

（142）宋时，这座林子内，但有些冤仇的，使用些钱与公人，带到这里，不知结果了多少好汉在此处。

《水浒传》中立足于言说者视角的"不知"句数量呈现上升之势，从一定程度上反映出脱胎于宋元话本的章回体小说的"说话"特质：说者与听者之间时时处于互动之中。"不知"句视角的转换，代表着说故事者时常将自身带入叙事过程中，使得故事的客观性不再纯粹，而沾染了主观性。

（C）具有话语标记性质的"不知"。在疑问句中这些"不知"的语义不强烈，位置较灵活，也不影响全句意思，因此已经具备话语标记的功能了。《水浒传》中这类"不知"句已为数不少，位于句首的如：

（143）不知制使心下主意若何？

（144）不知有上等好铁么？

位于句中或小句句首的如：

（145）恩人不知为何事在这里？

（146）小人自来不曾拜识尊颜，不知呼唤有何使令？

（D）位于句首，为"听话者称谓+不知"的主谓结构，是《水浒传》中出现的"不知"新类。这一格式的"不知"，语义虚化程度更高，总处于句首话头处，用来提醒对方自己接下去所说的内容，具有提示功能，与下文真正要表达的意思并无直接关联，因而也属话语标记的一种。如：

（147）哥哥不知，若去打华阴县时，须从史家村过。

（148）你不知，俺这村中有个大财主，姓柴名进，此间称为柴大官人，江湖上都唤做小旋风。

（E）"不知+怎的"的短语结构，与《第九个寡妇》中第4类用法相同，但《水浒传》中数量较少，仅有两例，说明此类"不知"在元明时期尚处在萌芽阶段。如：

（149）自见了多少好女娘，<u>不知怎的</u>只爱他，心中着迷，郁郁不乐。

（150）<u>不知怎的</u>，门户都开了！

（五）近代

我们选取了清代中叶的《红楼梦》为考察对象，检索出"不知"句多达一千零三十七条，发现其语义功能的分化程度与现代汉语相近，已接近成熟了。

（A）主语的"不知"，状动结构：

（151）封肃听了，唬得目瞪口呆，<u>不知</u>有何祸事。

（152）我们<u>不知</u>系何"贵客"，忙的接了出来！

（B）言说者的"不知"，状动结构：

（153）他穿了衣服出去了，<u>不知</u>那里去。

（154）林黛玉和宝玉在一簇花下唧唧哝哝<u>不知</u>说些什么。

（C）作为话语标记的"不知"，大多出现在疑问句或含有疑问语气的句子句首或小句句首，也有出现在句中的。位于句首的如：

（155）<u>不知</u>令亲大人现居何职？

（156）<u>不知</u>是个什么海上方儿？

位于句中或小句句首的如：

（157）这个宝玉，<u>不知</u>是怎生个惫懒人物，懵懂顽童？

（158）神仙姐姐<u>不知</u>从那里来，如今要往那里去？

以上各例中"不知"的位置更加灵活，语义也十分虚弱，作为附加在句子完整结构之外的标记成分，实际上发挥着缓和语气、显示礼貌和客气、在言说者和听话者之间建立良好交互性的功能。

（D）位于句首的"听话者称谓+不知"的格式，与《水浒传》

第4类相同，属于话语标记，具有提示功能，"不知"的语义几乎可以忽略。如：

（159）你们不知，我自幼于花鸟山水题咏上就平平，如今上了年纪，且案牍劳烦，于这怡情悦性文章上更生疏了。

（160）老爷不知，外头都是这样。

"不知"的这种用法在《水浒传》《红楼梦》等章回体小说中大量存在，现代汉语则极少见，即便有，也往往以双音节形式的"不知道"取代了古汉语意味的"不知"。

（E）"不知+怎么、怎的"的格式，与现代汉语的类似用法几无差别，表示对动作发起原因的探究，具有状语性质。这类用法在《红楼梦》中已达十六例，大大超越了《水浒传》的两例，显示出"不知"这一新功能的发展趋势。如：

（161）我要问，不知怎么就忘了。

（162）不知怎的，今年这鸡蛋短的很，十个钱一个还找不出来。

3.2.3 "不知"语法化过程的理论探讨

从我们考察的《左传》《世说新语》《唐宋传奇》《水浒传》《红楼梦》《第九个寡妇》等六部古今作品看，与许多常见于研究中的话语标记相比，"不知"具有相当程度的特殊性：其一，历时跨度长，从先秦至当代，有着超越两千年的语言生命力；其二，共时语用面广，既活跃于书面语，于口语中也并不鲜见。对于这样一个话语标记的研究，既可以追踪"不知"功能演变及语法化形成的轨迹，也有助于我们以此为依据对语料库中所有的"不知"句进行科学而精确的梳理与归纳。

为此，我们将语料库中出现的"不知"进行了分类，分别以"不知1、不知2、不知3、不知4、不知5"冠名，并依照句法、语义、功能、位置等特征列表1如下。

第三章　汉语主题句的功能认定

表1　五类"不知"语义功能特征表

	句法特征	语义特征	功能特征	位置特征
不知1	状动结构	主语的"不知"	对"知"的否定，形式功能一致	主语之后，充当谓词
不知2	状动结构	言说者的"不知"，具有评论性	从客观叙事向言说者主观视角转换	位置较灵活，主语之后或小句句首均可
不知3	状动结构，有黏合成词倾向，常与疑问形式连用	语义虚化，存在与否不影响全句意思	话语标记，语法化形式，缓和疑问语气，连贯上下文	位置灵活，疑问句的句首、小句句首或主语之后
不知4	"对话者称谓+不知"格式	"不知"的语义虚化	提示对话者下面所说内容	位于陈述句句首
不知5	"不知+特定疑问代词"的格式，副词性独立成分	"不知"的语义虚化，否定意味不强，表示不明原因	类似状语成分，表示行为发生处于原因不明状态	用于谓语动词前，可作为小句独立

我们将以上五类"不知"在古今六部作品中出现的句数进行了统计，其中《水浒传》与《红楼梦》篇幅巨大，为了与其他作品篇幅相当，我们以《第九个寡妇》的21万字为基准，截取了两部作品的前21万字进行统计。五类"不知"句数在各自作品"不知"句总数中所占比例如表2所列，而百分比数据的横向分布则见图1。

表2　六部作品五类"不知"所占比数据表

比例	《左传》	《世说新语》	《唐宋传奇》	《水浒传》	《红楼梦》	《第九个寡妇》
不知1	100%	84%	63.33%	44.64%	52.28%	66.3%
不知2			28%	15.18%	21.32%	16.3%
不知3		16%	8.67%	22.32%	20.81%	11.96%
不知4				13.39%	2.03%	
不知5				4.46%	3.55%	5.43%

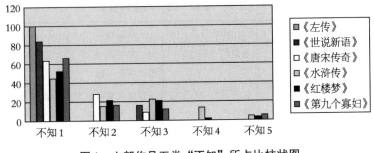

图1 六部作品五类"不知"所占比柱状图

从表2及图1各类"不知"句的分布情况看,"不知"的语法化早在魏晋时期已经发生,至唐宋时期继续发展,到元明时期已形成较完整的格局。在明清时期的近代汉语中,"不知"的语义功能分布情况已经趋于成熟,与现代汉语大致相当,几种主要功能至今仍活跃在现代汉语中,如"不知1""不知2""不知3"这三大类,其语义由实到虚,功能由一般到特殊的语法化过程,显示着持续时间长,且分工明晰的走向。"不知"语法化的进程,有两点值得我们注意。

(一)从状动结构到黏合成词:"不知"句法结构的变化

"不"与动词"知"组成的否定结构的短语,其对应的肯定形式——动词"知"多在古代汉语中使用,在近代汉语中单独使用的频率呈现下降趋势,尤其是在现代汉语中,双音词"知道"已经取代了"知",因此"不"和"知"很容易被看作是两个构词成分,有着黏合成词的可能。张世禄先生曾提出:"常用的词组,往往经过凝结作用或缩减作用,转变做词,这样从词组的凝结或缩减,变成为词,正是词的产生的重要方法之一,也就是语言本身发展的重要趋势之一……"① 吕叔湘先生也认为:"假如'X'没有反

---

① 转引自董秀芳《"不"与所修饰的中心词的粘合现象》,《当代语言学》2003年第1期,第13页。

义词'Y',那么'不X'就是'X'的反义词。'不X'在语义上构成一个整体。"①

如果我们把"不知"在语义上看成一个整体,句法上也由状动结构凝固成词,那么,它在语法化的过程中究竟是否转化成了虚词呢?董秀芳研究过"不"与所修饰的中心词的黏合现象,论文中没有涉及"不知",但其观点对我们的研究颇具参考价值。她认为,一些由"不"参与构成的词语与原来的短语义几乎没有区别,词性也没有发生转移。"不+X"之所以能够成词,主要是因为中心词"X"在现代汉语中不能单独使用了,便由自由成分变成了黏着成分,"不+X"失去了肯定形式"X",无法再做句法分析,变成了一个词汇单位。"不知"黏合成词的现象基本符合上述分析,但"知"在现代汉语中虽然极少单独使用,但在"天知地知,你知我知"等惯用语中还是一个自由成分。这显示"知"作为一个"知道、明白、清楚"类动词所具有的特殊性:表示认知和传递信息,其后往往带有一个具有完整主谓结构的长宾语。当"不知"后面又出现一个动词时,信息焦点转移到了新的动词中心词上,"知"变得次要,语调变轻;"不"与"知"之间不再有任何短暂停顿,二者关系变得十分紧密,在整个句子中的地位则不再凸显。"在反复使用过程中,如果语言使用者不再去深究'不'与其后中心词的关系,而把它们看作一个集体起作用的单位,这两者就有可能粘合成为一个词。"②

不过,跟很多话语标记语法化过程所不同的是,"不知"在句法结构上的变化只是到黏合成词为止,中间并没有经过转化成副

---

① 吕叔湘《很不……》,见《汉语语法论文集》,商务印书馆,1985年,第216—217页。

② 以上参看董秀芳《"不"与所修饰的中心词的粘合现象》,《当代语言学》2003年第1期,第12—24、93页。

词的环节，而直接凭借近似于连词的功能成为了话语标记。我们之所以如此认定，主要在于"不知"在语义功能上的转变。

（二）从黏合成词到话语标记："不知"语法化功能的形成

对于话语标记的认识，学界普遍的看法是："在产生初期都经历了先从短语词汇化为副词，再由副词语法化为连词，最后再由连词语法化为话语标记。我们的这一观点得到了世界其他语言语法化共性的支持，也就是说具有跨语言的普遍性，是人类语言的共性语法化现象。"①董秀芳（2007）、李宗江（2010）也持有类似观点。

那么，如何衡量一个语言成分是否已经转化成了话语标记？曹秀玲总结了如下五个标准："一是从句法上相对稳定的线性位置到没有位置限制；二是从句法上有明确的功能和地位到没有功能和地位不能确定；三是表述客观事件到表达说话人的主观感受；四是从具体词汇意义到整体格式意义的理解；五是从韵律上的非独立形式到独立的语调单位。"②以此标准考察"不知"，我们发现，从"不知2"开始，其在句中所处位置已经不局限于主语之后；功能发生变化，地位也不确定；已由简单的客观叙述转变为言说者的主观评论，尤其是"不知3、不知5"的语义已很难再简单地理解为"不"与"知"的结合义；在韵律上，除了"不知1"可以在"不"与"知"之间找到短暂的停顿，其余"不知"两个成分之间的界限已经十分模糊了，韵律上体现出完整性和一体化。

上述曹文标准的第三点尤其值得我们注意。通过专书语料分析，我们发现，"不知"由最初表示具体、客观的意义，逐步过渡

---

① 李思旭《从词汇化、语法化看话语标记的形成——兼谈话语标记的来源问题》，《世界汉语教学》2012年第3期，第330—331页。

② 曹秀玲《从主谓结构到话语标记——"我/你V"的语法化及相关问题》，《汉语学习》2010年第5期，第46页。

到了主观的、以言者为中心的语法意义。从"不知2"开始,"不知"即由句子主语客观表述的"不知道"转为了言说者视角的主观感受,典型的即如:"他不知和多少个女同事,女战友握过手。"从"不知3"开始,提请对方注意和寻求认同的功能愈发增强。如《水浒传》《红楼梦》中常见的"哥哥不知""诸公不知",其本身并无客观陈述对方不知道的命题意义,而纯属一个话语标记,以引导接下去的言谈内容,目的只是提醒对方注意下文;例(161)"神仙姐姐不知从那里来,如今要往那里去"一句中的"不知"位置很灵活,置于句首或者去掉都不影响全句句义,其存在的意义在于营造出了一种比直接疑问更加和缓的氛围,显得礼貌而客气;例(146)"不知制使心下主意若何"一句中的"不知"则更增强了言说者寻求听话者认同感的认知视角。"不知"的这些语义、功能的变化正体现了语法化理论所认定的"随着词汇意义的衰减,语义虚化的程度越高,其不同功能也随之衍生"①。

我们由此认定,"不知"尽管缺乏一个由实词过渡到副词、连词的过程,但其作为"知道"类动词所具有的特殊性以及语义虚化、功能转型等实际属性,使其仍可被视为一个特殊的话语标记。

3.2.4 其他"不知"类状动结构的功能分布比较

为了验证"不知"是否黏合成词,我们还对"不知道"的功能分布情况进行了统计分析。"不知道"在近代汉语里已经开始出现,《水浒传》共有十四例,其中对应"不知1"功能的用例有十二例,如:"夜来望见山前山后火起,洒家看了知道是在厮杀,却不知道此间路径。"其余两例则类似于"不知4"的功能;《红楼

---

① 方梅《北京话里"说"的语法化——从言说动词到从句标记》,全国汉语方言学会编《全国汉语方言学会第十二届年会暨学术研讨会第二届官话方言国际学术研讨会论文集》,全国汉语方言学会,2003年,第15页。

梦》里"不知道"句共二百八十例，为数不少，但远不及"不知"的用量。其中二百五十例与"不知1"的语义功能一样，相对应的其他四个功能分别为七例、一例、二十例和两例，具有话语标记功能的"不知道"只有一例："姐姐，<u>不知道</u>二奶奶往那里去了。"现代汉语专书《第九个寡妇》的"不知道"句总数共六十例，全为"不知1"的功能。为了避免专书的偏颇，我们又以《红楼梦》与《第九个寡妇》的"不知道"句总数为基准，检索了北大语料库里含"不知道"的前三百四十条句子，发现其中96.76%的"不知道"对应于"不知1"的功能，与"不知2"和"不知3"的功能相同的"不知道"句数所占比分别为2.65%和0.59%，如："这种人为的樊篱<u>不知道</u>坑害了多少人，耽误了多少事。""<u>不知道</u>该不该把她称作娱乐圈内人。"可见，"不知道"的使用频率虽远大于"不知"，但其功能分布与"不知"并不对应，且比例相差甚远。这一方面说明，"不知道"作为一个与"不知"语义相同的状动结构，虽然有少量主观性功能的存在，但由于语音、结构所限，其黏合成词的趋势尚未产生，故而语法化的条件并不具备。

　　与"不知"相类的还有"'也、又、还、但、就'+'不知'"的状动结构。这些"不知"类结构也有主观性功能存在的可能，所以我们再次对六部专书语料库进行了搜索，共得到"也不知"八十八例，"又不知"五十一例，"还不知"三十例，"但不知"二十八例，"并不知"十五例，"就不知"两例。其中，"也不知"在《红楼梦》中开始分化出言说者"不知"的功能，达到了三十二例，所占比接近50%，但其各项功能分布不均，除三例为"不知3"，一例为"不知5"，其余都为"不知1"的用法。其他"不知"类状动结构也有类似情形。值得注意的是，"又不知""但不知"和"还不知"这三种结构都在《红楼梦》中偏向性地发展出了"不知2"或"不知3"的功能，在单部作品该句总数中的比例分别达到了

43.9%("不知2")、84%("不知3")和52%("不知2")。这说明上述四类状动结构大都有主观化或语法化倾向,只是这些"不知"类结构的功能分布很不均匀,与"不知"的功能分布情况存在较大差异。这也说明,与"不知"搭配的不同副词的语义功能对"不知"类状动结构的功能分布起着很大的制约作用,这将是本研究可以继续深入下去的领域。至于"并不知、尚不知、仍(然)不知"等,在各部作品中总数很少,且均为"不知"的第一种功能,同样说明"不知"前的副词语义功能对其状动结构产生了较大影响,阻碍了其向主观化或语法化发展。

3.2.5 "不知"的功能演变与汉语功能句型分析

我们探讨语法化问题,最终还是要解决汉语句型的分析问题。句型分析是依据形式还是依据语义、功能,取决于我们对汉语句型分析的根本理念。由于汉语自身的特点,使得汉语的内容与形式高度契合,甚至可以说形式就是内容,内容即形式。脱离了内容分析的汉语形式,必然成为没有灵魂的结构空壳。因此,作为与形式相对的概念,功能可能是汉语语法分析的一条新出路。

我们认为,几个汉语词语或词组连缀而成句子的要素,往往是语义功能的实现与否,而非形式的标记或限制。汉语句型分析必须尊重汉语句子表达功能与形式相结合的语言事实,从句子内部的事理逻辑入手。一个句子是按照什么样的事理逻辑和以什么样的视角为着眼点组织起来的,说话者是客观叙述一个事件,还是主观评论某件事情或者某一个人,抑或是兼而有之,这往往决定了一个句子的归属。这样一来,"不知"的几种不同功能,便决定了其所属的"不知"句有了不同的归类。

"不知1":如"少勇<u>不知</u>她在说啥","不知"是状动结构,语义实在,此句显然属于单段施事句。

"不知2"：如"那血不知是他哪里流出来的"，此句中"不知"仍属状动结构。但从语义上看，此句"不知"并非句子主脑成分"血"发出的动作，而是言说者附加在一个完整的主谓结构之外的游离性成分，具有言说者（即作者）自身的主观性评论功能，意指"受伤者"受伤部位不明确，其"不知道"这层语义实际上已经虚化了。根据功能特点，此句应归属强调是认主题句，主题语为"血"。

"不知3"：如"不知制使心下主意若何"及"恩人不知为何事在这里"，两例中的"不知"在结构上显示出黏合紧密的词化趋势，而语义则已明显虚化，表面看是"言说者不知道或者想知道"，实际却隐含着言说者试图建立起与听话者之间的某种沟通和认同。在这类句子中，"不知"的位置是灵活的，言说者的情感、认识等主观性常常是以隐蔽的方式体现出来的。这样一来，"不知3"便演变为话语标记，语法上、语义上均可脱离句子的主干而独立存在。因此，我们分析这类句子时，可以剔除"不知"，只关注句子的核心部分。由此，上述两例"不知3"句即可依此分别归类为主题句和施事句。

"不知4"：如"你们不知，我自幼于花鸟山水题咏上就平平，如今上了年纪，且案牍劳烦，于这怡情悦性文章上更生疏了"，此句中的"不知"，是前面加上听话者称谓的话语标记形式，语义完全是虚化的，并非客观陈述对方的"不知道"，而在于提醒对方注意接下去要说的内容，并起到缓和气氛或恭敬礼貌的作用。因此，我们将"不知4"也视作话语标记，不纳入分析结构中，以此凸显出"不知"之后的话语重心。故此例自"我"开始分析，依照其评论性特点，将其归纳为带有小主题句的一般主题句。

"不知5"：如"她不知怎么就走出去了，站在了男孩面前"，此句中的"不知"，需与疑问代词"怎么"视作一个整体，其中"不知"的否定意味不强，只是强调行为发生的动机或出发点是模糊的、不明原因的。由于"不知+疑问代词"的形式只能附着于行为动词前，我们因此可将其看作一个类似于状语的副词性独立成分，不影响对全句的分析。此例应归为两段施事句。

3.2.6 其他话语标记的功能认定

根据我们对"不知"的功能认定方法，本文将其他话语标记进行了归类，位于句首的也称为话头，近代汉语常见的有"你道、你说、你看、可知、只道、话说、想是、不想、敢问、俺道是、你不知、谁不知、据你说时、据我看来、不瞒你说、大人在上"等；现代汉语常见的如"你说、你看、听说、你想想、谁知道、不知道"等，这类话语标记往往作为话语开头的提醒语，语义虚弱，与主干句语义并无关联。我们将这些话语标记分为以下九类。

（一）称呼类，与全句语义无关，如：

（163）<u>我儿</u>，"三十六着，走为上着"。(《水浒传》)

（164）<u>师父</u>，没奈何，只得请教！(《水浒传》)

（165）<u>好妹妹</u>，若论你，我是不怕的。(《红楼梦》)

（166）<u>葡萄</u>，咱们都是苦出身，咱们是姐妹。(《第九个寡妇》)

（二）提示类，意在引起对方注意，例如：

（167）<u>你不省得</u>,林教头是个性急的人,摸不着便要杀人放火。(《水浒传》)

（168）<u>俺说与你</u>，洒家不是别人，俺是延安府老种经略相公帐前提辖官，为因打死了人，出家做和尚。(《水浒传》)

（169）<u>你说</u>，他这四样礼可难得不难得？(《红楼梦》)

（170）<u>你们瞧</u>这"一条线"多长,准是她那大个头尿的！(《第九个寡妇》)

（171）<u>瞧</u>那小腰，一闪一扭，成秧歌了。(《第九个寡妇》)

（172）<u>再来看看</u>，他两个胳膊已经把她箍在怀里了。(《第九个寡妇》)

（三）意见看法类，有的含有自我表白的意味，例如：

（173）据你说时，林冲事怎的方便他，施行断遣？（《水浒传》）

（174）据我看来，第一件，无朝代年纪可考。（《红楼梦》）

（175）我看这贼配军满脸都是饿文，一世也不发迹。（《水浒传》）

（176）我看有的领导这些年只会革命，不会生产了。(《第九个寡妇》)

（177）实不敢瞒太公说，老母鞍马劳倦，昨夜心疼病发。(《水浒传》)

（178）不瞒列位，就是荣国公的孙子，小名宝玉。（《红楼梦》）

（四）消息来源类，意在提高消息的可靠性，例如：

（179）自古道，老虔婆，如何出得他手。（《水浒传》）

（180）岂不闻古人言：吃饭防噎，走路防跌。（《水浒传》）

（181）尝言道：乐极生悲，否极泰来。（《水浒传》）

（五）礼貌客气类，多为卑己尊人的客套用语，在近代汉语中更常见，如：

（182）恩人在上，自从得恩人救了，老汉寻得一辆车子，本欲要回东京去，又怕这厮赶来，亦无恩人在彼搭救，因此不上东京去。（《水浒传》）

（183）敢问长上，这后生是宅上的谁？（《水浒传》）

（184）小可大胆，相烦二位下顾，权把林教头枷开了。（《水浒传》）

（185）上复观察，小人们人非草木，岂不省得。（《水浒传》）

（六）推测估计类，含有保留口气，例如：

（186）想公孙胜先生江湖上仗义疏财之士，所以得知这件事，来投保正。（《水浒传》）

（187）想那笔架必是更妙。（《水浒传》）

（188）想来这一段故事，比历来风月事故更加琐碎细腻了。

(《红楼梦》)

（189）<u>看起</u>这个光景<u>来</u>，不象是为昨日的事。(《红楼梦》)

（190）<u>看来</u>花狗喉咙粗，咽一口菜团子，就把鱼刺儿给杵下去了。(《第九个寡妇》)

（七）思考意料类，多为"想"的否定形式，如：

（191）<u>不想</u>四边尽是芦苇野港，又没旱路。(《水浒传》)

（192）<u>不想</u>今日去住无门，非在位次低微。(《水浒传》)

（193）<u>不想</u>如今后辈人口繁盛，其中贫富不一，或性情参商。(《红楼梦》)

（194）<u>不想</u>如今忽然来了一个薛宝钗，年岁虽大不多，然品格端方，容貌丰美，人多谓黛玉所不及。(《红楼梦》)

（八）其他类，多为一些实意词，但在句子中属于语义虚化的词语或短语，与"不知"的情况相仿，如：

（195）<u>多得</u>王进尽心指教，点拨得件件都有奥妙。(《水浒传》)

（196）<u>念</u>杨志是个好汉，与民除害。被他那里人多，救了上山去，闭了这鸟关。(《水浒传》)

（197）<u>唬</u>的宝玉倒退，不敢再说。(《红楼梦》)

（198）<u>倒引</u>的宝钗蹑手蹑脚的，一直跟到池中滴翠亭上，香汗淋漓，娇喘细细。(《红楼梦》)

（199）<u>不如</u>家去，明儿来是正经。(《红楼梦》)

（200）<u>说</u>那白毛老头儿像二十三年前给毙了的孙怀清。(《第九个寡妇》)

（201）<u>谁说</u>会躲不过去？(《第九个寡妇》)

位于句中或小句句首的语义虚化成分，是另一类话语标记，常用的词语或词组与话头大致相类，它们有时候附着于小句句首，有时候也可以独立成为句读段，举例如下：

（202）（那玉）上头还有现成的眼儿，<u>听得说</u>，落草时是从他

口里掏出来的。(《红楼梦》)

（203）你那偈末云,"无可云证,是立足境",固然好了,只是据我看,还未尽善。(《红楼梦》)

（204）石兄,你这一段故事,据你自己说有些趣味,故编写在此,意欲问世传奇。(《红楼梦》)

（205）"富贵"二字,不料遭我荼毒了！(《红楼梦》)

（206）七岁当童养媳,同志们想一想,那不就是女奴隶？！(《第九个寡妇》)

（207）是个兔种,皮毛贵重,说是养一窝兔能换五斗麦。(《第九个寡妇》)

（208）大家的革命热情真高啊,听说在这儿干了几天几夜了！(《第九个寡妇》)

无论位于句首还是句中,话语标记的共同点在于结构的词化,语义的虚化,及功能的弱化。我们将其看成一个不影响全句整体功能的冗余成分,不改变我们对原句的功能归类。

（九）篇章语类,是近代汉语小说中常见的语言现象。

《水浒传》取材于民间传承的历史故事,反映了市民阶层的欣赏趣味。罗贯中、施耐庵虽是文人,但他们都曾在元末繁华的杭州城生活过,因此,他们对水浒故事的艺术加工仍然延续了宋元话本讲史、说经的模式,留有说话艺术的痕迹。这使得《水浒传》的叙事方式与叙事角度带有某种引导读者（听众）的性质,表现在行文之中即为随处可见的"话说""且说""但见""只见""话休絮烦""不在话下""看官听说,有诗为证"之类的篇章语,这实际上就是说话人对听众所讲的提示性语言。而"欲知后事如何,且听下回分解"或"花开两朵,各表一枝"就成了章回之间控制叙事节奏、布局情节走向、设置情节悬念的程式化套语。《红楼梦》虽是纯粹的文人小说,却仍残留了话本中讲故事的痕迹,也有不少篇章语。

篇章语作为小说结构的一部分，参与了故事的进程，带动了读者视点的转换，搭建了文本世界与现实世界之间的桥梁。但在句子分析中，篇章语的存在却往往显得突兀。它们不参与句子的结构搭建，语义上也不与句子主干关涉，而仅仅是对读者的一个交代与说明。篇章语出现在句子中有以下三种不同情况。

（A）独立成句

（209）不是这个人来寻宋押司，有分教：（韵文）(《水浒传》)

（210）话分两头。(《水浒传》)

（211）要知端详，且听下回分解。(《红楼梦》)

（212）闲言少叙。(《红楼梦》)

（B）位于句首

（213）<u>话休絮繁</u>，清长老见智深肯去，就留在方丈里歇了。(《水浒传》)

（214）<u>看官听说</u>，原来但凡世上妇人哭有三样哭。(《水浒传》)

（215）<u>闲言少述</u>，且说宝玉来至梨香院中，先入薛姨妈室中来，正见薛姨妈打点针黹与丫鬟们呢。(《红楼梦》)

（C）位于句尾

（216）二人又闲话一回，至晚席散，王都尉自回驸马府去，<u>不在话下</u>。(《水浒传》)

（217）吴用不慌不忙，叠两个指头，言无数句，话不一席，<u>有分教</u>：……(《水浒传》)

（218）见了凤姐，正是俗语云"新婚不如远别"，更有无限恩爱，<u>自不必烦絮</u>。(《红楼梦》)

因此，篇章语在我们的句型分析中也类似于一个完整结构之外的"赘生物"，无论其独立成句，还是附着于主干句之后，我们均可将其切除，而完全不影响句子的正常功能与语义，因而可以忽略不计,不作分析。

3.3 对韵文的功能认定

韵文,即诗歌词曲,在早期话本中大量存在。虽说经文人模拟话本而创作的白话小说已经具备小说的最初形态,但于叙事结构中夹杂诗歌词曲等韵文,即韵散相间,仍然是许多颇为成熟的古典小说中常见的语言现象。《水浒传》如此,《红楼梦》也不例外。

学界普遍将韵文视为古典小说中的一种"寄生"现象,与话本的体制密切相关。话本作为一种口头文学、说唱艺术,其"说"与"唱"是一体的。"说"的是故事,"唱"的自然是词曲。"词曲的音乐歌唱与话本讲说结合,强化了话本的说唱文学特征、文采情趣与感染力量。""主要是因为词曲与话本都具有基本相近的娱乐功能与市民审美趣尚"[①],因此,宋元小说家话本中寄生大量词曲韵文,也就不足为奇。而随着话本由口头创作转变为文人的书面写作,词曲的寄生现象即呈现出递减、衰微的趋势,到了后来的章回体小说那里,散文化叙述承载了书面故事的主要内容,词曲诗歌等韵文早已不再具备传达声音、动作等故事内容的表意性功能,话本小说遂脱离了说唱艺术,逐渐成为一种成熟、独立的文体形态。但是,诗歌、词曲并未绝迹,仍然不同程度地寄生在白话小说中。

从《水浒传》《红楼梦》中残留的韵文内容来看,大多为细腻精致的人物外貌描写和场景描写,也有部分含有主观性解释、议论、评价的内容。如《水浒传》中林冲火烧草料场一回对大雪飞扬的一段韵文描写:"凛凛严凝雾气昏,空中祥瑞降纷纷。须臾四野难分路,顷刻千山不见痕。银世界,玉乾坤,望中隐隐

---

① 参见万伟成、赵义山《寄生词曲与明代拟话本小说的体制嬗变》,《明清小说研究》2010年第1期,第157—158页。

接昆仑。若还下到三更后，仿佛填平玉帝门。"这类以作者身份出面所吟咏的词曲韵文，突出了故事叙述者的主观色彩，使得故事的线索受到叙述者的干预而暂时脱离了发展的轨道，这是传统拟话本小说及章回体小说的常见模式。到了晚期，中国古典小说观念与文体逐渐成熟，这类寄生现象便逐渐淡出了小说的格局。

我们分析汉语句子，着眼于散文性的句子结构。既然韵文属于寄生于小说文体之中的另类文体，不属散文之列，因此，我们便将这类寄生文体视作与句型功能无关的赘生物，从语料文本中剔除，不作分析。

四、汉语主题句的功能交叉现象

主题句的功能交叉，指的是主题句形式和其他句类形式交织运用，共同对主题语进行评论、叙述、说明、描写等的句子现象。这种功能交叉的形式既扩展了句子的容量，又丰富了句子的语义层次，体现了汉语句式灵活多样的特点。

1. 主题句与施事句功能交叉

主题句与施事句功能交叉的主题句是一种名句与动句杂糅的句子形式，我们称之为"夹叙夹议主题句"，这类句子在功能交叉的主题句中占有较大比例，它通过评论语、动作语之间的相互整合、交融、互补，使两种不同功能的句子产生了相容性，共同实现对主题语的综合评价，兼有了客观叙述与主观评价的特征。申小龙认为："夹叙夹议的表达，其实质依然是把句首主脑成分看作要加以陈述的主题。因而这种主脑成分就是同主题一样是作为全句结构的支撑点而存在，是不可省略。多个成分是围绕这一主题而展开评议的。"① 主题句与施事句这两种不同的句型结构叠合于同一句子框架内，其主脑是共同的，仍然是句首的名词性成分，即主题语；主题语后的评论性成分则是由叙述夹杂评论的形式来充当的，其语义功能的重心在于句首主题语。

语言中的"糅合"现象比较常见,是指多个相关语言形式交织、杂糅，形成一个新的表达形式的语言现象，如"甭""别"是语音糅合的结果；"建构（建设+构造）""推介（推广+介绍）"是词语糅合的结果；"被小偷把他的钱包偷了"是"小偷把他的钱包偷了"与"他被偷了"这两个句子糅合的结果。糅合不仅是一种造词方式，也是一种造句的重要方式，尽管它产生之初可能源于口误或病句，而一旦凝固下来，就成为通用的语言形式，如"一直以来、打扫卫生、恢复疲劳、非……才可"等。近十年来，对语言糅合现象的研究开始增多，如沈家煊（2006），叶建军（2008，2010），王林哲（2007），唐钰明、朱玉宾（2008），车录彬（2010），楼枫（2011）等学者的论文，多集中于研究被动式与处置式共现的句式，也有研究比拟句、疑问句、判断句、感叹句、兼语句的糅合现象的，他们大多从语用或认知角度来解释糅合句现象产生的原因，认为糅合句式是出于强调语义的语用需要，或者是由认知上的类推、转喻、隐喻等心理机制造成的。

尽管上述研究与我们的主题句功能交叉现象不属同一范畴，但是，主题句多种不同功能交织的现象可以从"糅合"这一视角进行解释。语音、词语、句子结构可以糅合，句子的不同功能自然也是可以糅合的，从语言思维角度看，这其实体现的是一种语言现象的通约性。

我们将名动糅合的夹叙夹议主题句分为三大类：先叙后评、

---

① 申小龙《中国句型文化》，第101页。

先评后叙、夹叙夹评。

1.1 先叙后评类

这类主题句都是先叙述主题语的动作行为,再通过能愿、移位、带"得"、描写、被动、是认、致使、领属、主题句等形式追加主观评价,这类主题句的句读段短则两段,长则可达七段,表现为一叙一评、一叙两评、两叙一评、一叙三评、两叙两评、三叙一评、一叙四评、两叙三评、三叙两评、四叙一评、一叙五评、两叙四评、三叙三评、四叙两评、一叙六评、三叙四评、五叙一评等结构方式。这类汉语句子的结构特点反映了汉民族一种典型的思维逻辑:先陈述若干事迹,再以一二结论性评价收尾,以总结、深化主题语,起到点睛之功。试看以下各例。

一叙一评式:

(219) 若<u>猜着了</u>,也是要领赏的。(《红楼梦》)

两叙一评式:

(220) 凤姐<u>缓缓走入</u>会芳园中登仙阁灵前,<u>一见了</u>棺材,那眼泪恰似断线之珠,滚将下来。(《红楼梦》)

三叙一评式:

(221) 銮铃响处,正牌军索超<u>出马</u>,直到阵前<u>兜住马</u>,<u>拿军器在手</u>,果是英雄。(《水浒传》)

两叙四评式:

(222) 王四<u>相别了回庄</u>,<u>一面走着</u>,被山风一吹,酒却涌上来,跟跟跄跄,一步一撅。(《水浒传》)

三叙三评式:

(223) 众人<u>听说</u>,<u>又见凤姐眉立</u>,<u>知是恼了</u>,不敢怠慢,拖人的出去拖人,执牌传谕的忙去传谕。(《红楼梦》)

四叙两评式:

(224) 这样<u>一想</u>,老虎<u>把</u>当解放军时的看家本事<u>拿出来了</u>,

侧起身，曲起一条腿，一个胳膊往前领路，一条腿飞快蹬地。(《第九个寡妇》)

四叙三评式：

（225）林黛玉听了，不觉带腮连耳通红，登时直竖起两道似蹙非蹙的眉，瞪了两只似睁非睁的眼，微腮带怒，薄面含嗔，指宝玉道：……(《红楼梦》)

五叙一评式：

（226）唐牛儿大怒，那里听他说，把婆子手一拆拆开了，不问事由，叉开五指，去阎婆脸上只一掌，打个满天星。(《水浒传》)

1.2 先评后叙类

这类主题句是先对主题语进行评论，再叙述主题语的动作行为，评论方式主要有能愿、移位、带"得"、被动、是认、致使、领属、小主题等。这类主题句的句读段短则两段，长则可达八段，表现为一评一叙、一评两叙、两评一叙、一评三叙、两评两叙、三评一叙、一评四叙、两评三叙、三评两叙、两评四叙、三评三叙、一评六叙、两评五叙、四评四叙等结构方式。这类结构方式反映的思维逻辑与先叙后评类主题句相反，是先进行概括性评论，再以事实陈述来诠释评论语或对评论语进行补充。如以下各例：

一评一叙式：

（227）况且年纪尚小，不知"淫"字为何物。(《红楼梦》)

（228）推是推过，多少年不推了。(《第九个寡妇》)

一评两叙式：

（229）小人怎敢差迟，路上不曾住脚，一直奔回庄上。(《水浒传》)

一评三叙式：

（230）那大虫背后看人最难，便把前爪搭在地下，把腰胯一掀，掀将起来。(《水浒传》)

一评四叙式：

（231）两个公人那里敢再开口，吃了些酒肉，收拾了行李，还了酒钱，出离了村店。(《水浒传》)

一评六叙式：

（232）那妇人欲心似火，不看武松焦躁，便放了火箸，却筛一盏酒来，自呷了一口，剩了大半盏，看着武松道：……(《水浒传》)

两评两叙式：

（233）他死白的嘴动动，想笑笑，又攒不足那么多劲，把灰白的眼皮耷拉一下。(《第九个寡妇》)

两评四叙式：

（234）那太公年近六旬之上，须发皆白，头戴遮尘暖帽，身穿直缝宽衫，腰系皂丝绦，足穿熟皮靴。(《水浒传》)

四评四叙式：

（235）心内发膨胀，口中无滋味，脚下如绵，眼中似醋，黑夜作烧，白昼常倦，下溺连精，嗽痰带血。(《红楼梦》)

1.3 夹叙夹评类

这类主题句有三种情况：评夹叙、叙夹评、夹叙夹评。"夹叙夹评"同"夹叙夹议"，本指叙事与议论交互穿插进行的写作方法，是文艺作品中十分常见的艺术表现形式。这种写法的好处在于作者可以灵活多变、自由自在地一面叙述事件，一面表达思想，就事而生议论，就议而续叙事，叙、议浑然相合，达到事明理显的艺术功效。这一功效体现在夹叙夹评的主题句中也是相通的。

1.3.1 评夹叙式，即叙述成分夹于评论语之间，如：

（236）我们被这和尚监押定了，明日回去，高太尉必然奈何俺。(《水浒传》)

（237）大老爷原是好养静的，已经修炼成了，也算得是神仙了。(《红楼梦》)

（238）一双小脚是站不住了，靠两个膝盖跪在踏板上，疯起来能把秋千绳悠成个圆满圈圈。(《第九个寡妇》)

1.3.2 叙夹评式，即评论语夹于叙述之间，如：

（239）郑屠大怒，两条怒气从脚底下直冲到顶门，心头那一把无明业火，焰腾腾的按纳不住，从肉案上抢了一把剔骨尖刀，托地跳将下来。(《水浒传》)

（240）那贾敬闻得长孙媳死了，因自为早晚就要飞升，如何肯又回家染了红尘，将前功尽弃呢，因此并不在意，只凭贾珍料理。(《红楼梦》)

（241）葡萄却不饶他，眼睛等在原地，等他再一次抬头来看她。(《第九个寡妇》)

1.3.3 夹叙夹评式，即动作语与评论语交织穿插，且叙且议，如：

（242）武松走了一直，酒力发作，焦热起来，一只手提着梢棒，一只手把胸膛前袒开，踉踉跄跄，直奔过乱树林来。(《水浒传》)

（243）宝玉听了，好似打了个焦雷，登时扫去兴头，脸上转了颜色，便拉着贾母扭的好似扭股儿糖，杀死不敢去。(《红楼梦》)

（244）他上前半步，刺刀尖横过来，用枪杆往外推了几下，脸上不耐烦了，牙也龇了出来。(《第九个寡妇》)

我们认为，叙述与评论两种功能糅合，反映了客观叙事与主观评价相互渗透的造句心理和造句手段，体现了动静结合、物我合一的中国哲学观，证明了汉语句子建构的基础与汉民族体悟世界的方式有着极大的通约性，与西方语言动词中心的造句方式有着迥异的精神气质。

2. 主题句与说明句功能交叉

主题句与说明句功能交叉，即评论语和说明语同现的主题句。

这反映的实际上也是一种功能糅合的现象。例如：

描写型评论语与说明语同现：

（245）那跟的也不长大，紫棠色面皮。(《水浒传》)

带"得"型评论语与说明语同现：

（246）山峰生得雄壮，中间只一条路。(《水浒传》)

领属型评论语与说明语同现：

（247）只有她一对眼睛没长成熟，还和七岁时一样，谁说话它们就朝谁瞪着，生坯子样儿。(《第九个寡妇》)

分述型评论语与说明语同现：

（248）闺女们一个个脸通红，笑骂一片。(《第九个寡妇》)

说明语与是认型评论语同现：

（249）你们同姓，岂非同宗一族？(《红楼梦》)

双段是认型评论语与说明语同现：

（250）饲养员叫疙瘩，是个大麻子脸的光棍，五十多岁。(《第九个寡妇》)

能愿型评论语与说明语交织同现：

（251）我也不敢称雅，俗中又俗的一个俗人，并不愿同这些人往来。(《红楼梦》)

说明语与三段描写型评论语同现：

（252）团鱼大腹，又肥甜了，好吃，那得苦也？(《水浒传》)

是认型评论语、描写语与说明语同现：

（253）冬喜娘也是三十来岁守寡，胆小多疑，一身虚礼数。(《第九个寡妇》)

3. 主题句与描写句功能交叉

主题句与描写句功能交叉，即评论语和形容词生动形式的描写语同现的主题句。这类功能交叉的主题句量不大，但很典型，同样反映了汉语句子不同功能糅合的特点。例如：

小主题型评论语与描写语同现：

（254）教场中谁敢做声，<u>静荡荡的</u>。(《水浒传》)

被动型评论语与描写语、小主题型评论语同现：

（255）孙克贤的肚皮叫白土烙饼撑成了一面鼓，<u>硬硬的</u>，一碰就碰出鼓点子。(《第九个寡妇》)

4. 主题句与关系句功能交叉

主题句与关系句功能交叉是比较独特的主题句形式，其主题语的后续成分中除一般评论语外，还有一个关系句形式的句读成分。这个句读成分往往是个紧缩形式的关系句，其功能与其他评论语一样，仍然是为主题语服务的。例如：

是认型评论语、描写语、能愿型评论语与关系句形式评论语同现：

（256）他前头那个媳妇是城里小户的女儿，知书达理，可会写信，<u>两人非得分开她才在信里和他黏糊</u>。(《红楼梦》)

能愿型评论语与关系句形式评论语同现：

（257）白胜的事，可教蕈生人去那里使钱，买上嘱下，<u>松宽他便好脱身</u>。(《水浒传》)

描写型和小主题型评论语与关系句形式评论语同现：

（258）那些腿可好看，穿的草鞋还缀了红绒球，<u>一走一当啷</u>。(《第九个寡妇》)

领属型评论语与关系句形式评论语同现：

（259）她口舌伶俐，不过<u>有问才有答</u>。(《第九个寡妇》)

描写型评论语与关系句形式评论语同现：

（260）这闺女，好活着呢，<u>给口水就能活</u>。(《第九个寡妇》)

5. 主题句与存现句功能交叉

汉语存现句的功能具有很强的张力和弹性,可以充当主题语,也可以充当评论语,与主题句一起共同为主题语服务。

存在语与小主题型评论语同现:

(261)见今山寨里聚集得七八百人,粮食不计其数。(《水浒传》)

领属型评论语与存在语同现:

(262)(镜子)两面皆可照人,镜把上面錾着"风月宝鉴"四字。(《红楼梦》)

(263)他脸色苍黄,两只眼成了狸子的黄眼,白头发白胡子中间搁了个肿得有盆大的头。(《第九个寡妇》)

小主题型评论语与存在语同现:

(264)太阳偏西的时候,院里满满的腿走光了,只剩下打着绑腿的腿了。(《第九个寡妇》)

6. 主题句与有无句功能交叉

有无句在功能句型系统中为数不少,占有一席之地,也能与其他句类如主题句相容,共同实现对主题语的评论功能。

是认型评论语与领有评论语同现:

(265)又是一个"喜儿",只不过没有觉悟。(《第九个寡妇》)

描写型评论语与领有评论语交织同现:

(266)偌大一个少华山,恁地广阔,不信没有个獐儿兔儿?(《水浒传》)

领有评论语与空范畴型、能愿型评论语同现:

(267)石兄,你这一段故事,据你自己说有些趣味,故编写在此,意欲问世传奇。(《红楼梦》)

带"得"型评论语与领有评论语同现：

（268）（丫鬟）生得仪容不俗，眉目清明，虽无十分姿色，却亦有动人之处。(《红楼梦》)

分述型、描写型评论语与领有评论语同现：

（269）今之人，贫者日为衣食所累，富者又怀不足之心，纵然一时稍闲，又有贪淫恋色、好货寻愁之事，那里去有工夫看那理治之书？(《红楼梦》)

领有评论语与能愿型、是认型评论语同现：

（270）晁保正敢有件奢遮的私商买卖，有心要带挈我们，以定是烦老兄来。(《水浒传》)

小主题型评论语与领有评论语多段功能同现：

（271）家里钱过北斗，米烂陈仓，赤的是金，白的是银，圆的是珠，光的是宝，也有犀牛头上角，亦有大象口中牙。(《水浒传》)

7. 主题句与其他句类的多功能交叉

除了双功能的交叉，主题句还可以同时与两种以上不同功能的句类交织、糅合。

领有评论语与是认型评论语及说明语同现：

（272）他虽没这造化，倒也是娇生惯养的呢，我姨爹姨娘的宝贝。(《红楼梦》)

是认型评论语与说明语、领有评论语同现：

（273）寡母王氏乃现任京营节度使王子腾之妹，与荣国府贾政的夫人王氏，是一母所生的姊妹，今年方四十上下年纪，只有薛蟠一子。(《红楼梦》)

是认型评论语、描写语、领有评论语与领属型评论语同现：

（274）原来这梨香院即当日荣公暮年养静之所，小小巧巧，约有十余间房屋，前厅后舍俱全。(《红楼梦》)

存在语、描写语与能愿型评论语同现:

（275）宝玉<u>正在心甜意洽之时</u>，和宝黛姊妹<u>说说笑笑的</u>，那<u>肯不吃</u>。(《红楼梦》)

8. 评论语外的其他句类功能交叉

评论语以外的其他句类功能虽有各自的特点，但无一例外地共同服务于句首主脑，因此，我们将这一类功能交叉的句子划归主题句大类中。

说明语与领有评论语同现:

（276）你老大一个人，原来<u>没些见识</u>！(《水浒传》)

动作语与存在语同现:

（277）学校院子<u>大乱了一阵</u>，不久就只<u>剩下板凳和跑丢的鞋了</u>。(《第九个寡妇》)

领有评论语与存在语同现:

（278）一屋<u>有两张床</u>，门口的<u>木头衣架上挂着两件军装</u>。(《第九个寡妇》)

领有评论语与说明语同现:

（279）这女孩子一定<u>有什么话说不出来的大心事</u>，才<u>这样个形景</u>。(《红楼梦》)

说明句、存在语与双段领有评论语同现:

（280）供销社主任<u>三十二岁</u>，去年<u>死了媳妇</u>，家里<u>有个老妈</u>，<u>没有孩子</u>。(《第九个寡妇》)

存在语、说明语、动作语与领有评论语同现:

（281）那宝玉亦<u>在孩提之间</u>，况自天性所禀来的<u>一片愚拙偏僻</u>，<u>视姊妹弟兄皆出一意</u>，<u>并无亲疏远近之别</u>。(《红楼梦》)

由此可见，多功能交叉在汉语主题句中是一种很普遍的现象，这说明汉语主题句是一种包容性特强、结构形式特别丰富多样的句型，通过评论语功能的各种组合、交叉，主题句可以在容量上极大地扩展，在表达层次上极大地丰富，最终在语义功能上获得无限充分的表现力。这是以动词为中心建构句子组织的西方语言所无法实现的句子样态。

五、相关问题的讨论

1. 容易混淆的名称和概念

1.1 容易混淆的句型名称

本研究采用的句型名称除主题句、施事句外，还涉及关系句、存现句、祈使句等术语，与一般语法研究中的句型名称重名，容易引起误解。存现句、祈使句的语义功能与其他语法学派的定义基本一致，而关系句则与一般语法研究中的同名概念并不相同。一般语法研究中所谓的关系句相当于英语中的复合句，是指形式上的两个或两个以上小句的组合。这种关系句的句首主脑成分在小句中可以是相同的，如："只要你来，就可以见到他。"因此常常引起究竟是单句还是复句的争论。而我们的功能句型系统中的关系句，其功能既不着眼于评论，也不着眼于叙述，而是强调小句之间诸如假设、因果、转折等之类的事理逻辑关系，它们的小句主脑成分不同，所以有别于同一个主脑成分之后多个评论语的主题句和多个施事语的施事句，是与主题句、施事句鼎足而立的句型大类。汉语中关系句的逻辑关系有的以关联词为标志，有的则不用关联词。

1.2 容易混淆的概念术语

1.2.1 功能

本著作所涉"功能"这一概念，有别于其他语法学派所论及的"功能"。陈望道先生的"功能说"是区别于意义和形态研究的语法理论和方法，体现了我国早期语法研究走向科学道路的革新思想，其"功能"一词具体指词语在句法组织中的一种活动能力。国内学者胡壮麟、张伯江等也运用西方功能主义语法理论研究汉语语法现象，突破了形式语法研究的种种弊端，结合语境进行语法分析，因此其"功能"强调的是语言交际等外部因素对语法的作用，其研究重点是语言的交际功能及其表现。而本研究所论之"功能"概念，来自传统语文研究对汉语句子的理解，即汉语的句子不是一个形式范畴，而是一个完整的表达功能，"意尽为界"，故而"功能"是一个集形式与语义为一体的句法组织。无论主题句还是施事句，其终极意义在于表达说话者的意图和目的，即功能。

1.2.2 空范畴

"空范畴"是我们借用转换生成语法的一个术语，本指英语中那种因位置移动而产生的有语义内容却没有语音形式的成分。"空范畴"是人类语言中普遍存在的现象，汉语也不例外，只不过汉语的空范畴并非真正由移动而产生，也无转换生成语法所说的"词迹"（trace）可寻，我们之所以借用生成语义学这一概念，是因为"空范畴"这个术语比《中国句型文化》中的"移位"更能准确地反映以评论语为视点的句型划分标准，因为"移位"只是一种形象的说法，并不反映语言中的真实情况。

"空范畴"评论主题句中主题语的位置本来就在句首，并非真正发生了位置变化，移到了句首。评论语里的所谓空位，从语义上看，与主题语之间确实存在"同格异位"的关系，但形式上却是缺失或者说并不存在的。从功能角度看，无论句首主题语"回到"所谓的"空位"中，句子是否还成立，在汉语说话人的心目中，它的句首位置都是天然的，是实现评论功能的一种固有结构。

2. 需要厘清的几个问题

2.1 主题语的句首位置问题

无论是结构语言学派、功能语言学派，还是转换生成语言学派的话题研究，对于话题（主题）的句首位置都没有任何异议。在我们的主题句研究中，主题语的位置也都认定为句子最左端的句首成分。但任何语言现象都是有例外的，我们发现，语料库中有少数主题句的句首成分既不是主题语，也不是虚化的话头语，而是表示时间、地点的短语成分，如以下例句。

《水浒传》：

（282）銮铃响处，正牌军索超出马，直到阵前兜住马，拿军器在手，果是英雄。（地点语）

（283）宋时途路上客店人家，但是公人监押囚人来歇，不要房钱。（时间语、地点语同现）

《红楼梦》：

（284）怪道从古至今那些奸淫狗盗的人，心机都不错。（虚化话头、时间语同现）

（285）这么热天毒日头地下，晒坏了他如何使得呢！（时间语、地点语同现）

《第九个寡妇》：

（286）太阳偏西的时候，院里满满的腿走光了，只剩下打着绑腿的腿了。（时间语）

（287）在老朴妻子和孩子的眼皮底下，老朴和葡萄的亲近还在发展，动作身体全是你呼我应。（地点语）

上述例句中划线字部分从语义功能上看，并非主题语，但却处于句首位置，这显然不符合我们对主题语的普遍认识——主题语代表新信息，是句子的起点，必须位于句首位置。如上述六例句首为时间语、地点语或时间语、地点语同现的句子,在《水浒传》中共有十九例,《红楼梦》中共有七例,《第九个寡妇》中共有七十五例。如何看待这一现象呢?胡裕树先生在《现代汉语》第四章语法中,将这一现象概括为"句子的特殊成分",包含了全句修饰语、提示成分、独立成分等。其中,表示时间、处所的名词或词组属于谓语当中的修饰成分,"常常可以移到句首,作为全句的修饰语。这种修饰成分的性质的改变,往往是为了表达上的需要。或者为了突出时间,或者为了衔接上文,或者为了使语言精练,等等"①。我们部分采纳胡先生的看法,但在术语上稍作改变,而将这些时间语、地点语视作全句的背景语,是出于表达上的需要而移到了句首。它们也属于主题句的附加成分,但并非主题句的主干成分,因此并不影响全句原有的功能。

2.2 主题语后置的问题

主题语位置不规范的现象,除了句首出现时间语、地点语以外,还有出现在句中小句或句末小句句首的情况,我们称之为"主题语后置"(这一现象表现在施事句中就是"施事语后置")。例如:

《水浒传》:

(288)非敢自夸丰富,<u>小可</u>聊有些盘缠使用。

(289)本待要去县里寻兄弟说话,却被这婆娘千叮万嘱,分付教不要去兜揽他,因此<u>武大</u>不敢去寻武松。

《红楼梦》:

(290)若蒙大开痴顽,备细一闻,<u>弟子</u>则洗耳谛听,稍能警省,亦可免沉伦之苦。

(291)若不是仗着人家,<u>咱们家里</u>还有力量请的起先生?

---

① 胡裕树《现代汉语》(重订本),上海教育出版社,1995年,第341—342页。

《第九个寡妇》：

（292）大半辈子有小半辈子在对付兵、匪、盗、贼、刁民、悍妇，孙怀清对付得很好，游刃有余。

（293）嘱咐完了，他就被拖了出去，头上给按上一顶尖尖的纸糊帽子，手里叫拿上一面锣。

后置，在有形式标记的西方语言中属普遍现象，如形容词后置、状语后置，日语及古文言文中也不鲜见。朱德熙先生在《语法讲义》第十八章关于"倒装"的问题中提到了"主语后置"现象，但他所说的主语后置是就主语、谓语顺序颠倒的情况而言的，如"快进来吧，你"，与本文论及的主题语后置现象并不相同。

我们发现，上述六个例句的主题语后置现象与评论语句读段之间的逻辑关系有一定程度的关联。如《水浒传》第一个例句的两段评论语之间是转折关系，语义重点是后一小句"有些盘缠"；第二个例句是因果关系，语义重心在于"不敢去寻武松"；《红楼梦》的两个例句都是假设关系，语义重心是"洗耳谛听……"与"还有力量……"一句；《第九个寡妇》的第一个例句是轻微的转折关系，语义重心在于评论"对付"的结果；第二个例句是顺承关系，语义重心是"就被拖了出去……"。主题语安放在这些语义重心的句读段之前，是为了更加突出其后的评论语，前五个例句突出的都是已然或未然的结果，最后一例突出的是时间上急促而无停顿的迫切之感。因此，主题语后置现象也是为了实现某种表达功能而成为特例的。

2.3 动词性结构的评论性问题

我们的功能句型系统中有几类主题句的评论语常见动词性结构，如带"得"主题句、提事叙评主题句、分述评论主题句和动词性评论语主题句等，它们的评论性特点很容易引起习惯以动词中心句法观看待汉语句子的研究者们的困惑。实际上，这些句子的共同点在于，评论语结构中的动词或动宾短语与句首的名词性成分之间并非传统句法结构中所谓的"主谓"关系，比如，带"得"主题句的带"得"成分其实相当于一个充任小主题语的名词性结构，只是接受其后评论语对它的二次评论，并不具备叙述性，却含有体词的功能。再如，动词性评论语主题句中连系动词性成分与主脑成分的并非"主谓"关系，而是说话者的主体思维逻辑，是一种依赖于特定语境的、高度意合的汉语功能句法，仍然具有评论性。

我们认为，不受表面结构形式的局限，正是汉语灵活性和独特性的体现。因此，尽管句首主脑成分之后的评论语存在动词性结构，以功能句型观察之，诸如带"得"主题句这样的句子仍然是评论性的名句。

2.4 关于专书的偶然性问题

本研究在专书选择上是比较慎重的，所选作品均有时代意义和代表性。《水浒传》《红楼梦》的成就毋庸置疑，当代文学作品《第九个寡妇》也是获得多项大奖的佳作，其语言简洁凝练，富有汉语特性。尽管如此，专书统计的结果也未必能够完全代表其所处时代的主题句特点。比如单功能主题句的类型及出现频率均存在一定偶然性；多功能主题句、夹叙夹议主题句的句读段数，与标点符号的准确与否、主观断句的准确与否等，有着很大关联，这也可能造成主观认定方面的某些偏差。以《红楼梦》为例，其夹叙夹议主题句最多达到十一段，这是不大符合心理学对语段数量的接受限度的，而十段突然缺失，也不符合依序递进的规律，说明其九段、十一段的出现，有着较大偶然性，跟作者偏重韵文的写作风格有很大关系。再如《第九个寡妇》的多功能主题句的结构方式最多达到了七段，但六段式结构却是缺失的，同样说明超长句读段的出现频率在现代汉语中具有一定偶然性。

但偶然性并不能排除必然性。通过前文对三部作品主题句发展规律的论述，我们发现，大部分的主题句类型和出现频率还是体现了明显的规律性的，偶然性更多地表现在那些数量极少的类型和个别有着超长句读段的主题句上，其数量与规模并不影响本著作的研究结论。

2.5 关于断句的主观性问题

南宋陈骙《文则》云："春秋文句，长者逾三十余言，短者止于一言。""若夫笔句无常，而字有条数，四字密而不促，六字格而非缓，或变之以三五，盖应机之权节也。……情数运周，随时代用矣。"[①] 其意是说，古代文句有长有短，句式运用随时代发展而变化。短句固然易于辨识句界，长句则存在断句问题。古代汉语的句子本无标点符号，只有句读。数个句读段呈流水式铺排的现象很多见，其间是句还是读，并无统一标准。后人加上标点符号后，固然解决了断句的难题，但许多主观性问题也随之而来。

2.5.1 自然断句

一般而言，一个完整的表达功能在书面上表现为标点符号"。""？""！"等，这几个标点符号都意味着一个句子表达功能的完成和结束，是我们断句的自然标准。然而，汉语标点符号是西方语法思想的产物，古代汉语乃至近代汉语的书面语只以句、读标识声气停顿之处，并没有标点符号的概念。今人为古书加上标点，难免有主观性；作者写作时加标点，也不排除某种程度的主观性和随意性。例如《第九个寡妇》中一句："不把这些箩出去。一见火它们先焦，吃着会有煳烟气。"此句标点的错误显而易见，虽然不排除编辑排版环节的疏忽所致，但我们若完全依据这样的自然断句标准来分析句型，难免有将错就错之嫌，因此分析此类句子时，应该按照功能的完整性进行干预，如将此句中第一个小

---

① 郑奠、麦梅翘编《古汉语语法学资料汇编》，中华书局，1964年，第205页。

句之后的"。"改为",",全句为一个假设关系句。

2.5.2 人工断句

专书中常常会遇到句读段在七个以上的超长句子,依据功能的完整性有时需要加以切分,这一过程也难免失于主观性。

(一)以功能表达的完整性进行切分

陈梦家先生在分析卜辞时,就常常感到"断句之不易",他认为,"欧洲文字的一句是说完一句话,而汉语的一句是说完一件事"[1],可谓一语破的。所谓一件事其实就是一个完整的功能。我们依据功能是否完成、实现来切分一些长句,以"/"符号为标记,代表一个完整功能的实现。据统计,《水浒传》语料库中的"/"符号有134处,占全句总数11900的1.13%;《红楼梦》语料库的"/"符号有229处,占全句总数的1.92%;《第九个寡妇》语料库中的"/"符号有374处,占全句总数的3.14%。这样的比例相对语料库11900条句子总数来说还是很小的,并不影响整个句型体系的科学性。下面分别以三部作品三个长句的切分为例进行说明:

《水浒传》:

(294)次日五更时分,众道士起来,备下香汤斋供,请太尉起来,/香汤沐浴,换了一身新鲜布衣,脚下穿上麻鞋草履,吃了素斋,取过丹诏,用黄罗包袱背在脊梁上,手里提着银手炉,降降地烧着御香。

此句句读段长达十二个,属典型的流水句,但切分符号"/"前后的施事语是不同的,前者为"众道士",后者为"洪太尉",将其切分为两个施事句,从功能上看,语义与结构的关系更为清晰。

(295)高殿帅大怒,喝令左右,教拿下王进,/"加力与我打这厮!"

---

[1] 陈梦家《殷虚卜辞综述》,中华书局,1956年,第134页。

此句将"高殿帅"的动作语与所说的话语合为一体,混淆了两者的功能,切分之后,前者是施事句,后者则是一个祈使句。

(296)众邻舍并十来个火家,那个敢向前来劝,/两边过路的人都立住了脚,和那店小二也惊得呆了。

此句切分符号前后两句也有相对完整的功能,前句为分述评论主题句,后句为带"得"主题句,两个主题句的主题语并不相同,切分之后,结构关系与功能更为清晰可辨。

《红楼梦》:

(297)这贾雨村原系胡州人氏,也是诗书仕宦之族,/因他生于末世,父母祖宗根基已尽,人口衰丧,只剩得他一身一口,在家乡无益,因进京求取功名,再整基业。

此句有九个句读段,属超长句子。切分符号之后的代词"他",提示了另一段功能结构的开端,此前为双段式是认主题句,后句为七段式夹叙夹议主题句。

(298)忽听得窗外有女子嗽声,雨村遂起身往窗外一看,原来是一个丫鬟,在那里撷花,/生得仪容不俗,眉目清明,虽无十分姿色,却亦有动人之处。

此句切分符号前段"一看"和"原来是"正好构成一个耦合形式的关系句,后段则是对"丫鬟"的评论与描写,功能上是一个独立的三段多功能主题句。

(299)一时进入正室,早有许多盛妆丽服之姬妾丫鬟迎着,/邢夫人让黛玉坐了,一面命人到外面书房去请贾赦。

此句切分符号前后两句的主脑并不相同,前者是包括邢夫人在内的"众人",后者则是"邢夫人",两句功能上相对独立,前句为耦合式关系句,后句为双段施事句。

《第九个寡妇》:

(300)人还喧在一声吆喝中,魏老婆儿已经砸在他们脚边,成了一泡血肉，/谁也顾不上看看老婆子可还有气，一条街眨眼就空了，只有魏老婆儿的粉绿石榴裙呼扇一下，再呼扇一下。

此句主题语或施事语存在轮换现象，必须进行主观干预，才能使句子功能与结构关系变得清晰。切分符号前是一个主题语"魏老婆儿"后置的主题句，后句则是一个较为复杂的关系句。

（301）葡萄给花轿抬着在史屯街上走了一趟，/铁脑的舅舅骑大红马统帅迎亲的人马，压轿的、护轿的、担鸡的、挡毡的，都是孙姓男儿。

此句切分符号前后两句并无语义或结构上的关系，将其切分之后，前后两句便成为功能完整的句子，前者为被动主题句，后者为诠释关系句。

（302）她常坐在她的屋门口，搓得头发、眉毛、眼睫毛都白了，/二大从那里过，见她两只手飞快地把棉花卷到高粱秆上，搓得又快又匀，忙得顾不上抬起眼来招呼他。

此句切分符号前后两句的主脑成分不构成某种逻辑关系，因此将其断开，前句为夹叙夹议主题句，后句为一个有着长宾语的施事句。

（二）以"说"这一动词为断句标志

有时候，标点符号的主观性并不能解决所有问题，比如含有"说、想"等与思维活动相关的动词的句子，可能很短，也可能很长；既有方便切分的，也有难以断开的。同样是"说"，作者可能自行断句，以引号标注出新的句读段，这是便于我们分析归纳的情形。但是在现代汉语文学作品中，标点符号也常常被当作创新的形式，对传统写作方式进行种种解构。不用标点符号就是如此，比如下面一段出自《第九个寡妇》的句群，全是问答，通篇没有使用标点符号：

（303）他问她是不是地里野菜吃得差不多了。她回答麦子抽穗了。他说光吃野菜会中？她说还有红薯面。他叫她甭把粮光让他吃，她说她就好吃红薯面，甜。

这几个句子都不长，尤其是宾语成分不太复杂，归入施事句是比较正常的。但若"说"后没有标点符号，而宾语成分又特别长，句读段比较多，那就会带来形式与功能不尽统一的难题了。这种情况下，如果长宾语是直接引语，我们是可以强行在"说"后进行切分的，如例（304）（305）：

（304）春喜说<u>啊，是，不过史屯不单单养猪放火箭</u>。

（305）老八们都说<u>不了不了，已经是受了老乡们的大恩大德了</u>。

但如果长宾语是间接引语，则不具备切分的理据，如例（306）（307）：

（306）媒婆说<u>反正她没事，院子里坐坐，等等，说说话</u>。

（307）她们尖起声音说<u>她们才不是白天睡晚上出来的土匪呢</u>。

有时候长宾语到底是直接引语还是间接引语，从字面上也很难下断言，如例（308）（309）：

（308）也有人说<u>那是旧脑筋，现在搞破鞋不叫搞破鞋，叫搞腐化</u>。

（309）二大说<u>做主是做主，就是做了鬼葡萄也歇不成，还得天天给她男人晒尿片子</u>。

而如（310）（311）这样的句子，不在"说"后进行切分，就只能以施事句掩盖全句最明显的功能，无法凸显全句的语义重心所在——超长宾语，它们或者是主题句，或者是关系句：

（310）发放救灾物资的人说<u>这东西看着吓人，其实不难吃，可有营养，是海里捞上来的，提炼加工可不容易</u>！

（311）她拿出秋喜的八字，说<u>葡萄比秋喜大三岁，女大三，抱金砖，就等葡萄一咽气，把鬼亲成了，两家也图个吉利</u>。

除"说"以外,"看见、发现、知道、明白、觉得、认为、想"等动词所在长句也存在类似的切分难题。如:

(312)他知道银脑此刻已潜伏到了中院,警卫们已经都把枪架在了窗台上,枪口都对准中院的门,只要那门一开,银脑的双枪就会叫起来。

(313)孙克贤明白他话里的话是:觅壮丁的时候,你家老大可是中了签的。

(314)葡萄正用锥子在鞋底上扎窟窿,一听大家的吆喝,心想他们说"打"字和孙少勇一个样,嘴皮子、牙根子、舌尖子全使恁大的力,这"打"字不是说出来的,是炸出来的。

这几例长句中的感知动词因为不似"说"那样具有功能完成的标志性,切分与否,便存在两难的问题。我们的原则是,只对"说"进行适当的切分,其他动词暂不处理。这样的原则本身自然也是存在主观性的。

总之,传统句读观在确定句界方面为我们析句带来的启示主要表现在两个方面:一是视句子之文意完备与否及相应的语气、语调来确定句子的类型;二是当超长的流水句无法凸显句子类型时,亦可忽略现代汉语标点符号,而视句意的完整性与声气的止息进行适当切分。汉语句子没有西方语言中常见的形式标记,而以句意为核心,以声气、语调推动句读段的铺排。意尽则语绝,意不尽则语不绝,句子的长短参差由此而生。不过,我们应当清楚一点:所谓意尽语绝是相对的,有弹性的,有着继续延伸的张力,这是汉语句子有别于西方语言的根本差别。由于功能句型分析方法是将功能、语义、结构三者统一的,如果遇到句子本身存在着功能与结构之间的矛盾,首先应该尽可能寻求对于该现象的理论解释,如果缺乏合理的解释,则依据功能先行、结构从之的原则暂行归纳,或标注疑难,为今后进一步的研究、统计做好铺垫,待此类现象累积到一定量时再行分析、归纳,直至确立成熟的句型。

主题句功能认定中一些难题的存在充分说明:功能句型分析系统并非绝对严密、无懈可击的,因为语言本身是变化无穷的,基于高度意合的汉语更是灵活多变的。规则的制订是为了尽可能地解释各种语言事实,以有限的制度涵盖无穷的现象,说无法尽言之说,这本身就存在矛盾和两难,是一件有限度、有难度的工作。我们所能做到的就是以科学严肃、实事求是的态度对待每一个实例,正视所有的难题,尽可能地指出每一个疑例的特殊之处,说明其归类的难点所在,以便于今后的统计与分析,并更加全面地了解汉语句子的全貌。

第四章　14世纪汉语主题句研究
——《水浒传》主题句系统

一、《水浒传》主题句系统概括

经统计，语料库《水浒传》的主题句总数为1972条，在句子总数11900条中所占比为16.57%，包含以评论语为视点的单功能主题句、多功能主题句、夹叙夹议主题句这三大类。其中，单功能的主题句数量最多，共有1146条，所占比最高，达58.11%；多功能主题句共有348条，所占比为17.65%；最后一类为名动糅合的夹叙夹议主题句，一共是478例，所占比位居第二，为24.24%。

依据评论语所具有的功能特点，我们将《水浒传》的单功能主题句划分为十六类，这其中，是认主题句数量最多，共有428条，占比21.7%，包含等同是认、事实是认、说明是认、强调是认、描写是认、表态是认、目的是认、肯定是认、像似是认等九小类是认主题句及双段是认主题句和三段是认主题句；描写主题句数量位居第二，共有141条，占比7.15%；能愿主题句数量位列第三，共有132条，占比6.69%；其次是空范畴评论主题句，共91条，占比4.61%；单纯主题句56条，占比2.84%，含有名词性评论语主题句、动词性评论语主题句、代词性评论语主题句等三小类；小主题评论主题句共有64条，占比3.25%；带"得"主题句数量为42条，占比2.13%；复指主题句37条，占比1.88%；被动主题句36条，占比1.83%；提事叙评主题句27条，占比1.37%；分述评论主题句36条，占比1.32%；熟语评论语主题句是《水浒传》中出现的新类主题句，数量也达到了35例，占比1.77%；领属评论主题句15例，所占比0.76%；比较主题句12例，占比0.61%；数量较少的是祈使句形式评论语主题句，为3例；"把字句"评论语主题句也是新类主题句，虽然只有1例，但是对穷尽性专书研究而言，也是不能忽视的类别，而且这一新类到了现代汉语中已经比较普遍了。

二、《水浒传》主题句特点

《水浒传》的作者施耐庵、罗贯中生活的年代大约是元末明初，小说的写作时间距今约七百年，语言已属近代汉语，加之脱胎于宋元话本，其语言多为当时白话，今天读来也算通俗易懂，而句子的词语与结构方式已与现代汉语相差不大。尽管如此，毕竟相隔四百年，以现代眼光审视，《水浒传》的语言必然打上了时代烙印，其表达方式难免带有其时汉语的特点，尤其是具有评论性的名句，功能与形式的结合方式必然有其独特性。以下将就《水浒传》主题句类型、主题语形式、评论语结构等三个方面的特点逐一论述。

1. 主题句类型的特点

《水浒传》与成书于公元前722至公元前468的《左传》相距两千多年，语言面貌发生了巨大变化，加之章回小说与编年史传的内容差异，其主题句的类型也发生了很大改变，具有自身特点。首先，因为不再采用以主题语为视点、以主题语与评论语之间的逻辑关系为视点的分类标准,原《左传》系统中的范围、移位、总分式、指示代词、主题句等各类形式主题语的主题句和体现假设、因果、目的等各种逻辑关系的主题句在《水浒传》系统中已不再适用,不在主题句类型的范围内。其次,因为书籍性质的不同、文言与白话的差异,无论分类视点如何变化,主题语为解经类、礼仪类的主题句,及带有特定虚词或实词标志的主题句都已随时代变化而在《水浒传》中消失了。由于分类视点集中在评论语部分,使得以评论语功能为特点进行归类的主题句无论是种类数量还是句数所占比,都在整个系统中发生了很大变化。据统计,《水浒传》中以评论语为视点的单功能主题句共有16类,1146例,占主题句总数的58.11%,说明《水浒传》的主题句以单一功能对主题语进行评论是一种最主要的结构方式。

1.1 是认主题句数量庞大

是认主题句是《水浒传》中数量最多的类型,共有428例,所占比21.7%,说明对人或事物性质的确认、肯定是一种最重要的评论方式。是认主题句不仅数量巨大,且类型丰富,其下位共有九种是认类型,除等同是认、说明是认、事实是认、描写是认、强调是认等常见是认类型以外,还出现了肯定是认、表态是认、目的是认等小类及像似是认这一新类。

在九类是认主题句中,等同是认主题句是数量最多的类型,共有210例,所占比高达10.65%,这与《水浒传》描写各路英雄会聚梁山泊的故事内容有直接的关联,因为各路好汉从单打独斗到聚众起义的过程中常常有相识相认的情节,因此对人物身份、姓名和性质进行确认的等同是认句式便成为是认主题句中最常见的类型。我们根据所确认的内容又把等同是认主题句分为如下类型。

(一)身份确认

(1)俺道是甚么高殿帅,却原来正是东京帮闲的圆社高二!

（2）这个道人便是飞天夜叉邱小乙！
（3）他是东京当朝太师蔡京的女婿。
（二）姓名确认
（4）他唤做晁保正。
（5）第三个叫做云里金刚宋万。
（6）又有一个黑大汉，姓刘。
（三）性质确认
（7）这人是个大胆忘恩的贼。
（8）他两个非是等闲人也！
（9）要你扶的不算好汉。

等同是认主题句的功能标志以"是"最为常见，此外还有《水浒传》特有的标志，如对人物姓名、特点进行确认的等同是认句就常见以"姓""算""叫做""唤做"作为是认标志。这几个词语虽然是动词，但不具施事性，没有动作行为的语义，而是对人物性质的认同，所以属于《水浒传》中特有的是认标记词。

在等同是认主题句中，还有一种含有冗余成分的结构："是……（的）便是"，如"我是高太尉府心腹人陆虞候便是"，"我是郓城县宋江的便是"，"洒家是关西鲁达的便是"等，共有十例。

1.2 空范畴评论主题句与复指主题句分流

《左传》中以主题语为视点的主题句中有一类"移位"主题句，共355例，占比8.6%，按照主题语是否有同格异位的代词副本分为两大类。而本著作以评论语为单一视点，着眼于评论语的功能特点，将有代词副本即有标记形式的一类原"移位"主题句独立出来，以代词副本"复指"主题语的这一评论性质为依据，命名为"复指"主题句；而缺少代词副本的原空语类"移位"主题句则命名为"空范畴"评论主题句。

《水浒传》中空范畴主题句共有91例，占比4.61%，比《左传》

中"移位"主题句的所占比下降了近一半，但却有着明显的特点。

（一）主题语多见句子形式

以句子形式充当主题语的空范畴主题句共有20例，在这类主题句中占21.98%，如：

（10）更有六名从贼，不识姓名。存现句形式充当主题语。

（11）<u>量些粗食薄味</u>，何足挂齿。施事句形式充当主题语。

（12）<u>休说三件事，便是三十件事</u>也依你。关系句形式充当主题语。

上三例主题语分别由存现句形式、施事句形式、关系句形式充当，我们很难将它们看成是通过宾语位置"移位"至句首而产生的，尤其是第三例，可见这类主题句形式是汉语的基础结构之一，所谓"空范畴"，只是着眼于一种心理上的语义空位，而非实际空位。这种句子形式充当主题语的空范畴主题句既可以扩充句子结构，而又不使句子显得累赘、拗口。

（二）评论语多为动词性结构

既然空范畴主题句的主题语常被看作是由宾语成分移前而形成的，说明它们一般存在于施事句形式中，只是因为"移前"而改变了句子的性质。所以，对"空范畴"所作的评论当以动词性结构为主，如：

（13）却才商议的事，<u>我都知了也</u>。

（14）但是下口肉食，<u>只顾将来</u>，<u>摆一桌子</u>。

（15）（祖师）贫道等如常亦难得见，怎生教人<u>请得下来</u>?

另外还有能愿型评论语和祈使句形式评论语各10例，如：

（A）能愿型：

（16）高太尉府中有一口宝刀，胡乱<u>不肯教人看</u>。

（17）恩相将令，<u>安敢有违</u>。

（18）这腔热血，<u>只要卖与识货的</u>!

（B）祈使句形式：

（19）差拨哥哥，些小薄礼，休嫌小微。

（20）另有十两银子，就烦差拨哥哥送与管营。

（21）但有衣服，便拿来家里浆洗缝补。

从根本上说，能愿型评论语和祈使句形式评论语都是带有动词性的。

《水浒传》中复指主题句有37例，占比1.88%。这类主题句有明确的功能标志，即指代主题语的代词"此""他""之""这个"等，如："这个娘子，他是前村王有金的女儿。""有钱可以通神，此语不差。""这高俅，我家如何安着得他？"《水浒传》中复指主题句的数量远低于《左传》同类主题句6.1%的所占比，但特点却很鲜明。

（一）长主题语多

具有长主题语的复指主题句共18例，占比近半，这些长主题语大多由句子形式充当，例如：

（22）休道三五个汉子，便是一二千军马队中，拿条枪也不惧他。

（23）今番你又如此大醉无礼，乱了清规，打坍了亭子，又打坏了金刚，这个且由他。

（24）还有那管藏的唤做藏主，管殿的唤做殿主，管阁的唤做阁主，管化缘的唤做化主，管浴堂的唤做浴主，这个都是主事人员，中等职事。

因为有代词副本复指主题语，所以主题语的形式较为自由，可以最大限度地扩展，而由一个代词如收网一般归为一体，再行评论，这是很有汉语特点的句式。

（二）代词位置多样

《水浒传》的复指主题句中，主题语的代词副本并不限于评论语的宾语位置，处在主语位置的情况也出现了18次，在37例总数中占了近一半的比例，如：

（25）一要归依三宝，二要归奉佛法，三要归敬师友：<u>此</u>是三归。

（26）待他再差使出去，却再来相约，<u>这</u>是短做夫妻。

（27）早晚将些金银，可使人亲到郓城县走一遭，<u>此</u>是第一件要紧的事务。

由此可见，复指主题句与空范畴主题句合为一类并不完全合理，分为两类更能显示它们各自的特点。

1.3 单纯主题句总体数量下降

单纯主题句是指不带特定功能标志，由名词性、动词性、代词性等成分充当评论语的主题句，是依据形式特点进行归类的。《水浒传》中这类主题句共有67例，占比3.4%。在《左传》主题句系统中，单纯主题句被囊括在不带特定虚词标志的类型中，其中名词性评论语多达594例，所占比高达14.33%，说明名词性评论语在《左传》中很常见。到了近代汉语中，直接以名词性成分充当评论语的情况大为减少，《水浒传》中仅有8例，占比0.41%。例如：

（28）丈夫，你如何今日<u>这般嘴脸</u>？

（29）洒家自睡，<u>干你甚事</u>？

（30）你这厮还自<u>好口</u>！

名词性成分充当评论语的主题句是汉语中很有特点的句子形式，特别能体现汉民族具象思维的特点，具有意象组合的造句特点，其评论性往往由名词之外的附加成分体现出来，如上例中的"这般""甚""还"等。

《左传》中动词性评论语有137例，所占比为3.3%。而《水浒传》中这类主题句的数量也只有22例，占比1.12%，呈现大幅下降趋势。例如：

（31）山寨中那争他一个。
（32）此事便休了。
（33）俺如何与他争得！

这些动词性成分也是借助副词性状语，如"那（即'哪'）""便""如何"等体现其评论性质。

《水浒传》中代词性评论语在《左传》中相当于疑问词评论语。疑问词属于代词的一类，尽管迄今为止，我们在主题句语料库中并未发现其他代词成分充当评论语的情况，但使用大类词性名称有利于囊括其他潜在的代词性评论语。这类疑问代词评论语的主题句在《左传》中有59例，而在《水浒传》中则为26例，占1.32%，与《左传》同类句子1.4%的比例最为接近，说明以"如何""若何"等为主要标志的疑问代词评论语在主题句系统中较为稳定，其所在主题句结构也呈现凝固化倾向。如：

（34）我放陈达还你如何？
（35）你心下如何？
（36）此一件事若何？

我们认为，单纯主题句总体数量的下降，说明近代汉语中主题句功能标志更为丰富、多样了，因而占据了更多的主题句类型比例。特定标志与评论功能相一致，对于判断、归类主题句是一种最佳依据，从语法分析的科学性角度来说是有利的。但名词、动词、代词直接充当评论语的主题句往往简洁精练，具有较高意合性，代表了汉语主题句的特点之一。它们的数量的大幅下降，意味着近代汉语白话中文言文那样高度凝练的特点在逐渐丧失，同时也意味着汉语句子朝向精密度发展的一种趋势。

1.4 被动主题句的功能标志增多

《左传》中有一类"假被动式评论语"，之所以说"假"，是因为申小龙根据对《孟子》一书所作的考察，得出了"几乎没有严格的结构特征的被动式"①的结论,而这一结论仍然适用于《左传》,且被动式在《左传》中是以无标志为常态的。这类无标志被动主题句共有153例,占《左传》主题句总数的3.7%。到了《水浒传》中,这一情况发生了变化,不仅被动式主题句数量减少,仅有36例,所占比下降为1.83%,且无标志的状态也发生了较大变化。据统计,《水浒传》中有标志的被动式与无标志的被动式之间的比例为14:22,虽然有标志的被动式在数量上仍不敌无标志的被动式,但"被"这一标志词已作为被动式常态标记延续到了现代汉语中,而被动主题句的结构方式也与现代汉语所差无几。例如:

(37)那两间草厅已被雪压倒了。

(38)多少好汉,被蒙汗药麻翻了。

(39)却待向前看索时,又被他岸上灰瓶石子如雨点一般打将来。

值得注意的是,《水浒传》被动主题句中还有一种被动标志"吃",很有时代特点,如:

(40)二哥哥吃打坏了!

(41)那大虫吃武松奈何得没了些气力。

(42)只说武大郎自从武松说了去,整整的吃那婆娘骂了三四日。

我们的语料库中以"吃"为标志的被动主题句虽然只有3例,但带有"吃"这一标志的被动式主题句在近代汉语文学作品中是有一定代表性的,这一现象与"吃"从"遭受"义语法化为被动义有较大关联②。"吃"作为被动标志在现代汉语被动主题句中虽

---

① 申小龙《中国句型文化》,东北师范大学出版社,1988年,第92页。

② 参见刘东升《近代汉语被动标记"吃"的语法化》,《郧阳师范高等专科学校学报》2008年第2期,第69—72页。

然已不再出现，但仍然具有很强的构词能力，而这些词语有相当一部分仍具有"被动"义，如"吃板子""吃拳头""吃笑"等。

2. 主题语形式的特点

20世纪50年代中期，中国语法研究界曾就汉语主宾语的分析方法进行过一场大讨论，此后，如何分析主语、如何区分主语和话题等，一直都是语法界关心的问题，这说明传统语法所说的汉语主语是不容易辨认的，因为它们没有标记。我们功能主义语法所论的主题语同样是一种无标记成分，它们不是因结构的变化而生成的，而是一种基础性成分，无需词汇化手段，因此，汉语的主题语可以是词、词组，也可以是句子，还可以最大限度地叠加。比如，《水浒传》主题句除了名词充当的主题语以外，还有大量词组、短语或句子形式充当主题语的现象。据统计，《水浒传》中此类主题句共有194例，占比9.84%，包含主题句、施事句、关系句、存现句、有无句、祈使句、定语成分、并列短语等各类形式充当主题语的情况，这是《水浒传》主题句复杂化的典型表现之一。

2.1 施事句形式充当主题语

《水浒传》中施事句形式充当主题语的主题句共有77例，所占比3.9%，如：

（43）<u>今日吴兄却让此第一位与林冲坐</u>，岂不惹天下英雄耻笑！

（44）<u>我今日以义气为重，立他为山寨之主</u>，好么？

（45）<u>两个教师就明月地上交手</u>，真个好看。

以（45）句为例，在传统语法分析中，很容易将"两个教师"看成主语，"明月地上交手"看成谓语，进而把整个句子视为连谓句。但这样一来，到底是什么"好看"呢？难道是说"两个教师"好看？其实"好看"是对林冲与洪教头交手比武场景的评论，以功能观贯穿全句的分析，就应将"两个教师就明月地上交手"这一施事句形式视为一个整体，与后面的"好看"直接发生联系。

2.2 存现句形式充当主题语

这类主题句共有48例，占比2.43%，例如：

（46）村中总有三四百家，都姓史。

（47）当中坐着一个胖和尚，生得眉如漆刷，脸似黑墨，肐搭的一身横肉。

（48）屋边有一堆柴炭，拿几块来生在地炉里。

（49）单单只剩得一个何观察，捆做粽子也似，丢在船舱里。

存现句在汉语中有凝固的形式，在主语宾语问题的讨论中，许多学者对其句首地点语和时间语的归属进行过争论，有人说是主语，有人说是状语，其目的还是要把这一特殊的句子形式与动词中心的结构联系起来。其实，存现句有着独立的语义功能，是客观指认某个人或物的存在或消失，其中的动词如上例的"有""坐""剩"等并不具备真正意义上的动作行为含义，不是句子的核心，而仅仅是说明人或事物的存在，因而存现句本身可以作为一个接受评论的话题，其中的名词语就是全句的主题语。"有一堆柴炭"说的就是"柴炭"，"剩得一个何观察"谈论的就是"何观察"，他们是全句真正的主题语。

2.3 定语成分充当主题语

《水浒传》中以定语成分充当主题语的句子共有27例，占比1.37%。动词或形容词加上"的"的定语成分一般是用来修饰、限定其后的名词性成分，如果该名词性成分缺省，则定语成分便转化为具有名词功能的"的"字结构，直接充当主题语，如：

（50）走了的却是甚么妖魔？

（51）却才精的，怕府里要裹馄饨。

（52）还有一等无人情的，拨他在土牢里，求生不生，求死不死。

值得一提的是另一种类型的定语主题语，如下例：

（53）小弟的哥哥多时不通信息，因此要去望他。

（54）在先他的父亲是本寺檀越，如今消乏了家私，近日好生狼狈，家间人口都没了，丈夫又患病，因来敝寺借米。

这两例中定语成分"小弟的""他的"之后的名词语"哥哥""父亲"并无缺省，却并非全句的主题语，真正的主题语仍然是定语成分，"哥哥""父亲"之后的部分都是对句首定语成分的评论。《水浒传》中这样的主题句有两例。

2.4 关系句形式充当主题语

《水浒传》中以关系句形式充当主题语的句子共有12例，占比0.61%。这类句子最引人注目的就是主题语的长度。例如：

（55）休道这两个鸟人，便是一二千军马来，洒家也不怕他。

（56）又一个盘子，托出一斗白米，米上放着十贯钱，都一发将出来。

（57）今日军中自家比试，恐有伤损，轻则残疾，重则致命，此乃于军不利。

这几例主题语虽长，但评论语中一般都会有一个复指成分，如"他""此"等，可以提示关系句形式的主题语身份；即便没有复指成分，仍可从功能角度整体把握句首成分的主题语性质。

2.5 并列短语充当主题语

并列短语充当主题语的主题句也有12例，占比0.61%。上文曾经提到，汉语主题语是从基础生成的，无需成分标记，所以形式上很自由，还可以叠加，并列短语就是这样的一类主题语，它们少则两个，多可达三个以上，例如：

（58）更兼琴棋书画，儒释道教，无所不通。

（59）我这里五台山文殊菩萨道场，千百年清净香火去处，如何容得你这等秽污。

（60）踢毬打弹，品竹调丝，吹弹歌舞，自不必说。

(61) 都寺、监寺、提点、院主，这个都是掌管常住财物。

2.6 祈使句形式充当主题语

祈使句形式充当主题语的主题句在《水浒传》中共有9例，占比0.46%。由于主题语是祈使句形式，所以从逻辑上看，评论语多半为描写性成分或询问式的疑问代词成分，例如：

(62) 哥哥便只在此间做个寨主，却不快活。

(63) 留了这些儿还洒家也好。

(64) 你与索超比试武艺如何？

(65) 我们尽数都去，和他死拼如何？

2.7 主题句形式充当主题语

主题句形式充当主题语的现象在《左传》中就已出现，且有69例之多。《水浒传》的这类主题句共有8例，占比0.4%，数量虽不及《左传》，但主题句类型还是很丰富的，是主题句结构复杂化的表现。例如：

带"得"主题句形式：

(66) 你搅得众僧卷堂而走，这个罪业非小。

夹叙夹议主题句形式：

(67) 衙内怕林冲是个好汉，不敢欺他，这个无伤。

(68) 他们若似老兄这等慷慨，爱我弟兄们便好。

(69) 林冲虽然不才，望赐收录，当以一死向前，并无谄佞，实为平生之幸。

像似是认主题句形式：

(70) 只要一似火盆常热便好。

描写主题句形式：

(71) 今岁途中盗贼又多，甚是不好。

2.8 熟语成分充当主题语

熟语直接充当主题语的现象在《水浒传》中首次出现，而熟语充当主题语的句子也有一例，即"有钱可以通神，此语不差。"既然我们从功能上将熟语看作一个无须分析的整体，那么无论充当评论语还是主题语，以功能观统领全句分析的出发点都是一致的。

2.9 主题语后置

主题语后置是汉语主题语特有的现象。汉语的主题语既然是基础生成的，不受形式标记的制约，那么它的位置也是自由的，既可以出现在句首，也可以出现在句中。当主题语出现在句中时，即为主题语后置现象，这类主题句多为叙述语与评论语同现的夹叙夹议主题句，且往往叙述语在前，评论语在后，如：

（72）并听大哥言语，兄弟再不敢登门。

（73）似此行了十四五日，那十四个人，没一个不怨怅杨志。

（74）倘或早晚归来，他肯干休！

《水浒传》中主题语后置的主题句共有12例，占比0.61%。

3. 评论语结构的特点

本著作对主题句的分类着眼于评论语视点，按照评论语的数量及评论语性质将主题句分成了三大类，即单功能主题句、多功能主题句、夹叙夹议主题句。《水浒传》的这三大类主题句在评论语上显示了各自不同的特点。

3.1 单功能评论语

在十六类单功能评论语的主题句中，除带"得"主题句、比较主题句、熟语评论语主题句和把字句评论语主题句的评论语是单段的之外，其余十二类主题句都有双段，甚至三段、四段同类功能多个评论语并列的情况。

是认主题句中的等同是认小类多有双段、三段等同是认功能评论语并列的情形，其中双段等同是认主题句有10例，如："观察是上司衙门的人,又是远来之客。"三段等同是认主题句有1例,即:"他是阎罗大王的妹子,五道将军的女儿,武大官的妻!"还有不同是认功能混合的情况,其中双段的有4例,如:

等同是认型+描写是认型:

(75)晁某是个不读书史的人,甚是粗卤。

等同是认型+说明是认型:

(76)小人姓朱名贵,原是沂州沂水县人氏。

三段是认功能混合的主题句有2例,如:

等同是认型+像似是认型+等同是认型:

(77)你是个卖肉的操刀屠户,狗一般的人,也叫做镇关西!

说明是认型+描写是认型+描写是认型:

(78)此时正是五月半天气,虽是晴明得好,只是酷热难行。

描写主题句的数量仅次于是认主题句,共有141类,其中双段描写主题句有5例,如:

(79)师父,(臊子)肥了不好看,又不中使。

(80)高太尉,你忒毒害,怎地刻薄!

能愿主题句数量也不少,有132例,其中双段能愿主题句有8例,如:

(81)那厮只会使枪,不会射箭。

(82)欲求生快活,须下死工夫。

空范畴主题句共有91例,数量一般,但却有双段同功能评论语的句子8例,如:

(83)更有那三个,小人不认得,却是吴学究合将来的。

(84)你的老小,我明日便取回去养在家里,待你回来完聚。

还有1例是三段空范畴评论语并列的情况,如:

(85)这浮浪子弟门风,帮闲之事,无一般不晓,无一般不会,更无一般不爱。

复指主题句共37例，其中有2例双段同类评论语句，如：

（86）有些不肯去的庄客，赍发他些钱物，从他去投别主。

（87）争奈武二那厮，我见他大雪里归来，连忙安排酒请他吃。

被动主题句共36例，其中双段被动主题句为5例，这5例被动句的共同点是没有被动功能的标志词，属《左传》中所说的"假被动式"。如：

（88）（白胜）连打三四顿，打得皮开肉绽，鲜血迸流。

（89）他的老婆也锁了，押去女牢里监收。

提事叙评主题句是汉语中很能体现意合性的句类，《水浒传》中共有27例，其中双段的为3例，三段的有4例。提事叙评的评论语正如这类主题句的名称所示，常常是有叙有评的，且以叙述性成分为主，尽管其结构具有动词性，但与主题语的行为动作无关，而是对主题语性状的评论和说明。如双段提事叙评主题句：

（90）据你说时，林冲事怎的方便他，施行断遣？

（91）白胜的事，可教蕫生人去那里使钱，买上嘱下，松宽他便好脱身。

分述评论主题句共有26例，而双段和三段的分述评论主题句却分别达到了8例和1例，总和超过了总数的三分之一。这跟分述评论主题句是针对主题语的不同部分分头进行评述这一功能特点有关。双段的分述评论主题句如：

（92）庄家们也有骂的，也有劝的。

三段分述评论主题句如下例：

（93）这三只船上三个人，一个是阮小二，一个是阮小五，一个是阮小七。

领属评论主题句只有15例，但双段同功能评论语句占了4例，还有1例是四段同功能评论语句，二者合并占了领属评论主题句总数的三分之一，这一现象跟分述评论主题句有相似之处，是由这类主题句专门针对主题语的领属成分分头评论的性质造成的，当领属成分不止一个时，就出现了多段同功能评论语并列的情况。双段及四段的领属主题句见如下两例：

（94）郑屠右手拿刀，左手便来要揪鲁达。

（95）但见：（武大）指甲青，唇口紫，面皮黄，眼无光。

《水浒传》中以句子形式充当评论语的主题句有两类，其中主题句形式充当评论语即小主题评论主题句的数量多，共有64例，含有双段小主题评论语句13例，且双段评论语多以同类主题句形式并列，形成对主题语的排比评论之势，如双段描写主题句形式：

（96）那时天下皆太平，四方无事。

双段比较主题句形式：

（97）干娘，你端的智赛隋何，机强陆贾！

双段提事叙评主题句形式：

（98）洒家一分酒只有一分本事，十分酒便有十分的气力。

双段是认主题句形式：

（99）小人住的房屋也是寺里的，本钱也是寺里的。

三段小主题评论语主题句如下例：

（100）贫道复姓公孙，单讳一个胜字，道号一清先生。

不同类型主题句形式的评论语丰富了主题句的表达层次，利于从不同角度多样化地评论主题语，加之多段同现的表现形式，使得这类主题句具有丰富的容量和扩展力。

3.2 多功能评论语

单功能评论语不论双段还是三段、四段，其评论语都是单一的。而多功能主题句则不仅有多个评论语，且类型也各不相同，不同功能的评论语与说明语、领有语、存在语等交织组合，产生多段多种不同的多功能主题句类型。

3.2.1 双段多功能评论语

《水浒传》中双段多功能主题句数量最多,共有247例,占比12.52%。双段不同功能交织组合的类型达到了121类,其中是认功能评论语的组合能力最强,可与带得、能愿、比较、描写、复指、空范畴、领属、小主题、单纯等其他功能的评论语组成不同类型的双段多功能主题句,共计111例,在348条多功能主题句中占比31.9%。其中数量最多的是"是认+能愿"型双段多功能主题句,共有21例,如:

(101)你是甚么人,敢来笑话我的本事!

(102)大官人是识法度的,不到得肯挟带了出去。

其次是"是认+小主题"型,共计16例,如:

(103)郑大官人便是此间状元桥下卖肉的郑屠,绰号镇关西。

(104)杜迁、宋万这两个,自是粗卤的人,待客之事如何省得。

再次是"是认+单纯"型,有13例,如:

(105)你是我的丈人,如何倒跪我?

(106)押司是个风流人物,不和你一般见识。

(107)相公,这杨志既是殿司制使,必然好武艺。

描写功能与其他功能组合的能力也比较强,可与被动、能愿、小主题、是认、空范畴、单纯等不同功能搭配组合成双段多功能主题句,总数为36例,在多功能主题句中所占比例为10.34%。其中"描写+是认"型数量最多,共计10例,如:

(108)师父如此高强,必是个教头。

(109)他这和尚、道人好生了得,都是杀人放火的人!

(110)此地虽好,也不是安身之处。

其次是"描写+单纯"型,共有6例,如:

(111)你好不知疼痒,只顾逞办!

(112)自是老娘晦气了,鸟撞着许多事!

评论语与说明语、领有语组合成双段多功能主题句的情况在《水浒传》中不太多,其中领有语与复指、是认、被动、能愿、空范畴、小主题、单纯等评论语组合的双段多功能主题句最多,共计14例,如领有语与动词性评论语同现:

(113)你也无大量之才,也做不得山寨之主!

领有语与小主题评论语同现:

(114)虽是有些细软,家财粗重杂物尽皆没了!

领有语与能愿评论语同现:

(115)小人无半点效力之处,如何敢受大官人见赐银两?

此外还有"被动+有无"型、"带得+有无"型、"能愿+有无"型、"小主题+有无"型、"描写+有无"型等评论语与领有语组合的双段多功能句,如:

(116)偌大一个少华山,恁地广阔,不信没有个獐儿兔儿?

(117)争奈我寺中僧众走散,并无一粒斋粮。

说明语与评论语组合的双段多功能主题句共有11例,如"描写+说明"型:

(118)那跟的也不长大,紫棠色面皮。

"说明+是认"型:

(119)非干他两个事,尽是高太尉使陆虞候分付他两个公人,要害我性命。

"说明+能愿"型:

(120)据着我胸襟胆气,焉敢拒敌官军,剪除君侧元凶首恶。

"说明+小主题"型:

(121)小人姓刘名唐,祖贯东潞州人氏。

3.2.2 三段多功能评论语

三段多功能评论语主题句共有63类74例,所占比3.75%。评论语、说明语、领有语、存在语等三种不同功能交织,使得组合方式变得更为多样、复杂，因此复现的概率大大降低，最多的类型仅有3例，共有四类，为"是认+是认+小主题"型，如：

（122）这人<u>是</u>清河县人氏，<u>姓武名松</u>，<u>排行</u>第二。

"是认+是认+单纯"型也是3例：

（123）原来这人，<u>是</u>京师有名的破落户泼皮，<u>叫做</u>没毛大虫牛二，<u>专在街上撒泼行凶撞闹</u>。

"是认+小主题+小主题"型也是3例：

（124）那和尚<u>姓崔</u>，<u>法号道成</u>，<u>绰号生铁佛</u>。

"是认+单纯+单纯"型3例：

（125）你看我那丈人<u>是</u>个做家的人，房里<u>也不点碗灯</u>，<u>由我那夫人</u>黑地里坐地。

是认功能参与的三段多功能主题句的组合类型最多，共有45例，占此类多功能主题句总数的大半，仍然属组合能力最强的评论语。

3.2.3 四段以上多功能评论语

四段以上多功能主题句随着评论语数量的增加，主题句数量相应骤减，四段多功能主题句为23类24例，所占比1.22%；五段多功能主题句、六段多功能主题句和八段多功能主题句仅各1例，占比0.05%。

四段评论语主题句中，是认功能仍是最具组合能力的评论语，与其他评论语、说明语等参与组合的结构共有11例，将近此类主题句总数的一半，其中还有一类结构共出现了两次，为"是认+小主题+小主题+小主题"型，如："这秀才乃<u>是</u>智多星吴用，<u>表字学究</u>，<u>道号</u>加亮先生，<u>祖贯本乡人氏</u>。"这跟《水浒传》中人物出场时的介绍方式形成了一种程式化的模式有关。

五段以上多功能主题句的数量极少，其出现频率具有一定偶然性。本系统中五段多功能评论语的结构方式为"说明+有无+

单纯+有无+能愿"型,如:"吴某村中学究,胸次又无经纶济世之才,虽只读些孙吴兵法,未曾有半粒微功,怎敢占上。"六段多功能评论语的结构方式为"小主题+能愿+能愿+能愿+能愿+能愿"型,如:"老身为头是做媒,又会做牙婆,也会抱腰,也会收小的,也会说风情,也会做马泊六。"八段多功能评论语的结构方式为"小主题+小主题+小主题+小主题+小主题+小主题+有无+有无"型,如:"家里钱过北斗,米烂陈仓,赤的是金,白的是银,圆的是珠,光的是宝,也有犀牛头上角,亦有大象口中牙。"

从双段评论语结构到多段评论语同现的结构中常常会出现小主题评论语,说明主题句形式套叠的现象在汉语中比较普遍。

3.3 夹叙夹议评论语

评论性成分与说明性成分、叙述性成分同时出现,共同评论主题语的句子在《左传》主题句系统中为数不少,共计478例,所占比为24.24%。这种名动糅合的句子往往将评论语或说明语与叙述语组合同现,形成一种夹叙夹议的结构,其中的叙述语,既有动词性成分的特点,又因处于"主题语-评论语"的功能结构中,也同时具有了评论性,这使汉语主题句结构变得更加丰富和多样了。

3.3.1 双段夹叙夹议评论语

双段夹叙夹议评论语主题句共计31类,220例,占比11.16%。因为叙述语与说明语只有两个,故组合方式也比较简单,分先叙后评与先评后叙两大类,这两大类的结构类型几乎平分秋色,前者为15类,114例,占比5.78%;后者为16类,106例,占比5.38%。叙述语与评论语组合的类型中,最多见的是叙述语与能愿语搭配的结构,共有39例,如:

(126)外面都头人等惧怕史进了得,不敢奔入庄里来捉人。

(127)俺如今既出了家,如何肯落草。

其次是叙述语与是认语搭配的结构，有20例，如：

（128）你才到得方丈，怎便是上等职事？

（129）林冲回到房中，端的是心内好闷。

再次是叙述语与小主题评论语组合的结构，共有10例，如：

（130）智深走了二里，喘息方定。

（131）那数个种地道人都来参拜了，但有一应锁钥，尽行交割。

先评后叙的结构类型中，最能产的是"能愿+叙述"型和"是认+叙述"型，都为21例，占比1.06%。前者如："高俅不敢过去冲撞，立在从人背后伺候。"后者如："那厮却不是鸟晦气，撞了洒家。"

"小主题+叙述"型结构有16例，占比0.81%，如：

（132）我哥哥为人质朴，全靠嫂嫂做主看觑他。

（133）诸宫看遍，行到右廊后一所去处。

3.3.2 三段夹叙夹议评论语

三段夹叙夹议评论语主题句有77类，共148例，占比7.51%。三段不同叙述语与评论语、说明语交织组合，其结构方式自然更加多样化，共出现了6种类型。

（一）"评-叙-评"型：共15例，最多见的是"能愿+叙述+能愿"结构，共有3例，如："大郎，小人要寻庄上矮邱乙郎吃碗酒，因见大郎在此乘凉，不敢过来冲撞。"

（二）"评-叙-叙"型：共41例，其中"是认+叙述+叙述"型达到11例，如："小的是王都尉亲随，受东人使令，赍送两般玉玩器来进献大王。""小主题+叙述+叙述"型有6例，如："我今日县里事务忙，摆拨不开，改日却来。"

（三）"评-评-叙"型一共17例，其中"带得+能愿+叙述"型出现了2例，如："我这女儿长得好模样，又会唱曲儿，省得诸般耍笑。"

（四）"叙-叙-评"型共36例，其中"叙述+叙述+小主题"

型结构方式最多，出现了10例之多，如："智深走到半山亭子上，坐了一回，酒却涌上来。""叙述+叙述+被动"型有7例，如："今日小弟陈达不听好言，误犯虎威，已被英雄擒捉在贵庄。"

（五）"叙-评-叙"型为24例，其中"叙述+能愿+叙述"型出现了8例，如："端王大喜，那里肯放高俅回府去，就留在官中过了一夜。"

（六）"叙-评-评"型共15例，其中"叙述+分述+分述"型出现了2例，如："门子见势头不好，一个飞也似入来报监寺，一个虚拖竹篦拦他。"

3.3.3 四段夹叙夹议评论语

四段夹叙夹议评论语主题句共有58类70例，占比3.55%。这类主题句的评论语共有四段，叙述语与评论语交织组合的结构方式更加丰富，出现了14种类型，而分布在各个类型中的句数则相应减少了，最多的类型为"评-叙-叙-叙"型，共有11例，其中"是认+叙述+叙述+叙述"型就有6例，如："林冲，你是个禁军教头，如何不知法度，手执利刃，故入节堂？"另外，"小主题+叙述+叙述+叙述"型也有3例，如："家中粗重都弃了，锁上前后门，挑了担儿，跟在马后。"

四段评论语为"评-评-叙-叙"型的有9例，如"能愿+带得+叙述+叙述"型："奴家也正待要去看一看，不想去得太迟了，赶不上，不曾看见。"此类共有2例。

四段评论语为"叙-评-评-叙"型的也有9例，其中"叙述+带得+能愿+叙述"型结构有2例，如："这和尚来我店中吃酒，吃得大醉了，不肯还钱，口里说道。"

3.3.4 五段夹叙夹议评论语

五段夹叙夹议主题句共21类22例，占比1.12%。与四段评论语的情况相类，五段叙述语与评论语、说明语等交织组合的结构样式繁多，共有15类，但分布在各类的句子数量较少，每一下位结构几乎都为一例，只有"叙-评-叙-叙-叙"型结构中的"叙述+小主题+叙述+叙述+叙述"型有2例，如："武松<u>正走</u>，看看酒涌上来，便把毡笠儿背在脊梁上，<u>将梢棒绾在肋下</u>，一步步<u>上那冈子来</u>。""评-评-叙-评-评"型则出现了3类下位结构，每类各为一例，如："这端王乃<u>是</u>神宗天子第十一子，（<u>是</u>）哲宗皇帝御弟，<u>见掌东驾</u>，<u>排号九大王</u>，<u>是个聪明俊俏人物</u>。"

3.3.5 六段夹叙夹议评论语

六段夹叙夹议主题句共15类，15例，所占比为0.76%。因为叙述语和评论语数量达到了6个，交织组合的类型同样丰富，有12类，但每一类结构复现的概率则大大降低了，只有"叙-叙-评-叙-评-叙"型、"叙-叙-评-叙-叙-叙"型和"叙-叙-叙-叙-叙-评"型有2类下位结构，每类各一例，分别为"叙述+叙述+小主题+叙述+带得+叙述"型，如："智深<u>把房中一椅独桌都掇过了</u>，<u>将戒刀放在床头</u>，禅杖把来倚在床边，<u>把销金帐子下了</u>，<u>脱得赤条条地</u>，<u>跳上床去坐了</u>。""叙述+叙述+能愿+叙述+叙述+叙述"型，如："智深<u>正斗间</u>，只听得背后脚步响，却又<u>不敢回头看他</u>，不时见一个人影来，知道有暗算的人，<u>叫一声</u>。"还有"叙述+叙述+叙述+叙述+说明+带得"型，如："唐牛儿<u>大怒</u>，那里听他说，<u>把婆子手一拆拆开了</u>，<u>不问事由</u>，<u>叉开五指</u>，去阎婆脸上只<u>一掌</u>，<u>打个满天星</u>。"

3.3.6 七段以上夹叙夹议评论语

七段以上夹叙夹议评论语属超长主题句结构，这类句子的数量一般很少，其出现频率具有偶然性。《水浒传》共有七段夹叙夹议主题句3例，含三种结构形式，其一是先评论再连续叙述，如"小主题+叙述+叙述+叙述+叙述+叙述+叙述"型："那妇人<u>欲心似火</u>，不看武松焦躁，<u>便放了火箸</u>，却<u>筛一盏酒来</u>，自<u>呷了一口</u>，<u>剩了</u>

大半盏,<u>看着</u>武松道。"另两种是叙述、评论交织运用的,如"叙述+小主题+叙述+领属+领属+四字格+叙述"型:"武松<u>走了一直</u>,<u>酒力发作</u>,<u>焦热起来</u>,<u>一只手提着梢棒</u>,<u>一只手把胸膛前袒开</u>,<u>踉踉跄跄</u>,<u>直奔</u>过乱树林来。"再如"叙述+叙述+说明+叙述+叙述+带得+叙述"型:"只见一个大汉,头<u>戴</u>白范阳毡笠儿,身穿一领黑绿罗袄,下面<u>腿绷</u>护膝,八搭麻鞋,腰里<u>跨着</u>一口腰刀,<u>背着</u>一个大包,<u>走得</u>汗雨通流,气急喘促,<u>把脸别转着</u>看那县里。"可见,在评论语数量超长的句子中,叙述语与评论语、说明语等穿插同现,是一种常态的结构方式。

三、《水浒传》主题句新类

主题句新类是指在《左传》句型体系中未曾出现,不包含在功能句型体系中的句类,而随着时代的发展,一些新的主题句类型陆陆续续在我们的近代汉语和现代汉语语料库中出现了,并形成了一定的规模和发展趋势。

1. 熟语评论语主题句

熟语评论主题句,顾名思义,是指以熟语充当评论语的主题句。如:"小儿(太公)有眼不识泰山。"我们将这类评论语视为主题句的新功能,是因为熟语在汉语中具有独特的形式和功能。关于熟语,语法学界许多名家都曾论及。在几种较有影响的《现代汉语》教材中,邢福义(1991年版)的定义是:"熟语是一些经久沿用基本定型的固定短语,主要包括成语、惯用语和歇后语",并认为"谚语、格言等也具有熟语性质"。胡裕树(1995年版)指出,熟语是人们经常使用的固定词组,"也作为语言的建筑材料和词汇的组成部分,……范围相当广,包括惯用语、成语、歇后语、谚语、格言等",并指出惯用语和成语是固定词组,常常作为完整的意义单位来使用,相对而言,成语的结构紧密,不能任意更换其中成分,而少数惯用语的结构则不很紧密,可以插入某些别的词语。黄伯荣、廖序东(2002年版)给出的定义是:"熟语又叫习用语,是人们常用的定型化了的固定短语,是一种特殊的词汇单位。由于熟语的性质和作用相当于词,人们好像运用词一样,把它当做一个语言单位来用,……熟语包括成语、惯用语和歇后语。"综合各家论述,熟语是固定短语这一点是没有异议的,成语、惯用语、歇后语属于固定短语范围,也是各家一致认同的。但谚语、格言是否具有熟语性质,这一点还存在争议。

我们认为,所谓熟语,是就基本定型、沿用已久这些特点而言的,因为经久使用,又固定成型,便具有了整体意义和独立使用的功能。这一点我们可以从近年来认知语言学、认知心理学研究中关于概念整合的理论中找到依据。沈家煊指出,"概念整合"可以概括为"整体大于部分之和","由整合产生的整体意义就是'浮现意义'","语法分析的目的在于驭繁以简,一味强调分析、忽略整合最终必将使语法丧失概括性;另一方面,'整合'为我们解决语法分析中面临的许多老大难问题提供全新的视角和思路,研究'整合'有利于分析方法本身的进一步发展和完善"[①]。熟语的意义"整体大于部分之和",意义的整体性和不可分析性是熟语最大的特征。"有眼不识泰山"尽管可以从结构上进行分析,但这样的分析是脱离语义的,是缺乏内容的形式分析。其真正的内容"见闻太窄,认不出地位高或本领大的人",才是这个熟语的整体意义,跟主(眼)-谓(识)-宾(泰山)结构并无直接关联。

[①] 沈家煊《概念整合与浮现意义——在复旦大学"望道论坛"报告述要》,《修辞学习》2006年第5期,第1—2页。

熟语中有一类四字格形式的词组特别值得重视。所谓四字格，即四音节词语结构，又叫四字结构或四字语，是汉语特有的一种词类。王德春1986年主编的《修辞学词典》和胡裕树、张斌1988年主编的《语法修辞词典》都收录了"四字格"这个术语。上世纪50年代以来，不少学者已经注意到四字格的特殊性，并从范畴、结构、功能等方面来研究四字格。如陆志韦先生主要从构词法角度探讨四字格，他认为"绝大多数并立四字格的例子是词。并立四字是汉语的一个重要构词格"[1]。吕叔湘先生指出，"四字格"即四音节熟语，包括四音节的复合词、成语、熟语，甚至四音节的短语，把四字格的范围扩大了很多[2]。郭绍虞先生则指出，"四言词组是汉语所特有的"，"任何一种语言都没有像汉语四言词组那样的形式，而且这种形式又是在汉语中特别发展的"[3]。这些研究大多承认四字格具有固定的形式和独立的语法功能。

我们认为，四字格最能体现汉语的书写符号——汉字在汉语句法中的独特作用。因为它充分利用了汉字一字一音的优势，形成了音步整齐、抑扬顿挫的语音面貌，语义凝练、结构简洁和生动形象的内在意蕴，创造了自《诗经》以来的强大的语言生命力，在诗词曲赋乃至散文、叙事文学中担当了重要角色。在汉语句子中，四字格往往作为独立的句读段，承担着重要的表达功能，如四字格评论语的评论和描写功能、四字格动作语的叙述功能。这是因为四字格结构在意义上具有整体性，而不是单个汉字字面意义的简单相加，如成语和成语性的四字格词组，在语法功能上就有着极强的独立性，无法进行内部分析，而须从功能上整体看待。

---

[1]　陆志韦《汉语的并立四字格》，《语言研究》1956年第1期，第72页。
[2]　吕叔湘《现代汉语单双音节问题初探》，《中国语文》1963年第1期，第15—16页。
[3]　郭绍虞《汉语语法修辞新探》（上册），商务印书馆，1979年，第115页。

即使是一些非成语的四字格固定格式，因难以进行内部分析，也具有相当程度的整合意义，独立性很强。因此，我们将句子中的四字格成语，以及难以进行内部分析的四字格形式都看成集结构、功能为一体的独立成分，相当于一个完整的词，可以充当评论语，而无须再进行内部分析。

我们按照熟语的形式特点从内部将熟语评论语主题句分为以下两类。

1.1 非四字格形式熟语评论语主题句

非四字格熟语历史悠久，积淀多年，早在《水浒传》中就已出现独立充当评论语或与其他成分共同充当评论语的情况，其中，具有熟语独立功能的主题句共有24例，如：

（134）小儿（史进）有眼不识泰山。

（135）我儿，"三十六着，走为上着。"

（136）四海之内，皆兄弟也。

（137）天有不测风云，人有暂时祸福。

下面三例的句首成分"正是"应视为强调功能标记，而非是认功能标记；"岂不闻古人言"、"尝言道"是消息来源类话语标记，不影响句子的功能分析，如：

（138）正是人无千日好，花无摘下红。

（139）正是：有缘千里来相会，无缘对面不相逢。

（140）正是鼎分三足，缺一不可。

（141）岂不闻古人言：吃饭防噎，走路防跌。

（142）尝言道：乐极生悲，否极泰来。

非四字格熟语评论语（以下例句中简称熟语）也能与其他评论语多重组合，共同评论主题语，如以下3例：

"能愿+描写+熟语"型：

（143）你也须有耳朵，好大胆，直来太岁头上动土！

"叙述语+熟语+叙述语"型：

（144）李忠见鲁达凶猛，敢怒而不敢言，只得陪笑道：……

"熟语+是认"型：

（145）洒家行不更名，坐不改姓，青面兽杨志的便是。

非四字格熟语评论语主题句在《红楼梦》中只有1例，是丫鬟彩霞嗔怪贾环时所说：

（146）（贾环）狗咬吕洞宾，不识好人心。

现代汉语语料库《第九个寡妇》中也只有两例非四字格熟语充当评论语之一的多功能主题句，如"是认+熟语+叙述语"型：

（147）那天夜里他跟一匹发情种马似的，天不怕地不怕，这会儿知道怕羞了。

还有一例是出现在是认主题句的功能标记之后，与是认功能重叠了：

（148）他就是有那心也没那胆呀，有那胆也舍不得呀。

1.2 四字格形式熟语评论语主题句

四字格形式熟语评论语主题句（以下简称四字格评论语主题句）的评论语为四字格形式，如："杨志无可奈何。"

《水浒传》中共有四字格评论语主题句11例，占比0.56%，其中单段8例，双段3例。按照四字格评论语的整体语义特点，可以把这些新类主题句分为如下几类。

（一）成语类四字格评论语主题句：

（149）（晁盖等）新到山寨，得获全胜，非同小可。

（150）杨志无可奈何。

（二）不能进行内部分析的四字格评论语主题句：

（151）惊得太尉三魂荡荡，七魄悠悠。（句首"惊得"为虚化成分，不作分析）

（152）（宝刀的非凡之处）第二件吹毛得过。

上述例句中"非同小可、无可奈何、吹毛得过、七魄悠悠"等四字格评论语均具有评论性、描写性，承担对主题语的评论和描写功能。

在《水浒传》中，四字格成分除独立成句、双段成句以外，也常常与散文句读段组合成句，与评论语、说明语、叙述语等共同实现对主题语的评论，这类含四字格评论语的多功能主题句及夹叙夹议主题句共有32例，如含四字格形式的多功能主题句，如"四字格+小主题"型主题句：

（153）实不敢瞒太公说，老母鞍马劳倦，昨夜心疼病发。

"四字格+能愿+是认"型主题句：

（154）这伙人不三不四，又不肯近前来，莫不要撇洒家？

"四字格+小主题+小主题"型主题句：

（155）这代天师非同小可，虽然年幼，其实道行非常。

含四字格形式的夹叙夹议主题句，如"叙述+四字格+能愿"型夹叙夹议主题句：

（156）他见在帐下听使唤，大请大受，怎敢恶了太尉？

"四字格+叙述+叙述"型夹叙夹议主题句：

（157）便是老身十病九痛，怕有些山高水低，头先要制办些送终衣服。

"叙述+叙述+被动+小主题+四字格+四字格"型夹叙夹议主题句：

（158）王四相别了回庄，一面走着，被山风一吹，酒却涌上来，踉踉跄跄，一步一撷。

由此可见，四字格作为独立句读段充当主题语、评论语（包括动作语），是汉语自身特点所致，也与深厚的中国历史文化传统分不开。对于汉语句子中的四字格功能，也须结合汉语特点与汉语事实来认定。

总之，我们将熟语看作有独立功能和整体意义的固定短语，包含了成语、惯用语、歇后语、谚语、格言等习用语。正如汉语词语依据词性分类存在难题一样，熟语范围广，类型多，缺乏形式上整齐划一的标准，各个类别的划分也不一定是依据相同的语言视点，比如成语可以是组句成分，歇后语可以是独立的句子，格言可能更具有突出的语体特征。我们按照功能句型分类的原则，主要依据评论语是否具有区别性的独立功能，以及意义是否具有整合性这两方面的特点，将非四字格形式熟语与四字格形式熟语合并在一个大类中的，统称熟语评论语主题句，作为《水浒传》主题句新类的名称。

2. 像似是认主题句

像似是认主题句是《水浒传》是认主题句大类中新出现的一个小类，例如："这个差使又好似天王堂。""老娘一双眼，却似琉璃葫芦儿一般。"是认主题句本是主题句中数量最多的大类，而其下位区分也是着眼于表达功能的细别，分有事实是认、强调是认、说明是认等八类功能、结构有所区别的小类。像似是认主题句是我们在这样的认识基础上新增的下位是认主题句，在《水浒传》中以"似；好似；如……；……一般；恰似……；……相似；……似等；如……相似；似……一般"等为主要标志词。这类是认主题句的首要功能仍属是认范围，表达的是对人物或事物某种属性的确认，而附着了"好似"一类的标记语之后，就在原来的确认功能上附加了一层"像似、比拟"的意味。我们遵循以表达功能为视点的句类划分标准，就不能忽略这种显著的形式标记。

带有这类标志词的表达方式在修辞格中被称为"比喻"，我们不采用比喻这个名称，意在避免将句子的功能特点与修辞格混为一谈。"像似"这个名称直接取自现代汉语中此类句子的标记词

"像……似的",其字面意义本身就能揭示其功能特点——描绘不同事物之间的相似性,以确认其中一事物的属性、特点。

根据《现代汉语词典》第6版,"像"有动词的用法,指称在形象上相同或有某些共同点;也做副词用,为好像、仿佛之意。"似"意同"像",为如同、仿佛之意。尽管在词性上均标注为动词,但无论"像"还是"似",其动词性都是很虚弱甚至缺失的。它们更接近于人的主观认识,是一种用打比方的方式来说明和评论事物的态度倾向。所谓打比方,就是寻找事物之间的相似性,目的是使事物形象化、具体化,以便使主题更浅显,道理更明白,印象更鲜明。语言中所传达的这种像似性思维,来自于人类对客体的主体化认知过程,它是一种由己及彼的理据性思考,是基于对客体的虚构、想象和情感化、观念化而建立起来的像似性体验,对于用语言阐释世界、认知世界、架构主客体之间沟通的桥梁起着十分重要的作用。因此,像似性思维是一种古老的思维方式,体现了人类对世界的观察与认知,具有普遍性。像似性思维体现在语言中,便外化为语音、意象、结构的像似,其中,意象的像似常常以各种比喻的方式出现在句子中。由此看来,将含有像似类标记词的句子依据所谓词性归入施事句,显然无法传达句子的真实表达功能,是不合理的。只有根据"像似"特有的主观性认知功能,将其纳入到评论性见长的名句之列,才能真正揭示此类句子的本质。

此外,《中国句型文化》中提到过一种比拟型关系句,其标记形式也是"像"或"好像",表达手段是在句子末尾"主要内容说完后意犹未尽,又比拟之","使未尽之意形象化","带有补述的性质","是句子的续尾",起着"画龙点睛的作用"[1],所举的句例如:

---

[1] 参见申小龙《中国句型文化》,东北师范大学出版社,1988年,第430—431页。

（159）大姑娘们被马阿姨的过来人语吓得寒飕飕，<u>好像世界上的男人都有点危险</u>。

（160）朱世一双手叉腰，双眦欲裂，<u>好像要打架似的</u>。

（161）徐丽莎恍恍惚惚地好几天，<u>像被狂风卷上了天</u>，在空气中翻着筋斗。

我们认为，例（159）的"像似"小句所评论的对象并非句首的"大姑娘们"，而是"世界上的男人"，其本身是一个独立的主题句，在语义和结构上与前一句形成了两两相对之势，故而可以视为比拟型关系句。而例（160）（161）的"像似"小句所比拟的则是句首主题语"朱世一"和"徐丽莎"，应该被视作像似是认主题句。上述三例虽然同样具有"像似"标记语，但对主脑成分的评论指向并不一致，所以应该分属主题句和关系句这两个不同的句型。

《水浒传》中单功能的像似是认主题句共有4例，除前面所举两例外，还有如下两例：

（162）你这般说话，<u>却似放屁</u>。（主题语为"你这般说话"）

（163）公人见钱，<u>如蝇子见血</u>。（主题语为"公人见钱"）

由像似是认评论功能参与的多功能主题句一共5例，如"像似是认+领属"型：

（164）这个人<u>不似出家的模样</u>，一双眼恰似贼一般。

"描写+像似是认"型：

（165）家兄从来本分，<u>不似武二撒泼</u>。

"等同是认+像似是认+等同是认"型：

（166）你是个卖肉的操刀屠户，<u>狗一般的人</u>，也叫做镇关西！

"像似是认+动词性评论语+有无"型：

（167）闲常时只如鸟嘴，卖弄杀好拳棒，急上场时便没些用。

像似功能与叙述性成分组合而成的夹叙夹议主题句一共10

例，如"叙述+像似是认"型：

（168）且说林冲在柴大官人东庄上，听得这话，<u>如坐针毡</u>。

"叙述+像似是认+叙述"型：

（169）那西门庆听了这话，<u>却似提在冰窨子里</u>，说道：……

"四字格动作语+像似是认+有无"型：

（170）众做公的都面面相觑，<u>如箭穿雁嘴，钩搭鱼腮</u>，尽无言语。

"像似是认+像似是认+叙述"型：

（171）这两个<u>那里似个出家人</u>，只是<u>绿林中强贼一般</u>，把这出家影占身体！

四、小结

总体上看，《水浒传》主题句数量在其句子总数中的所占比不如古代汉语《左传》高，但主题句类型丰富，达到了十六类之多，其中还包含了熟语评论语主题句这一新类，以及是认主题句的新细别小类——像似是认主题句。在多功能主题句中，多段评论语共现的组合除七段以外，从双段、三段，直到八段都有呈现，但以双段多功能主题句数量居多，多功能组合的句子总数从四段以上开始骤减，出现了断崖式的落差，五段、六段、八段多功能主题句仅各1例，说明双段、三段评论语组合的结构形式为多功能主题句常态。夹叙夹议主题句是《水浒传》主题句系统中第二大类主题句，共有双段、三段、四段、五段、六段、七段等六种结构类型。与多功能主题句类似的是，夹叙夹议主题句数量从五段组合结构开始出现断崖式下滑，七段夹叙夹议组合形式数量极少，仅有3例，不具备一定规模，因此尚缺乏规律性。

五、《水浒传》主题句系统列表

《水浒传》主题句系统列表（总1972例，在11900条总句数中占比16.57%）

主题句类型		条数	占比（%）
一、单功能主题句1146例，占比58.11%			
1.1 是认主题句428例	1.1.1 等同是认	210	10.65
	1.1.2 说明是认	93	4.72
	1.1.3 事实是认	65	3.3
	1.1.4 描写是认	23	1.17
	1.1.5 强调是认	18	0.91
	1.1.6 肯定是认	5	0.25
	1.1.7 像似是认	4	0.2
	1.1.8 表态是认	2	0.1
	1.1.9 目的是认	2	0.1
	1.1.10 双段是认主题句	4	0.2
	1.1.11 三段是认主题句	2	0.1
1.2 描写主题句		141	7.15
1.3 能愿主题句		132	6.69
1.4 空范畴评论主题句		91	4.61
1.5 小主题评论主题句		64	3.25
1.6 带"得"主题句		42	2.13
1.7 复指主题句		37	1.88
1.8 被动主题句		36	1.83
1.9 提事叙评主题句		27	1.37
1.10 分述评论主题句		26	1.32
1.11 领属评论主题句		15	0.76
1.12 比较主题句		12	0.61

主题句类型		条数	占比（%）
1.13 祈使句形式评论语主题句		3	0.15
1.14 "把字句"评论语主题句		1	0.05
1.15 熟语评论语主题句 35例	1.15.1 非四字格形式评论语主题句	24	1.22
	1.15.2 四字格形式评论语主题句	11	0.56
1.16 单纯主题句56例	1.16.1 代词性评论主题句	26	1.32
	1.16.2 动词性评论主题句	22	1.12
	1.16.3 名词性评论主题句	8	0.41
二、多功能主题句348例，占比17.65%			
2.1 双段多功能主题句		247	12.52
2.2 三段多功能主题句		74	3.75
2.3 四段多功能主题句		24	1.22
2.4 五段多功能主题句		1	0.05
2.5 六段多功能主题句		1	0.05
2.6 八段多功能主题句		1	0.05
三、夹叙夹议主题句478例，占比24.24%			
3.1 双段夹叙夹议主题句		220	11.16
3.2 三段夹叙夹议主题句		148	7.51
3.3 四段夹叙夹议主题句		70	3.55
3.4 五段夹叙夹议主题句		22	1.12
3.5 六段夹叙夹议主题句		15	0.76
3.6 七段夹叙夹议主题句		3	0.15

第五章　18世纪汉语主题句研究
——《红楼梦》主题句系统

一、《红楼梦》主题句系统概括

《红楼梦》语料库中主题句总数为2146条，在句子总数11900条中所占比为18.03%，比《水浒传》的主题句数量多了162条，所占比高了1.46%，包含单功能主题句、多功能主题句、夹叙夹议主题句这三大类。其中，单功能主题句数量仍然是最多的，共有1232条，所占比高达57.41%；多功能主题句共283条，所占比最低，为13.19%；夹叙夹议主题句一共有631例，所占比居第二，为29.4%。

《红楼梦》中单一功能的主题句共出现了十五类，比《水浒传》少一类。这其中，是认主题句依然是数量最多的，共计512条，占比23.86%，含等同是认、说明是认、事实是认、强调是认、描写是认、肯定是认、像似是认、表态是认、目的是认等九小类是认主题句，以及双段是认功能主题句；描写主题句数量位居第二，共有186条，占比8.67%；其次是空范畴评论主题句，共140例，占比6.52%；能愿主题句数量位列第四，共有104例，占比4.85%；小主题评论主题句共有68例，占比3.17%；单纯主题句有三小类，即名词性评论语主题句、动词性评论语主题句、代词性评论语主题句，合计50例，占比2.33%；比较主题句34例，占比1.58%；

复指主题句28例，占比1.3%；带"得"主题句为27例，所占比为1.26%；分述评论主题句24例，占比1.12%；被动主题句和领属评论主题句都是18例，所占比同为0.84%；提事叙评主题句有14例，占比0.65%；《水浒传》中出现的新类——熟语评论语主题句在《红楼梦》中出现了6例，占比0.28%；致使主题句本是小类，《水浒传》中不曾出现，在《红楼梦》里也仅出现一次。尽管只有1例，但也是对穷尽性专书句型面貌的全面描写，不能忽视。

二、《红楼梦》主题句特点

《红楼梦》与成书于元末明初的《水浒传》相距四百年，无论是写作内容，还是文体形式，都发生了很大变化。《红楼梦》的作者曹雪芹生活的年代大约是清中期的18世纪，距今近三百年，语言面貌已很接近现代汉语，属成熟的白话。但是跟脱胎于宋元话本的《水浒传》不同的是，《红楼梦》不再有口头说唱的通俗痕迹。曹雪芹是一位诗画皆通、才情横溢的文人，他的小说创作以贵族家庭生活为背景，记录了不少日常琐事、人际往来，而其语言却不失简洁而文雅的古典韵味，时有文言、词曲、诗赋穿插于行文间，显示了作者高超的古典文化修养，也使《红楼梦》的语言带上了强烈的个人印记，更使其主题句系统显示出独有的特性和风貌。

1. 主题句类型的特点

《红楼梦》单一功能的主题句比《水浒传》少了"句子形式评论语主题句"和"把字句评论语主题句"这两类，增加了"致使主题句"这一类，一共是十五种类型，总句数为1232例，所占比57.41%，比《水浒传》同项的所占比稍低，只相差0.7%，说明单一功能的主题句在《红楼梦》主题句系统中仍然是最主要的类型。

1.1 是认主题句数量内部分配趋匀

是认主题句是《红楼梦》主题句中数量最多的类型,共有512例,所占比23.86%,比《水浒传》高了2.16%,其下位所有九种是认类型与《水浒传》完全一样,但内部数量的分配有所不同。

在九类是认主题句中,等同是认主题句虽然还是数量最多的类型,但总数比《水浒传》少了41例,为169例,所占比下降了2.77%。《红楼梦》的等同是认主题句从内容及结构上看,有着鲜明的特点,一般为对身份、姓名、性质进行确认的是认主题句,其功能标志多以常见的"是、叫"为主,如:

(1)原来这周瑞的女婿,便<u>是</u>雨村的好友冷子兴。
(2)你<u>叫</u>什么名字?
(3)真真你就<u>是</u>我命中的"天魔星"!

另有一些对事物内容或人物身份进行确认、判断的等同是认主题句多以"乃、乃是、道是、即……也、皆……、……者"为功能标志,极富文言意味和色彩,如以下各例:

(4)两边一副对联,<u>乃是</u>:(省略韵文)
(5)下面一行小字,<u>道是</u>:(省略韵文)
(6)此<u>乃</u>玄机不可预泄<u>者</u>。
(7)此<u>即</u>冷子兴所云之史氏太君,贾赦贾政之母<u>也</u>。
(8)蚩尤、共工、桀、纣、始皇、王莽、曹操、桓温、安禄山、秦桧等,<u>皆</u>应劫而生<u>者</u>。
(9)所悲<u>者</u>,父母早逝,虽有铭心刻骨之言,无人为我主张。

等同是认主题句数量大量减少,而其他几类是认主题句数量则相应增加了,如强调是认主题句由《水浒传》的18例增加到了64例,增幅最显著,说明强调是认主题句的结构方式在《红楼梦》中变得较为普遍了,如:"这病就<u>是</u>打这个秉性上头思虑出来的。""你<u>是</u>什么时候来的?"这两例与现代汉语已经没有什么差别了。

其他几类是认主题句的数量都比《水浒传》有不同程度的增幅，其中像似是认主题句是新类，也由《水浒传》的4例增加到了9例，说明这一类是认主题句呈现出了发展趋势，如：

(10) 有几百株杏花，<u>如喷火蒸霞一般</u>。
(11) 视"书成"之句，<u>竟似套此而来</u>。

此外，双段是认功能主题句在《红楼梦》中也有很大增幅，从《水浒传》的4例增加到了28例。如"等同是认+强调是认"型：

(12) 老爷说的何尝<u>不是</u>大道理，但只是如今世上<u>是</u>行不<u>去</u>的。

"等同是认+说明是认"型：

(13) 且说那买了英莲打死冯渊的薛公子，亦<u>系</u>金陵人氏，本<u>是</u>书香继世之家。

"强调是认+等同是认"型：

(14) 这也<u>是</u>那癞头和尚说下的，<u>叫作</u>"冷香丸"。

1.2 空范畴评论主题句增幅显著

"空范畴"评论主题句即《中国句型文化》中以主题语为视点划分的移位主题句，在《水浒传》中出现了91例，而《红楼梦》的主题句系统中则大幅增加，达到140例，占比6.52%，不仅单段达到了118例，双段也有21例之多，还有1例是三段空范畴评论主题句。单段的如：

(15) 唐钱珝咏芭蕉诗头一句："冷烛无烟绿蜡干"，你都<u>忘了</u>不成？
(16) 拿出去的东西都<u>收进来了</u>么？

双段的如：

(17) 独他家接驾四次，若不是我们<u>亲眼看见</u>，<u>告诉谁谁也不信</u>的。

三段的一例为：

（18）我的小名这里从没人知道的，他如何知道，在梦里叫出来？

空范畴评论主题句有一个很大的优势，就是可以很好地处理动词所关涉的超长受事成分，使其成为句首主脑，从而凸显句子的语义核心，而后面的评论成分起到的则是收尾作用，大多简短，且多以动词性结构为主。所以《红楼梦》主题句系统中的空范畴评论主题句有相当一部分具有超长的主题语，多以各类句子形式或短语充当。这样的空范畴评论主题句共有35例，占本类句子总数的25%，如施事句形式充当主题语：

（19）要嫌我，变着法儿打发我出去，也不能够。

主题句形式充当主题语：

（20）只那词藻中有一支《寄生草》，填的极妙，你何曾知道。

关系句形式充当主题语：

（21）别是路上有人绊住了脚了，舍不得回来也未可知？

祈使句形式充当主题语：

（22）敢烦仙姑引我到那各司中游玩游玩，不知可使得？

存现句形式充当主题语：

（23）里头还有些不干不净的话，都告诉了他姐姐。

并列短语充当主题语：

（24）采莲船共四只，座船一只，如今尚未造成。

一般主题语超长的主题句，其后的评论语会有有代词副本与无代词副本之分，我们将无代词副本的空范畴评论主题句与有代词副本的复指主题句从《水浒传》开始进行分流之后，两类句子中有一部分在功能上存在相近之处，差别在于代词副本这一功能标志的存在与否。也就是说，《红楼梦》空范畴评论主题句数量的大幅增加，同其复指主题句总数（28例）相较《水浒传》复指主题句数量呈下降趋势有一定关系。

1.3 主题句新类的发展规律不一

《水浒传》中出现了熟语评论语主题句和像似是认主题句这两个主题句新类，这两类主题句在《红楼梦》中也有一定程度的发展，但各自规律不统一。

1.3.1 熟语评论语主题句数量减少

《水浒传》的非四字格熟语评论语主题句达到了24例，但《红楼梦》并未将这一类型充分发展，单一功能的非四字格熟语评论语主题句只有2例，如：

(25)（金荣）"<u>杀人不过头点地</u>。"

(26)（贾环）<u>狗咬吕洞宾，不识好人心</u>。

非四字格形式的熟语评论语多为惯用语、歇后语，常见于日常口语或文学作品的人物对话中，因其通俗、生动、风趣，有时甚至流于粗鄙，而广泛使用于民间。在《水浒传》结义的英雄好汉口中，熟语往往成为一种套话，被反复使用，如"三十六着，走为上着"就前后出现过三次，"四海之内，皆兄弟也"也出现过两次，这两句套话往往是梁山好汉逃往梁山前或称兄道弟时的惯用语，实际表达的是一种整体的语义。到了《红楼梦》的官宦子弟、贵族小姐口里，这类熟语必是难登大雅之堂之语，故而难觅踪影。

《红楼梦》中四字格形式独立担任评论语的主题句也只有4例，低于《水浒传》的11例，其中单段四字格熟语评论语主题句为3例，如：

(27) 国舅老爷一路<u>风尘辛苦</u>。

(28) 天生的<u>牛心古怪</u>。

(29) 老祖宗一向<u>福寿安康</u>？

双段四字格熟语评论语的主题句为1例，如：

（30）可知一还一报，不爽不错的。

这些四字格评论语虽然数量少，但承担的功能并不单一，"福寿安康"属评论性功能；"牛心古怪、不爽不错、风尘辛苦"具有描写性功能；"一还一报"则具有说明性功能。《红楼梦》的四字格熟语评论语也有一定的组合能力，与其他评论语、说明语、叙述语等功能交织同现的结构出现了57例，如"四字格+能愿"型：

（31）田舍之家，虽齑盐布帛，终能聚天伦之乐。

"能愿+四字格+四字格"型：

（32）众人不敢偷闲，自此兢兢业业，执事保全。

"描写+动词性评论语+四字格+描写"型：

（33）你们不知，我自幼于花鸟山水题咏上就平平，如今上了年纪，且案牍劳烦，于这怡情悦性文章上更生疏了。

"描写+说明+说明+描写+四字格+四字格+复指"型：

（34）第二个削肩细腰，长挑身材，鸭蛋脸面，俊眼修眉，顾盼神飞，文彩精华，见之忘俗。

"四字格+叙述+叙述"型：

（35）宝玉恍恍惚惚，不觉弃了卷册，又随了警幻来至后面。

"四字格+有无+描写+叙述"型：

（36）只是怯怯羞羞，有女儿之态，腼腆含糊，慢向凤姐作揖问好。

"四字格+四字格+叙述+叙述+叙述"型：

（37）今风尘碌碌，一事无成，忽念及当日所有之女子，一一细考较去，觉其行止见识，皆出于我之上。

"领属+叙述+叙述+小主题+小主题+四字格"型：

（38）又见林黛玉脸红头胀，一行啼哭，一行气凑，一行是泪，一行是汗，不胜怯弱。

"叙述+叙述+叙述+四字格+有无+说明+四字格+叙述"型：

（39）士隐知投人不着，心中未免悔恨，再兼上年惊唬，急忿怨痛，已有积伤，暮年之人，贫病交攻，竟渐渐的露出那下世的光景来。

总体来看，四字格形式的熟语评论语主题句在《红楼梦》主题句系统中同样没能得到很大发展。

1.3.2 像似是认主题句有所发展

像似是认主题句是《水浒传》中出现的是认主题句新类，共有4例。这个类型在《红楼梦》中继续得到发展，共出现9例，其标记形式有"如……一般；……一样/一般；如；象；似；好似"等，例如：

（40）有几百株杏花，如喷火蒸霞一般。

（41）独那史老太君还是（视如）命根一样。

（42）登时园内乱麻一般。

（43）那里都象你这么正经人呢。

（44）视"书成"之句，竟似套此而来。

由像似是认功能合并其他功能一同作为评论语的多功能主题句及夹叙夹议主题句共有46例，如"比较+像似是认"型：

（45）你倒比先越发出挑了，倒象我的儿子。

"小主题+四字格+像似是认"型：

（46）这个人打扮与众姑娘不同，彩绣辉煌，恍若神妃仙子。

"领属+等同是认+像似是认"型：

（47）肺经气分太虚者，头目不时眩晕，寅卯间必然自汗，如坐舟中。

"像似是认+像似是认+四字格+说明是认"型：

（48）又不象是恼我，又不象是恼二爷，夹枪带棒，终久是个什么主意？

"叙述+像似是认+叙述"型：

（49）贾母听了，如火上浇油一般，便骂：……

"叙述+能愿+像似是认"型：

（50）今日世兄一去，三二年就可显身成名的了，断不似往年仍作小儿之态了。

"叙述+叙述+像似是认+叙述"型：

（51）那丫头听说，方知是本家的爷们，便不似先前那等回避，下死眼把贾芸钉了两眼。

"叙述+像似是认+叙述+叙述"型：

（52）宝玉听了，不觉打了个雷的一般，也顾不得别的，疾忙回来穿衣服。

"叙述+领属+领属+像似是认+叙述"型：

（53）那林黛玉倚着床栏杆，两手抱着膝，眼睛含着泪，好似木雕泥塑的一般，直坐到二更多天方才睡了。

"叙述+像似是认+叙述+领属+叙述+带得+能愿"型：

（54）宝玉听了，好似打了个焦雷，登时扫去兴头，脸上转了颜色，便拉着贾母扭的好似扭股儿糖，杀死不敢去。

2. 主题语形式的特点

功能句型分析理论强调从功能上整体把握句子类型，对于主题语的界定也是如此。《红楼梦》中由句子形式或短语形式充当主题语的主题句共有244例，比《水浒传》中同类主题句数量多出50例，主题语类型包括主题句、施事句、关系句、存现句、祈使句等句子形式，也有定语成分、并列短语、熟语等形式，不同形式的主题语显示了汉语句子极大的包容性和延伸力，也使《红楼梦》主题句形式更加复杂化。

2.1 施事句形式充当主题语

施事句形式充当主题语的句子共79例，与《水浒传》的77例相差不大，占特殊主题语主题句总数的32.4%，可以见出其造句功能的强大。这类主题语大多比较长，而评论语则相当简洁，多为是认型，例如：

（55）可知"贫窭"二字限人，亦世间之大不快事。

（56）如若宝叔不嫌侄儿蠢笨，认作儿子，就是我的造化了。

（57）既把银子借与他，图他的利钱，便不是相与交结了。

评论语为复指型与空范畴型的数量在其次，例如复指型：

（58）巴巴的找出这霉烂的二十两银子来作东道，这意思还叫我赔上。

（59）不意偏又有几个滑贼看出形景来，都背后挤眉弄眼，或咳嗽扬声，这也非止一日。

空范畴型的如：

（60）你明儿再想我的东西，可不能够了！

（61）唐钱珝咏芭蕉诗头一句："冷烛无烟绿蜡干"，你都忘了不成？

评论语为比较型的比例也比较高，例如：

（62）焦大太爷跷跷脚，比你的头还高呢。

（63）想来若果真替他作，自然比往年与林妹妹的不同了。

2.2 存现句形式充当主题语

存现句形式充当主题语的主题句数量为38例，数量虽不及《水浒传》，但其存现句形式都具备现代汉语中常见的标志，如带"有"的存现句形式共23例：

（64）外有一个带发修行的，本是苏州人氏，祖上也是读书仕宦之家。

（65）只因当日我先在长安县内善才庵内出家的时节，那时有个施主姓张，是大财主。

（66）里头还有些不干不净的话，都告诉了他姐姐。

以其他动词形式为存现句标志的如：

（67）今儿偏偏的来了个刘姥姥，我自己多事，为他跑了半日。

（68）床底下堆着那么些，还不够你输的？

（69）前面打了一对明角灯，大书"荣国府"三个大字。

（70）上面悬着一个匾额，四个大字，题道是"怡红快绿"。

2.3 定语成分充当主题语

定语成分充当主题语的主题句一共是32例，比《水浒传》多5例。一般的定语主题语是省略了"的"之后的名词，如：

（71）姐姐熏的是什么香？

（72）那孩子素日爱吃的，你也常叫人做些给他送过去。

（73）彼时宁府荣府两处执事领牌交牌的，人来人往不绝。

较为特殊的则是直接以"的"字结构充当主题语的情形，如：

（74）我的东西还没处撂呢，希罕你们鬼鬼祟祟的？

（75）那宝玉的情性只愿常聚，生怕一时散了添悲。

（76）当日宁荣两宅的人口也极多，如何就萧疏了？

两类定语主题语前者为23例，后者为9例。

2.4 主题句形式充当主题语

主题句形式充当主题语的主题句共有31例，远高于《水浒传》的8例。这些主题句主要有能愿型，如：

（77）又彼此不致荒废，又可以常相谈聚，又可以慰父母之心，又可以得朋友之乐，岂不是美事？

（78）今儿宁可不会太太，倒要见他一面，才不枉这里来一遭。

是认型：

（79）这个孩子扮上活象一个人，你们再看不出来。

（80）你我方才所说的这几个人，都只怕是那正邪两赋而来一路之人，未可知也。

空范畴型：

(81) 只那词藻中有一支《寄生草》，填的极妙，你何曾知道。
(82) <u>一应日费供给一概免却</u>，方是处常之法。

多功能组合型：

(83) <u>这凤姑娘今年大还不过二十岁罢了，就这等有本事，当这样的家</u>，可是难得的。
(84) <u>这冯公子空喜一场，一念未遂，反花了钱，送了命</u>，岂不可叹！

夹叙夹议型：

(85) <u>想父母在家，若只管思念女儿，竟不能见，倘因此成疾致病，甚至死亡</u>，皆由朕躬禁锢，不能使其遂天伦之愿，亦大伤天和之事。
(86) <u>那宝玉恍恍惚惚，依警幻所嘱之言，未免有儿女之事</u>，难以尽述。

2.5 并列短语充当主题语

并列短语充当主题语的句子在《红楼梦》里有29例，远远超出《水浒传》的12例，很大程度上展现了《红楼梦》语言表达繁复、细节描写详尽的特点。这些并列短语有不少是整齐的韵文，如：

(87) <u>设席张筵，和音奏乐</u>，俱是各家路祭。
(88) <u>其暴虐浮躁，顽劣憨痴</u>，种种异常。
(89) <u>至若离合悲欢，兴衰际遇</u>，则又追踪蹑迹，不敢稍加穿凿，徒为供人之目而反失其真传者。
(90) 谁知这样<u>钟鸣鼎食之家，翰墨诗书之族</u>，如今的儿孙，竟一代不如一代了！

有的是人物姓名的极力铺排，如：

(91) <u>尧、舜、禹、汤、文、武、周、召、孔、孟、董、韩、周、程、张、朱</u>，皆应运而生者。
(92) <u>蚩尤、共工、桀、纣、始皇、王莽、曹操、桓温、安禄山、</u>

秦桧等，皆应劫而生者。

（93）如前代之许由、陶潜、阮籍、嵇康、刘伶、王谢二族、顾虎头、陈后主、唐明皇、宋徽宗、刘庭芝、温飞卿、米南宫、石曼卿、柳耆卿、秦少游，近日之倪云林、唐伯虎、祝枝山，再如李龟年、黄幡绰、敬新磨、卓文君、红拂、薛涛、崔莺，朝云之流，此皆易地则同之人也。

还有的是物品的详尽罗列，例如：

（94）妆蟒绣堆，刻丝弹墨并各色绸绫大小幔子一百二十架，昨日得了八十架，下欠四十架。

（95）外有猩猩毡帘二百挂，金丝藤红漆竹帘二百挂，黑漆竹帘二百挂，五彩线络盘花帘二百挂，每样得了一半，也不过秋天都全了。

（96）椅搭、桌围、床裙、桌套，每分一千二百件，也有了。

（97）戒指、汗巾、香袋儿，再至于头发、指甲，都是东西。

还有一系列的熟语一一并举，如：

（98）"坐山观虎斗"，"借剑杀人"，"引风吹火"，"站干岸儿"，"推倒油瓶不扶"，都是全挂子的武艺。

种种繁复铺排的主题语，悉数收拢于其后相对简洁的评论语，整个格局如同一个网收的形式，很有《红楼梦》主题句的独特风味。

2.6 祈使句形式充当主题语

祈使句形式充当主题语的句子共有17例，也比《水浒传》多了8例。这些主题句的评论语有一个共同的特点，就是异常简洁，多半表示征求意见或简单的描写，如评论语为征求对方意见的类型：

（99）敢烦仙姑引我到那各司中游玩游玩，不知可使得？

（100）待贵妃游幸时，再请定名，岂不两全？

评论语为简洁描写的类型：

（101）叫他们多配一料就是了。

（102）依小弟的意思，<u>竟先看过脉再说的</u>为是。

（103）<u>从此后也可怜见些</u>才好。

2.7 关系句形式充当主题语

关系句形式充当主题语的主题句共有16例，比《水浒传》多4例。这类主题句也大多呈现为网收式的句子格局，主题语往往是一个复杂的长句形式，而评论语则较为简洁，一语总之。例如：

（104）<u>有了钱就顾头不顾尾，没了钱就瞎生气</u>，成个什么男子汉大丈夫呢！

（105）<u>要说话两个人不在屋里说,怎么跑出一个来,隔着窗子</u>,是什么意思？

（106）<u>倘或碰见了人，或是遇见了老爷，街上人挤车碰，马轿纷纷的，若有个闪失</u>，也是顽得的！

（107）<u>到明儿，我在正面楼上，你在旁边楼上，你也不用到我这边来立规矩</u>，可好不好？

（108）好姐姐，好亲姐姐，<u>别说两三件，就是两三百件</u>,我也依。

2.8 熟语充当主题语

熟语充当主题语的主题句在《红楼梦》主题句系统中仅有1例，同样体现了汉语句子极大的包容力，如：

（109）<u>"金簪子掉在井里头，有你的只是有你的"</u>，连这句话语难道也不明白？

2.9 主题语后置

《红楼梦》中主题语后置的句子共有13例，与《水浒传》相当，且大多呈现出主题语之前的小句为叙述语、主题语之后则为评论语或夹叙夹议评论语的结构方式。如：

（110）若蒙大开痴顽，备细一闻，<u>弟子</u>则洗耳谛听，稍能警省，亦可免沉沦之苦。

（111）若不是仗着人家，<u>咱们家里</u>还有力量请的起先生？

(112）今日既蒙高情，我怎敢不领，回家按例写了文约过来便是了。

3.评论语结构的特点

3.1 单功能评论语

《红楼梦》的十五类单一功能评论语主题句中，有双段、三段，甚至四段、五段、六段同类功能多个评论语同现的主题句包括是认型、能愿型、描写型、领属型、空范畴型、分述评论型、小主题评论型等几类。

是认主题句中只有等同是认型具有单段、双段、三段等三种评论语结构形式，其中双段8例，如："这叫作'女儿棠'，乃是外国之种。""（林如海家族）虽系钟鼎之家，却亦是书香之族。"三段的则有1例，如："庙旁住着一家乡宦，姓甄，名费，字士隐。"

描写主题句数量居第二，虽也有单段、双段、三段三种评论语结构形式，但数量与单段相比显得稀少，其中双段描写语的句子为3例，如："又落实了，而且陈旧。""只管这么葳蕤，越发心里烦腻。"三段描写语的句子仅1例，如："病虽险，却顺，倒还不妨。"

空范畴评论主题句总数也很多，其中双段的达到了21例，为数不少。例如："临安伯老太太生日的礼已经打点了，派谁送去呢？""即有所费用之例，弟于内兄信中已注明白，亦不劳尊兄多虑矣。"三段的则为1例，如："我的小名这里从没人知道的，他如何知道，在梦里叫出来？"

能愿主题句双段评论语和三段评论语的句数分别为5例和2例，前者如："使男女偶秉此气而生者，在上则不能成仁人君子，下亦不能为大凶大恶。"后者如："无知的业障，你能知道几个古人，能记得几首熟诗，也敢在老先生前卖弄！"

分述评论主题句的评论语结构最为特殊，虽总数只有24例，但却有单段、双段、三段、四段、五段这五种结构形式，其中双段结构有3例，如："再者，市井俗人喜看理治之书者甚少，爱适趣闲文者特多。"三段结构为2例，如："其楠各式各样，或天圆地方，或葵花蕉叶，或连环半壁。"四段结构也为2例，如："一楠一楠，或有贮书处，或有设鼎处，或安置笔砚处，或供花设瓶，安放盆景处。"五段结构也有1例，如："想来《离骚》，《文选》等书上所有的那些异草，也有叫作什么藋葌薑荨的，也有叫作什么纶组紫绛的，还有石帆，水松，扶留等样，又有叫什么绿荑的，还有什么丹椒，蘼芜，风连。"

领属评论主题句共18例，但双段领属评论语的句子与单段一样，同为8例，如："只见宝玉左边脸上烫了一溜燎泡出来，幸而眼睛竟没动。"（茶叶）味倒轻，只是颜色不大好些。"此类主题句甚至出现了1例六段领属评论语同现的情形，例如："（宝玉）面若中秋之月，色如春晓之花，鬓若刀裁，眉如墨画，面如桃瓣，目若秋波。"此例评论语其实具有韵文性质，与《红楼梦》不少状写人物外貌的句子相类，都是极尽铺张、排比之能，以显人物华贵尊荣之态，同时也彰显作者之才情，所以评论语一气铺排，呈现六段之长的句子规模，也就不足为奇了。

小主题评论主题句与领属评论、分述评论等两类主题句有一个共同点，即评论语另有一个小主脑，属句首主题语的某个相关部分，或为主体与领属的关系，或为总体与部分的关系。而小主题与句首主题语则是主体与性状或相关事物之间的关系，所以也可以像领属评论与分述评论主题句一样，出现多段同类评论语共现的情形。小主题评论主题句共有单段、双段、三段、四段结构形式。其中双段的有17例，如："弟子质虽粗蠢，性却稍通。"三段的有6例，如："刘姥姥此时坐不是，立不是，藏没处藏。"四段的为1例，如："这薛公子学名薛蟠，表字文起，五岁上就性情奢侈，言语傲慢。"

3.2 多功能评论语

《红楼梦》主题句系统中多功能主题句总数为283例，占比16.19%，比《水浒传》少65例，下降1.46%，因此，评论语的结构类型也相应减少。

3.2.1 双段多功能评论语

双段多功能主题句共有195例，占比9.09%，比《水浒传》减少52例，占比下降3.44%，结构类型也由《水浒传》的121类降为99类。其中，是认型评论语与其他评论语组合的结构类型达到21类共46例，这与是认主题句总数在整个主题句系统中位居第一的情况是相符的。在这21类结构中，最能产的结构类型是"是认+小主题"型，共有6例，如："四小姐乃宁府珍爷之胞妹，名唤惜春。"

其次是描写语与其他类型评论语组合的结构，共有12类36例，这与描写主题句数量第二的地位是相当的。在这12类当中，数量最多的是"描写+是认"型，共有8例，如："老爷当年何其明决，今日何反成了个没主意的人了！""太太倒不糊涂，都是叫'金刚''菩萨'支使糊涂了。"其次是"描写+能愿"型，共有6例，如："但弟子愚浊，不能洞悉明白。"

小主题与其他评论语的组合结构共有6类，总数却有19例，其中有两种结构数量最多，也是"描写+是认"型，共有6例，如："张李两家没趣，真是人财两空。"另一种是"描写+有无"型，也有6例，如："他们那里凉快，两边又有楼。"

说明语与评论语组合的结构类型共有7类，计12例，其中"说明+能愿"型最多，有3例，如："你这么个明白人，怎么一时半刻的就不会体谅人情。"

领有语与评论语组合的能力相对较强，共有8种形式，计12例，其中"有无+能愿"型结构最多，共有5例，如："外眷无职，未敢擅入。"

3.2.2 三段多功能评论语

三段多功能主题句共有63类，64例，评论语的组合类型较分散，几乎是一种结构一个句例的分配方式。这些结构类型中，仍以是认型评论语与其他评论语或说明语、领有语等的组合形式为多，共有16种结构类型，如"是认+描写+能愿"型：

（113）他<u>是</u>没笼头的马，天天<u>忙不了</u>，那里<u>肯</u>在家一日。

"是认+被动+复指"型：

（114）他们<u>是</u>憨皮惯<u>了</u>的，早已<u>恨</u>的人牙痒痒，<u>他们</u>也没个怕惧儿。

"是认+小主题+带得"型：

（115）花草也<u>是</u>同人一样，<u>气脉</u>充足，<u>长的</u>就好。

描写语与评论语组合的结构类型也达到了8种，共8例，如"描写+能愿+描写"型：

（116）他们家的二小姐着实<u>爽快</u>，<u>会</u>待人，倒不<u>拿大</u>。

"描写+是认+描写"型：

（117）只见院内各色花灯<u>烂灼</u>，皆<u>系</u>纱绫扎成，<u>精致</u>非常。

"描写+被动+小主题"型：

（118）偏生那玉<u>坚硬非常</u>，<u>摔</u>了一下，竟<u>文风</u>没动。

领属评论语与其他评论语组合的结构类型为7类，共计7例，如"领属+领属+是认"型：

（119）那雨村<u>心中</u>虽十分惭恨，却<u>面上</u>全无一点怨色，仍<u>是</u>嘻笑自若。

"领属+被动+能愿"型：

（120）那人<u>身</u>不由己，已<u>拖</u>出去挨了二十大板，还<u>要</u>进来叩谢。

"领属+小主题+领属"型：

（121）那史湘云却<u>一把青丝</u>拖于枕畔，<u>被</u>只齐胸，一弯雪白的膀子撂于被外,又带着两个金镯子。

三段评论语结构中唯一出现两例的是"有无+小主题+小主题"型,如:

(122)便是有了罪,凡物可入官,这祭祀产业连官也不入的。

(123)人有聚就有散,聚时欢喜,到散时岂不冷清?

3.2.3 四段以上多功能评论语

《红楼梦》主题句系统中四段以上多功能主题句结构类型较少,总数也相应降低。四段多功能主题句为15例15种结构类型,主要为是认评论语、小主题评论语、描写语、领有语与其他评论语组合的形式。例如"是认+小主题+被动+描写"型:

(124)原来这馒头庵就是水月庵,因他庙里做的馒头好,就起了这个浑号,离铁槛寺不远。

"小主题+小主题+是认+小主题"型:

(125)他岳丈名唤封肃,本贯大如州人氏,虽是务农,家中都还殷实。

"描写+存在+能愿+动词性评论语"型:

(126)心内愈思愈闷,因在贾母之前,不敢形于色,只得仍勉强往下看去。

"有无+描写+描写+是认"型:

(127)也没见你们两个人有些什么可拌的,三日好了,两日恼了,越大越成了孩子了!

五段多功能主题句有5例,比《水浒传》多了4例,可以侧面反映《红楼梦》的长句倾向。例如"是认+领属+领属+有无+复指"型:"这个被打之死鬼,乃是本地一个小乡绅之子,名唤冯渊,自幼父母早亡,又无兄弟,只他一个人守着些薄产过日子。"再如"是认+存在+小主题+小主题+动词性评论语"型:"园中那些人多半是女孩儿,正在混沌世界,天真烂漫之时,坐卧不避,嘻笑无心,那里知宝玉此时的心事。"

六段多功能评论语与七段多功能评论语的结构类型各有2例，也比《水浒传》同类形式多。六段的如"领属+说明+领属+领属+描写+复指"型："第一个肌肤微丰，合中身材，腮凝新荔，鼻腻鹅脂，温柔沉默，观之可亲。"七段的如"小主题+小主题+小主题+小主题+小主题+小主题+描写"型："园内各处，帐舞蟠龙，帘飞彩凤，金银焕彩，珠宝争辉，鼎焚百合之香，瓶插长春之蕊，静悄无人咳嗽。"这几例多段多功能主题句之所以能包容那么多的评论语，与它们的骈文形式有很大关系。

3.3 夹叙夹议评论语

《红楼梦》主题句系统中夹叙夹议主题句是第二大类，数量为631例，占比29.4%，比《水浒传》同类主题句的所占比增加了5.16%。这也可以解释《红楼梦》多功能主题句总数大幅减少的现象，证明名动糅合的评论语结构方式在《红楼梦》主题句系统中占据较大优势。

3.3.1 双段夹叙夹议评论语

双段夹叙夹议评论语主题句共计32类，260例，占比12.12%，组合方式为两大类：先叙后评、先评后叙。这两大类总数各为130例，可谓平分秋色，但结构类型却以先叙后评式居多，共有19类。最能产的结构与《水浒传》一样，是"叙述+能愿"型，共有31例，如：

（128）咱们来了这一日，也该回去了。

（129）袭人见此光景，不肯再说。

其次是"叙述+小主题"型结构，共有23例，如：

（130）令郎常去谈会谈会，则学问可以日进矣。

（131）今儿我大胆说出来，死也甘心！

再次是"叙述+是认"型结构，共15例，如：

（132）若生于公侯富贵之家，则为情痴情种。

（133）明日你自己当家立事，难道也是这么顾前不顾后的？

先评后叙式结构只有13类，但句子数量分布较集中，20例以上的类型共有四种，最多的是"能愿+叙述"型，有24例，如：

（134）你老只会炕头儿上混说，难道叫我打劫偷去不成？

（135）他父亲又不肯回原籍来，只在都中城外和道士们胡羼。

"是认+叙述"型也有24例，如：

（136）贾蓉也是个聪明人，也不往下细问了。

（137）我是怕你得罪了他，所以才使眼色。

"描写+叙述"型有21例，如：

（138）可是你怪闷的，坐在这里作什么？

（139）贾母等合家人等心中皆惶惶不定，不住的使人飞马来往报信。

"小主题+叙述"型为20例，如：

（140）只因我那种病又发了，所以这两天没出屋子。

（141）代儒家道虽然淡薄，倒也丰丰富富完了此事。

3.3.2 三段夹叙夹议评论语

《红楼梦》三段夹叙夹议评论语主题句共有90种结构类型，202例，占比9.41%，比《水浒传》同类主题句多了13类，句例更增加了54例，说明三段夹叙夹议评论语结构方式是《红楼梦》比较多产的类型。此类结构根据不同组合交织方式可划分为以下六大类。

（一）"评-叙-评"型：共19类19例，如"带得+叙述+描写"型：

（142）先疼的躺不稳，这会子都睡沉了，可见好些了。

（二）"评-叙-叙"型：共10类58例，数量陡增，说明这种先评后叙的结构方式更加多产，更有规律性。其中"是认+叙述

+叙述"型达到17例,如:

(143)如此说了之后,他原是富贵公子的口角,那里还把这个放在心上,因而便忘怀了。

"描写+叙述+叙述"型共有11例,如:

(144)只见史湘云大笑大说的,见他两个来,忙问好厮见。

"小主题+叙述+叙述"型有10例,如:

(145)谁想他命运两济,不承望自到雨村身边,只一年便生了一子。

(三)"评-评-叙"型:共19类22例,其中"是认+小主题+叙述"型出现了2例,如:

(146)袭人本是个聪明女子,年纪本又比宝玉大两岁,近来也渐通人事。

"描写+能愿+叙述"型也有2例,如:

(147)原来秦业年迈多病,不能在此,只命秦钟等待安灵罢了。

(四)"叙-叙-评"型:共12类30例,其中"叙述+叙述+能愿"型结构方式最多,出现了7例之多,如:

(148)这里宝玉通了头,命麝月悄悄的伏侍他睡下,不肯惊动袭人。

"叙述+叙述+描写"型为6例,如:

(149)这里林黛玉见宝玉去了,又听见众姊妹也不在房,自己闷闷的。

(五)"叙-评-叙"型:共10类40例,其中"叙述+带得+叙述"型出现了13例,如:

(150)我们奶奶见二奶奶只是不来,急的了不得,叫奴才们又来请奶奶来了。

"叙述+描写+叙述"型有5例,如:

（151）先姐姐长姐姐短哄着我替你梳头洗脸，作这个弄那个，如今大了，就拿出小姐的款来。

（六）"叙-评-评"型：共20类33例，其中"叙述+小主题+小主题"型共有6例，如：

（152）只是我怕太太疑心，不但我的话白说了，且连葬身之地都没了。

"叙述+能愿+是认"型也有4例之多，如：

（153）往苏杭走了一趟回来，也该见些世面了，还是这么眼馋肚饱的。

3.3.3 四段夹叙夹议评论语

四段夹叙夹议主题句评论语的组合方式十分繁复多样，共有14种，形成了71类结构类型，共计91例夹叙夹议主题句。其中，"叙-评-评-叙"是最能产的组合结构，共有10类，每类1例，如"叙述+有无+被动+叙述"型：

（154）宝玉听了这话，方无了言语，被袭人等扶至炕上，脱换了衣服。

"叙-评-叙-叙"形式共有8类14例，仅"叙述+领属+叙述+叙述"型就有5例，如：

（155）贾政一见，眼都红紫了，也不暇问他在外流荡优伶，表赠私物，在家荒疏学业，淫辱母婢等语，只喝令"堵起嘴来，着实打死！"

"评-叙-叙-评"形式也有7类，每类1例，如"描写+叙述+叙述+能愿"型：

（156）我年轻，不大认得，可也不知是什么辈数，不敢称呼。

其他类别少的结构形式中，较为突出的是先评论再展开多段叙述的"是认+叙述+叙述+叙述"型，共有5例，如：

（157）原来这倪二是个泼皮，专放重利债，在赌博场吃闲钱，专管打降吃酒。

还有"叙述+叙述+是认+叙述"型，共有4例，如：

（158）宝玉打开一看，只觉此首比自己所作的三首高过十倍，真是喜出望外，遂忙恭楷呈上。

"叙述+叙述+叙述+能愿"型，也有4例，如：

（159）宝玉见他来了，忙把脸遮着，摇手叫他出去，不肯叫他看。

3.3.4 五段夹叙夹议评论语

五段夹叙夹议主题句评论语组合方式更加复杂多样，共有22种形式，45种结构类型，计49例。类型最多的是"叙-评-叙-叙-叙"式和"叙-叙-评-叙-叙"式，各有2例，前者如"叙述+描写+叙述+叙述+叙述"型：

（160）宝玉见了他，就有些恋恋不舍的，悄悄的探头瞧瞧王夫人合着眼，便自己向身边荷包里带的香雪润津丹掏了出来，便向金钏儿口里一送。

后者如"叙述+叙述+能愿+叙述+叙述"型：

（161）彼时李嬷嬷等已进来了，听见醉了，不敢前来再加触犯，只悄悄的打听睡了，方放心散去。

3.3.5 六段夹叙夹议评论语

六段夹叙夹议主题句评论语组合形式也达到14种之多，进一步说明《红楼梦》倾向于多句读段组合的长评论语造句方式。此类共有17种结构类型，每类各1例。如"叙述+叙述+叙述+能愿+分述+分述"型：

（162）众人听说，又见凤姐眉立，知是恼了，不敢怠慢，拖人的出去拖人，执牌传谕的忙去传谕。

"领属+叙述+叙述+小主题+小主题+四字格"型：

（163）又见林黛玉脸红头胀，一行啼哭，一行气凑，一行是泪，一行是汗，不胜怯弱。

3.3.6 七段以上夹叙夹议评论语

一般来说，七段以上评论语的主题句已属稀少，但以连续铺排句读段为特色造句方式的《红楼梦》主题句却不排斥超长的评论语组合方式，不仅有八段评论语，甚至还出现了九段和十一段的超长评论语结构。

七段夹叙夹议主题句的评论语结构的数量开始大幅下降，只有5类5例，但仍比《水浒传》多了3例，如"叙述+是认+叙述+领属+叙述+带得+能愿"型：

（164）宝玉听了，好似打了个焦雷，登时扫去兴头，脸上转了颜色，便拉着贾母扭的好似扭股儿糖，杀死不敢去。

"能愿+领属+叙述+叙述+叙述+叙述+叙述"型：

（165）宝玉还欲看时，怎奈下半截疼痛难忍，支持不住，便"嗳哟"一声，仍就倒下，叹了一声，说道：……

八段夹叙夹议主题句的评论语结构也有5例，比《水浒传》多出4例，如"4领属+4四字格动作语"型：

（166）心内发膨胀，口中无滋味，脚下如绵，眼中似醋，黑夜作烧，白昼常倦，下溺连精，嗽痰带血。

再如"2小主题+3叙述+被动+2叙述"型：

（167）话说红玉心神恍惚，情思缠绵，忽朦胧睡去，遇见贾芸要拉他，却回身一跑，被门槛绊了一跤，唬醒过来，方知是梦。

九段夹叙夹议主题句评论语的结构方式只有一种类型，即"小主题+2叙述+有无+2叙述+有无+能愿+叙述"型，例如：

（168）偏那秦钟秉赋最弱，因在郊外受了些风霜，又与智能儿偷期缱绻，未免失于调养，回来时便咳嗽伤风，懒进饮食，大有不胜之状，遂不敢出门，只在家中养息。

十一段夹叙夹议主题句评论语的结构方式也有一种类型，即"说明+2叙述+6四字格动作语+四字格+描写"型，例如：

（169）每日只和姊妹丫头们<u>一处</u>，<u>或读书</u>，<u>或写字</u>，<u>或弹琴下棋</u>，作画吟诗，以至描鸾刺凤，<u>斗草簪花</u>，<u>低吟悄唱</u>，<u>拆字猜枚</u>，<u>无所不至</u>，倒也十分快乐。

夹叙夹议主题句从八段开始，评论语结构趋于韵文形式，以成就铺排之势，这是《红楼梦》主题句有别于《左传》及《水浒传》的最大特点，与作者曹雪芹的文人身份及自身才情不无关系。

三、小结

从整体上看，《红楼梦》主题句数量在其句子总数中的所占比超过了《水浒传》，但主题句类型却比《水浒传》少了一类，为十五类。《水浒传》中出现的新类熟语评论语主题句和像似是认主题句也在《红楼梦》主题句系统中出现，但两类的发展并不平衡，前者呈下降趋势，而后者却有所发展。在多功能主题句中，多段评论语共现的组合最多达到七段，但以双段多功能主题句数量最多，其次是三段。四段以上多功能组合的句子总数开始骤减，呈现直线式下滑，说明双段、三段评论语组合的结构形式为《红楼梦》多功能主题句的常态。夹叙夹议主题句是《红楼梦》主题句系统中第二大类主题句，共有双段、三段、四段、五段、六段、七段、八段，以及九段、十一段等九种结构类型。《红楼梦》的夹叙夹议主题句数量从六段组合结构开始出现断崖式下滑，七段以上夹叙夹议组合形式数量虽少，却比《水浒传》同类主题句多，达到了12例之多。其中还包括九段、十一段夹叙夹议主题句各1例。虽然这些超长句读段的组合结构不成规模，具有一定偶然性，但在《红楼梦》的主题句中还是有一定代表性的。

四、《红楼梦》主题句系统列表

《红楼梦》主题句系统列表（2146例，在11900条总句数中占比18.03%）

主题句类型		条数	占比（%）
一、单功能主题句1232例，占比57.41%			
1.1.1 是认主题句 512例	1.1.1 等同是认	169	7.88
	1.1.2 说明是认	103	4.8
	1.1.3 事实是认	79	3.68
	1.1.4 强调是认	64	2.98
	1.1.5 描写是认	36	1.68
	1.1.6 肯定是认	11	0.51
	1.1.7 像似是认	9	0.42
	1.1.8 表态是认	7	0.33
	1.1.9 目的是认	3	0.14
	1.1.10 原因是认	3	0.14
	1.1.11 双段是认功能主题句	28	1.3
1.2 描写主题句		186	8.67
1.3 空范畴评论主题句		140	6.52
1.4 能愿主题句		106	4.94
1.5 小主题评论主题句		68	3.17
1.6 比较主题句		34	1.58
1.7 复指主题句		28	1.3
1.8 带"得"主题句		27	1.26
1.9 分述评论主题句		24	1.12
1.10 被动主题句		18	0.84
1.11 领属评论主题句		18	0.84
1.12 提事叙评主题句		14	0.65
1.13 致使主题句		1	0.05

主题句类型		条数	占比（%）
1.14 熟语评论语主题句6例	1.14.1 非四字格形式熟语评论语主题句	2	0.09
	1.14.2 四字格形式熟语评论语主题句	4	0.19
1.15 单纯主题句50例	1.15.1 代词性评论主题句	22	1.03
	1.15.2 动词性评论主题句	15	0.7
	1.15.3 名词性评论主题句	13	0.61
二、多功能主题句283例，占比13.19%			
2.1 双段多功能主题句		195	9.09
2.2 三段多功能主题句		64	2.98
2.3 四段多功能主题句		15	0.7
2.4 五段多功能主题句		5	0.23
2.5 六段多功能主题句		2	0.09
2.6 七段多功能主题句		2	0.09
三、夹叙夹议主题句631例，占比29.4%			
3.1 双段夹叙夹议主题句		260	12.12
3.2 三段夹叙夹议主题句		202	9.41
3.3 四段夹叙夹议主题句		91	4.24
3.4 五段夹叙夹议主题句		49	2.28
3.5 六段夹叙夹议主题句		17	0.79
3.6 七段夹叙夹议主题句		5	0.23
3.7 八段夹叙夹议主题句		5	0.23
3.8 九段夹叙夹议主题句		1	0.05
3.9 十一段夹叙夹议主题句		1	0.05

第六章　21世纪汉语主题句研究
——《第九个寡妇》主题句系统

一、《第九个寡妇》主题句系统概括

《第九个寡妇》主题句总数为3362条，在句子总数11900条中所占比为28.25%，大大超出了《水浒传》的16.57%和《红楼梦》的18.03%。在3362条主题句中，单一功能的主题句数量共1978例，所占比为58.83%；夹叙夹议主题句数量居于其次，共856例，占比25.46%；多功能主题句总数最低，为528例，占比15.7%。

《第九个寡妇》的单一功能主题句共有十七类，比《红楼梦》增加了两种类型，即句子形式评论语主题句和把字句评论语主题句新类。十七种类型中，是认主题句占比最大，为21.7%，计773例，除等同是认、描写是认、说明是认等常规是认类型以外，还出现了追加是认这一新小类，此外还包含双段以及三段的是认功能主题句；能愿主题句是《第九个寡妇》主题句系统中数量第二的类型，达到了334例，占比9.93%；位居第三的是描写主题句，共172例，占比5.12%；领属评论主题句为第四大类型，共有123例，占比3.66%；位居第五的是空范畴主题句，共有110例，占比3.27%；小主题评论主题句为107例，所占比3.18%；被动主题句为94例，所占比2.8%；带"得"主题句和比较主题句都是54例，各占比1.61%；

复指主题句有35例，占比1.04%；提事叙评主题句和分述评论主题句分别为28例和27例；"把字句"评论语主题句是主题句新类，也达到了13例；致使主题句为4例；熟语评论语主题句仍属低位，仅有1例。此外，单纯主题句包括动词性评论语、名词性评论语、代词性评论语等三小类，共计35例；其他句型如祈使句、存现句、关系句等形式充当评论语的主题句共计14例。

二、《第九个寡妇》主题句特点

《第九个寡妇》是当代文学作品，语言是成熟的现代汉语。作者严歌苓在接受笔者的口头采访时曾坦承，《红楼梦》对她个人的文学语言追求影响很深，她希望自己的语言有很大的"含金量"，每一句话都不会多余，都不是废话。这种语言追求上的"经济主义"，直接带来了《第九个寡妇》语言表达上的简洁、凝练与丰富的"言外之意"，使其摆脱了现代汉语种种欧化的语言表达套路，而回归古典语言文学的传统。《第九个寡妇》的汉语句子因此而具备了与《水浒传》《红楼梦》等古典文学进行对比分析的空间。

1. 主题句类型的特点

除四字格形式的熟语评论语主题句缺失以外，《第九个寡妇》几乎具备了主题句系统所有的新旧类型，是主题句类型呈现得最为全面的专书文本。因此，单一功能的主题句总数在句型系统中的所占比也是最高的。这其中，能愿主题句、领属评论主题句、被动主题句的数量与《红楼梦》相比发生了较大变化，而其他句子形式在主题句中的套叠现象也增多了。

1.1 能愿主题句数量大幅上升

《第九个寡妇》中数量仅次于是认主题句的是能愿主题句，总数334例，所占比高达9.93%，比《红楼梦》同类主题句高出了228例，是一个很显著的变化。

单段能愿功能的主题句有319例，其功能标志多以"能、要、会、该、敢、得、想、可以、愿意"为主，如：

（1）从这回之后，再不会去跟人瞎举拳头了。
（2）她就不该分点儿啥？
（3）那我得问了爹再说。
（4）觉悟能吃能喝能当现洋花？
（5）这桩大事原来可以这样痛快，这样不麻烦。
（6）书记想搞我运动呀？

还有表示告诫意味的"别……"也属能愿功能的标志，如：

（7）你可别把我也剃得跟铁脑似的，顶个茶壶盖儿。
（8）你别跟王葡萄一般见识！……
（9）别太猖狂！

"兴"在北方方言中有"允许"之意，我们也将其列为能愿功能的标志之一，如：

（10）只兴你大呀？

双段的能愿主题句共有14例，如：

（11）这时的红薯窖里能搁张铺，还能搁张小桌，一把小凳。
（12）闺女总不能留家里，总得嫁出去。
（13）她老愿意和少勇站一块儿，她愿意听少勇说她懂道理。

三段的能愿主题句也有1例，如：

（14）第二天男知青只能出去撞运气，能偷就偷点儿，能借就借点儿。

1.2 领属评论主题句大量增加

领属评论主题句在《红楼梦》中仅有18例，而《第九个寡妇》中则达到了123例之多，占比3.66%，增幅十分显著，这跟作者的文学表现意识显然有很大关系,同时也说明领属评论主题句的表达功能对于评论人或事物有着很强的效力。

单段的领属评论功能主题句共有83例,如:

(15)女子两只眼睛和人家不一样,瞪得你睁不开眼。

(16)他两只脚蹬在窖子壁上的脚蹬子上,从酸到麻,最后成了两截木头。

双段的领属评论主题句共有35例,如:

(17)葡萄手在油酥面上揉着,心里满是心思。

(18)朴同志嘴张在那里,笑容干在脸上。

三段的领属评论主题句有5例,如:

(19)他说完上身向前一探,脖子一伸,两条腿蹬开了。

(20)黄狗眼睛信得过她,身子信不过了,劲留在后头,眨眼就窜开的架势。

领属评论主题句不光评论人物、动物,也可以评论不具生命的事物,如:

(21)怪不得城里条条街都热闹成那样。

(22)黑龙红嘴红舌上的漆皮一片片卷起,一片片落下,蓝眼珠也瞎了,成了两个泥蛋,脚爪像真长了鳞片,又都给剔得翻起来。

1.3 被动主题句大量增加

《第九个寡妇》的被动主题句总数是94例,其中双段和三段的被动主题句分别为8例和2例,所占比合计2.8%,远远超出《红楼梦》的18例,从侧面说明被动式在现代汉语中已经随着语言欧化而成为显性结构,其功能标志也已经固化,语料库中常见的有"被、让、给、叫"等,例如单段被动主题句:

(23)所有工作队员连同女队长被关在了学校的一个窑洞里。

(24)两袋烟工夫,男人女人都让他们走得心乱气短。

(25)八个史屯的年轻男人给拉走了。

（26）老八早叫我们打跑了。

无标记被动主题句即假被动式共有24例，占被动句总数的近四分之一。例如：

（27）原来装着的心思，现在掏空了。

（28）孙克贤要买小闺女王葡萄的事马上在史屯街上传开了。

（29）剩下的三十多亩地，就全赁了出去。

（30）红薯窖往深里挖了一丈，又往宽里挖出不少。

双段和三段被动主题句通常是将有被动标记与无被动标记两种结构混用的，例如：

（31）……钢笔还插着，没叫没收哩！

（32）她的被老是用麻绳捆上，让她背去这儿蹲点，去那儿访察。

（33）不久他给调回史屯，打成了"四人帮"在这个县的爪牙。

三段的被动主题句如：

（34）大标语的字给拆开，又重拼，拼成了天书。

（35）各生产队的牲口粪都改了用途,都被孩子们装走去淘洗，做成晚饭。

1.4 其他句子形式在主题句中的套叠现象

句子形式在主题句中的套叠是汉语特有的现象，以往的语料库中多以主题句形式套叠为常见，我们已经将这类含有主题句形式评论语的句子归入到小主题评论主题句中，单列为一类。而《第九个寡妇》中又出现了其他句型套叠的现象。

1.4.1 祈使句形式的套叠现象

此类主题句有单段结构5例，双段1例，如：

（36）这几幅卖我了！

（37）各种点心都给我来一块。

（38）还有一斤猪奶子，叫他闲磨磨牙。

（39）那二哥现在说话，你得好好听着，不兴闹人。

1.4.2 存现句形式的套叠现象

存现句形式套叠的主题句有3例，其中单段2例，双段1例，例如：

（40）"那鬼地方饿死过多少人呐！"此句中的"鬼地方"是主题语，"饿死过多少人"是存现句形式。

（41）"各个窑洞都铺着麦秸，高粱秸，上面整整齐齐搁着棉被。"此例主题语也是一个存现句形式，即"麦秸和高粱秸"，而"上面整整齐齐搁着棉被"则是一个存现句形式。

（42）"不久一个大场院全是踢踢踏踏的脚，扬起半天空的黄土。"此句中"大场院"是主题语，后面是两个存现句形式的评论语，属双段存现句套叠现象。

1.4.3 关系句形式的套叠现象

关系句形式套叠的主题句共有5例，如：

（43）（鱼）吃惯了不赖。

此句省略了主题语"鱼"，"吃惯了不赖"是一个紧缩形式的关系句。

（44）这阵子这人解放、那人解放。

此句主题语是"这阵子"，"这人解放、那人解放"是一个关系句形式。

（45）后来杀他们，杀的只是他们的肉身，他们的魂魄早飞走了。

此句主题语为施事句形式的"杀他们"，后面的评论语是一个关系句形式。

本系统中其他句型在主题句中的套叠现象虽不多见，但却很有代表性，是汉语句子复杂化的典型手法之一，也丰富了汉语独特的表达手段。

1.5 主题句新类的发展特点

1.5.1 像似是认主题句

像似是认主题句是对事物之间的相似性进行确认、判断的是认主题句新的小类，在现代汉语《第九个寡妇》中共有30例，远远超出了《红楼梦》的9例。而其功能标志与近代汉语相差并不大，有"像;……似的;……一样;像/跟/和/好像……似的"等,例如：

（46）她咋和没事人似的？

（47）她眼里的二大哪里像个白毛老怪呢？

（48）他垂下眼皮时，就像一尊佛。

像似是认功能经常与其他功能一起交织组合，共同评论主题语，这样的多功能主题句共有33例，如"像似是认+描写"型：

（49）葡萄的嘴唇也涨满了汁水似的，麻酥酥的。

"带得+像似是认"型：

（50）葡萄哭得浑身大汗，刚从井里捞上来似的。

"像似是认+像似是认+描写"型：

（51）她哪像才做了三天母亲的母亲,她像是做了几世的母亲，安泰、沉着。

"等同是认+说明是认+像似是认"型：

（52）她是个护士，是个好女人，也不怎么像女人。

"被动+被动+描写+像似是认"型：

（53）那绿苞子放在锅里煮煮，搁上盐拌拌，滑腻润口，就像嫩菜心包了一小块炖化的肥肉。

由像似是认评论语与叙述语或其他评论语组成的夹叙夹议主题句共有36例，如"叙述+像似是认"型：

（54）从场子这头往那头走的时候，葡萄不跟铁脑拉扯着手，不像前面救下老八的那八个年轻媳妇。

"像似是认+叙述"型：

(55)喇叭筒里的口号像是生了很大的气,喊着"消灭封建剥削!打倒地主富农!"

"叙述+领属评论+像似是认"型:

(56)这时有个人在门外叫门,声音很规矩,不像那些兵。

"叙述+像似是认+叙述+叙述"型:

(57)老驴看看他,站累了似的,换换蹄子,接着嚼草。

1.5.2 熟语评论语主题句

《第九个寡妇》中非四字格形式的熟语评论语主题句仅出现1例,如:

(58)他就是有那心也没那胆呀,有那胆也舍不得呀。

而四字格形式的熟语直接充当评论语的多功能主题句在《第九个寡妇》中则没有出现。近代汉语四字格词组大多具有古典性,有着文言的典雅韵味,现代汉语四字格词组则更为直白、通俗,独立充当评论语的情况也呈下降趋势,这自然跟现代汉语散文的发展、韵文的式微有关。尽管如此,四字格与其他评论语交织组合、共同评论主题语的现象,仍然是现代汉语句子的常见样态,这使得汉语句子呈现出散韵交织、有张有弛的面貌,从而大大扩展了句子的功能和容量,是一种颇具文学表现力的评论形式。《第九个寡妇》中由四字格评论语与其他类型评论语组合的结构形式共有4例,如"四字格+是认"型:

(59)葡萄看着一无心事,就是一心一意扯麻线,扎针眼。

"事实是认+四字格+描写"型:

(60)那是一根枣木棒,疙里疙瘩,沉甸甸的。

"动词性评论语+四字格+动词性评论语"型:

(61)说中央军哪里打过鬼子,洛城沦陷后就溃不成军,早不知逃哪儿去了。

"叙述+带得+四字格"型:

（62）大半辈子有小半辈子在对付兵、匪、盗、贼、刁民、悍妇，孙怀清对付得很好，游刃有余。

2. 主题语形式的特点

由句子形式或短语成分充当主题语的主题句总数在《第九个寡妇》中为306例，比《红楼梦》的244例又有较大幅度的增加，且类型也发生了变化。

2.1 施事句形式充当主题语

施事句形式充当主题语的句子总数最多，达到123例，在《第九个寡妇》主题句系统中占比3.66%，远远超出了《红楼梦》的79例。与《红楼梦》不同的是，这些施事句形式大多比较简洁，不似《红楼梦》那样繁复冗长，比如：

（63）是非逼死多少女人，你不知道？

（64）我回来是办私事的。

（65）城里人一男一女看电影，就是都有那个意思了。

（66）二大去哪里，活不活得成，这都不是愁人的事。

施事句形式较长的主题句一共有8例，如：

（67）这时一个男兵掏出盒子炮来，对着天打了几枪，这才让七手八脚的女人停下来。

（68）漂漂亮亮干一天活儿，装一袋烟抽，那可是美成了个小神仙。

（69）他们在公社门口说说话，晒晒太阳，好像耐些饥。

（70）和大伙一块弄个梆子唱唱，弄个社火办办，有多美。

因为充当主题语的施事句形式并不冗长，所以评论语并不总是需要使用代词副本作为主题语的复指，这种评论语为复指功能的主题句仅有13例。

2.2 定语成分充当主题语

定语成分充当主题语的主题句总数为69例，是《红楼梦》同类句数的两倍多,说明带"的"的定语成分作为名词性成分充当主题语的现象在现代汉语中趋于普遍。一般的定语主题语是带"的"的名词性结构,如下例:

(71)<u>五合那货看见的</u>,兴许真是二大。

(72)<u>场子上还剩的</u>就是青壮年。

(73)<u>这时走出来的</u>是葡萄。

第二类"的"字结构是直接以定语形式充当主题语的,它对其后的评论语承担着主脑的功能,这类主题语形式在《第九个寡妇》中达到44例之多,超过半数以上。如下例:

(74)<u>春喜的</u>官阶是县首长,架势扎的是省首长。

(75)<u>葡萄的</u>肿消了,脸色红润起来,扁了的胸脯又涨起来。

(76)<u>葡萄的</u>脸也肿得发木,手里还是照样忙得很,用个线拐子打麻线。

2.3 主题句形式充当主题语

主题句形式充当主题语的句子共有45例,比《红楼梦》多出14例。这些主题句形式按照不同功能可分为很多类型,常见是有:

是认型:

(77)<u>媳妇是要梳髻的</u>,这点知识他还有。

(78)<u>嬷嬷之所以成嬷嬷</u>,就是太知道天下无非那么几个故事。

描写型:

(79)<u>受苦人老苦老苦啊</u>,几辈子受苦,公道不公道?

(80)<u>他多么难堪</u>他也看不见。

能愿型:

(81)<u>要是能和葡萄一块儿砸在窑洞里</u>就美了。

(82)<u>她要是能想明白</u>该多好。

领属评论型:

(83)难怪<u>她手碰碰他</u>就让他觉出不一样来。

（84）二大眼皮一低，是点头的意思。

空范畴型：

（85）官升那么快，是打鬼子立功不是。

（86）开会你不去会中？

小主题评论型：

（87）要是猪上膘上这么快那可美。

（88）孩子一脸是洞也不中啊！

被动型：

（89）他在追悼会堂里给拍了不少照，这也是他讨厌的事。

（90）不叫抓着就不是偷。

2.4 存现句形式充当主题语

存现句形式充当主题语的句数为33例，相比《红楼梦》的38例有所下降，其类型主要是带"有""是"和其他动词标志的结构，如带"有"字标志的存现句形式：

（91）有个富农闹着要摘帽子。

（92）布鞋里有双崭新的鞋垫，绗绣的是鹊雀登梅。

（93）河滩上有片榆林，一个冬天下来，树皮给剥得净光，只剩了树干赤身露肉地让寒冬冻着。

带"是"字标志的存现句形式：

（94）旁边全是烧成灰的纸人纸马，是用彩色纸折成的。

（95）门缝外满是人腿，全打着布绑腿，也有穿马靴的。

（96）豁子外头是秋天早上的太阳，把人腿和人影照得像个树林子。

以其他动词为标志的存现句形式：

（97）走了那么大个活人，夜里连狗都没惊动一条。

（98）一会儿上来了七八个拳头，七八只脚，打得他一会儿看得见天，一会儿天黑了。

(99)小女孩平一岁时,街上来了个小伙儿,一口京话。

2.5 并列短语充当主题语

并列短语充当主题语的句子有18例,相比《红楼梦》的29例有较大降幅,且《红楼梦》那种排比、铺陈的韵文式并列短语在现代汉语中已经消失了,《第九个寡妇》中的并列短语变得简洁许多。例如:

(100)唱词念白加锣鼓点,生旦净末丑,统统一张嘴包圆。

(101)解放军和国民党,那也就像打孽,打了好几十年。

(102)兵荒、粮荒、虫荒、人荒,躲一躲,就躲过去了。

2.6 关系句形式充当主题语

关系句形式充当主题语的句子只有7例,比《红楼梦》同类句数减少一半多,所占比更是呈现大幅下降趋势,且相对《红楼梦》那种复杂的长关系句形式,《第九个寡妇》中充当主题语的关系句形式也相对简洁,例如:

(103)除了孙怀清,只有葡萄能对付这几位先生。

(104)败仗也好胜仗也好,让他一说都成了书。

(105)新旧交替的时代,没了这个,走了那个,是太经常发生的事。

(106)找着了,咱国家在困难时期,多一批罐头,是个好事情,啊?

2.7 祈使句形式充当主题语

祈使句形式充当主题语的句子只有5例,比《红楼梦》的17例下降了很多,但它们的共同点是一致的,就是评论语非常简洁,多为征求对方意见的或简单评价的内容,如:

(107)给二哥做媳妇好不好?

(108)……你让我想想法子,行不行?……

(109)先挤挤,中不中?

（110）背回去上哪借个磨推推就中。
（111）把现有的田好好种，别胡糟蹋，那就胜过造田。

2.8 有无句形式充当主题语

有无句充当主题语的句子共有3例，是《第九个寡妇》中新增的主题语类型，如：

（112）少你一票能咋着？
（113）……少半拉脑袋会中？
（114）没了眼，那是老天收走了它们。

2.9 介宾短语充当主题语

介宾短语充当主题语的句子是《第九个寡妇》主题句系统中新增的主题语类型，共有2例，如：

（115）对于铁脑，丢脸不叫丢脸，它就叫王葡萄。
（116）对于葡萄，天下没什么大不了的事。

我们将这两例中的介宾结构看作一个充当全句主题语的完整的名词性成分，同样是基于以功能把握全句格局的句型分析观。

2.10 韵文充当主题语

《第九个寡妇》主题句系统中新增了1例韵文充当主题语的句子，其结构方式与《红楼梦》中并列短语充当主题语的句子很相似，所不同的是此例的韵文并非并列形式，也非短语，而是直接出自古典诗歌，因此我们将其单独列为一类，例如：

（117）"两岸猿声啼不住，轻舟已过万重山"、"人生得意须尽欢，莫使金樽空对月"，像旧戏台上的戏文。

2.11 主题语后置

《第九个寡妇》中主题语后置的现象依然延续，且比《红楼梦》高出17例，共计30例，而这些后置主题语所统领的主题句同样多出现在前段叙述语加后段评论语的结构中，如：

（118）见了葡萄，他吭吭得更紧。

（119）再去想想那个白净俊俏的瘸鬼子琴师，她什么全明白了。

（120）嘱咐完了，他就被拖了出去，头上给按上一顶尖尖的纸糊帽子，手里叫拿上一面锣。

（121）大半辈子有小半辈子在对付兵、匪、盗、贼、刁民、悍妇，孙怀清对付得很好，游刃有余。

3. 评论语结构的特点

3.1 单功能评论语

在《第九个寡妇》的17类主题句中，有双段、三段，甚至四段同类功能多个评论语的主题句包括是认型、能愿型、描写型、被动型、领属评论型、空范畴评论型、分述评论型、提事叙评型等八类。

是认主题句具有双段以上同类功能的句子在《红楼梦》中只有等同是认这一小类，而《第九个寡妇》中除了等同是认主题句以外，说明是认、事实是认、强调是认、描写是认等类型的主题句都有双段评论语，如双段等同是认评论语：

（122）三十几年，它记得最熟的路是这没头没尾的路，是它给蒙上眼走的路。

双段说明是认评论语：

（123）跟着进来的是一股泥土腥气，是黄土让太阳烧烂的伤口受到雨滋润的浓腥。

双段事实是认评论语：

（124）还是紧绷绷的背、腰，还是一副自己乐自己的样子。

双段强调是认评论语：

（125）这"打"字不是说出来的，是炸出来的。

双段描写是认评论语：

（126）朱梅原来离她是那么远，（是）那么不相干。

不同是认功能多段组合的结构方式在《第九个寡妇》中也很普遍，如"等同是认+强调是认"型，此类主题句共有6例：

（127）她叫蔡琥珀，是前年嫁过来的。

（128）孙家是史屯的外来户，是从黄河上游、西北边来的。

"等同是认+说明是认"型：

（129）老虎不是本地人，是到了史屯才学会"坑布"的手艺。

（130）它就是少勇身上的气味——葡萄早先觉着他清洁得刺鼻醒脑的那股气味。

三段不同是认功能组合的结构方式有2例，如"说明是认+说明是认+等同是认"型：

（131）货物也是些药品和盐，再就是生漆、桐油之类，都是拿去也吃不成，喝不成的东西。

"等同是认+等同是认+像似是认"型：

（132）她是个护士，是个好女人，也不怎么像女人。

分述评论主题句有27例，但其评论语结构却有单段、双段、三段和四段等四种形式，这与分述评论功能是对总体的各个部分分头进行评说的特点有关，有几个被评说的部分，评论语结构就会延伸为相应的段数。本系统中单段的分述评论结构方式有17例，如：

（133）全史屯的人个个同意，把孙怀清划定成地主恶霸。

双段的分述评论语结构有8例，如：

（134）谁都舍不下家里的那点东西，有的顶着方桌，有的扛着板凳。

三段的有1例，如：

（135）三件褂子有铁脑姐姐一件，铁脑舅家的闺女一件，还有一件是葡萄的。

四段的也是1例，如：

（136）葡萄的心有一瓣是少勇的，有一瓣是琴师的，有一瓣老是留给铁脑，最大一瓣上有他冬喜和她的挺。

提事叙评主题句共有28例，其特别之处在于，此类主题句在《第九个寡妇》中第一次出现了双段及四段的结构方式。其中双段的提事叙评结构类型有3例，如：

（137）享福、受症咱是一家骨血，死一块儿也是美的。

（138）凡是让人远远瞧的地方，下头的土堆得老大，一层粮下头就是那层布。

四段提事叙评结构形式有1例，如：

（139）就像他走路行事，无论他怎样仔细，天天挂烂衣服踩湿鞋，天天看见身上有碰伤的绿紫青蓝，想不起什么时候碰痛过。

提事叙评主题句的评论语形式很有该类型的独特之处，即大多为动词性结构，以叙述和评论句首提及的某件事。以施事句形式充当评论语的句子共有11例，如：

（140）洗衣服咋办？

（141）觉悟觉悟，给记工分吗？

（142）就连人家夫妻打架，他也给这个当家给那个做主。

有的评论语则表现为祈使句形式，这样的句子有2例，如：

（143）有钱烧，就买地置房产。

（144）是你明天就跟我回去。

此外还有主题句形式充当评论语的结构，此类也有11例，如：

（145）使这老家伙，我们赔搭进去的可不少。

（146）社会主义国家，人民地位高。

3.2 多功能评论语

《第九个寡妇》主题句系统中多功能主题句总数是528例，数量虽超过《红楼梦》的283例，但所占比却只有15.7%，比《红楼梦》还低0.49%。

3.2.1 双段多功能评论语

双段多功能主题句总数是400例,占多功能评论语总数的75.76%,这说明,大部分的多功能主题句都是以双段评论语方式来结构的,这也可以从另一个角度看出,《第九个寡妇》的句子长度是偏重双段式的,这与作者严歌苓推崇的不浪费一个字的文学语言主张是一致的。

双段多功能评论语的各种组合方式中,是认评论语与其他各类评论语的组合结构仍然是数量最多的,共有44种结构类型,91例句子。其中"是认+复指"型句子最多,共有15例,如:

(147)剥削、压迫、封建不再是外地来的新字眼,它们开始有意义。

(148)女队长是说给台下人听的,她说她知道孙少隽的老底。

其次是"是认+小主题"型,共有9例,如:

(149)自己是个守寡女人,穿这么娇艳是要作怪去了。

(150)她虽是这么一肚子柔肠地疼他,话还是直戳戳的。

描写语也是一类组合能力很强的评论语,与其他评论语或说明语组合而成的结构类型有18种,共89例句子。其中数量最多的结构方式是"描写+能愿"型,共有18例句子,如:

(151)孙克贤精,上来就能听出二大话里有话。

(152)他们祖祖辈辈太悲苦了,都得从一声比一声高亢、一声比一声嘶哑的口号喊出去。

其次是"描写+是认"型,共计16例,如:

(153)蜀黍浆子甜腥甜腥的,真的就像什么东西的奶汁。

(154)这一哭就麻缠了,成了骨肉生死别离了。

"描写+小主题"型也比较能产,共有14例,如:

(155)这家阔着哩,扇屎都使纸擦腚。

(156)男人在暗地里怎么这么好,给女人的都是甜头。

小主题评论语也有很强的组合能力，与其他评论语、说明语等组成的结构类型有12种，共43例句子。其中，"小主题+能愿"型有12例，如：

（157）眼下什么都能买，就不能买房买地。

（158）春喜一股恼火上来，恨不得能扇这女人一个大耳光。

"小主题+领属"型有9例。如：

（159）孙怀清人事不省，身体也没多少热乎气。

（160）她干活儿看着和别人不一样，手、脚、身段都不多一个动作，都搭配得灵巧轻便。

除此以外，"带得+是认"型评论语结构也有8例之多，如：

（161）朱云雁整年忙得顾不上家，不是下乡蹲点就是上调学习。

"带得+小主题"型结构也有6例，如：

（162）她哭得上气不接下气，嘴里的话脏得不可入耳。

3.2.2 三段多功能评论语

三段多功能主题句共有89种结构类型，合98例，在系统中的所占比是2.91%。这类主题句的评论语结构类型多，而句数少，大多数结构只有一例句子为代表，重复最多的句数也只有2例，这些评论语结构有"描写+小主题+小主题"型，如："孙怀清的百货店房子沉暗，漆也掉了，青石台阶不知让谁偷走一级，拿回家垫猪槽或者盖兔窝去了。""描写+描写+小主题"型，如："这地方的黄土好啊，又细又软，天都遮黄了。""小主题+空范畴+复指"型，如："牯牛得的是狂食症，得赶紧杀，不然它会一直吃下去，吃到撑死。""领属+复指+说明"型，如："只有她一对眼睛没长成熟，还和七岁时一样，谁说话它们就朝谁瞪着，生坯子样儿。""被动+被动+小主题"型，如："地窖里箍了砖，抹了石灰，地也铺了砖。""说明+小主题+小主题"型，如："她一个寡妇，连男人帮把手都没有，偷偷拿拿不是顶正常的事？"

3.2.3 四段以上多功能评论语

《第九个寡妇》主题句系统中四段以上多功能主题句数量急剧下降，四段多功能主题句只有25种结构类型，每类仅1例，如"比较+比较+带得+小主题"型：

（163）十来个"老八"比她们男人皮要白些，白天歇着夜里出动的缘故，也不如她们男人硬朗，吃得太赖，饥饱不均。

"领属+领属+被动+复指"型：

（164）铁脑刚死的时候，她一边头发长，一边头发短，在街上给人指戳说成是"奸细媳妇"，她当街叫板。

"描写+描写+描写+小主题"型：

（165）他咋唬，爱摆谱，爱显能耐，一进了史屯的街就是妗子、大娘地打招呼。

"小主题+能愿+小主题+小主题"型：

（166）他咬出这一串人来没什么坏心眼，不过就想和他们结结伴，游街不孤单，罚款也有人一块心疼肉跳。

"领属+领属+领属+说明是认"型：

（167）二大牙齿掉得只剩上下八颗门牙，腮帮也就跌进了两边的空穴里，须发雪白，乍一看不是老人，是古人了。

"被动+空范畴+描写+空范畴"型：

（168）窗花在集市上摆了好久，没人买，太大了，咋贴呢？

五段多功能评论语结构有4例，如"名词性评论语+小主题+带得+比较+描写"型：

（169）葡萄才十二，孙家的饭尽她吃，吃得早早抽了条，不比铁脑姐姐玛瑙矮多少，只是单薄。

"带得+4领属"型：

（170）他长得随母亲，小眼小嘴很秀气，身材倒像头幼年骡子，体格没到架子先长出去了。

"描写+描写+有无+是认+小主题"型：

（171）这东西看着吓人，其实不难吃，可有营养，是海里捞上来的，提炼加工可不容易！

"4被动+领属"型：

（172）它的骨头都被人用斧子砸碎，熬成汤，再砸，再熬，最后连骨渣也不见了。

七段多功能评论语结构只有1例，为"2小主题+描写+4小主题"型：

（173）银脑从小就胆大神通大，豪饮豪赌，学书成学剑也成，打架不要命，杀人不眨眼。

四段以上多功能评论语结构数量少，证明现代汉语中大量句读段铺排、延展的现象已经比较少见，这与作者本人惜字如金的写作追求也有很大关系。

3.3 夹叙夹议评论语

《第九个寡妇》主题句系统中夹叙夹议主题句一共有856例，占主题句总数的25.46%，是系统中第二大类型，但与《红楼梦》同类主题句29.4%的所占比相比还是下降了3.94%。

3.3.1 双段夹叙夹议评论语

双段夹叙夹议评论语主题句共有32类，540例，占比16.06%，是此类主题句中最主要的结构类型。其中，先叙后评的结构类型有16种，句数307例；先评后叙的结构类型也是16类，但句数只有233例，证明双段夹叙夹议评论语结构中，先叙述后评论的表达方式较占优势。

先叙后评式结构中最引人注目的是"叙述+领属"型，共有84例，如：

（174）他同翻译说了两句话，眼睛盯着葡萄。

（175）葡萄没觉得太疼，就是牙齿不好使劲了。

其次是"叙述+小主题"型，共有61例，如：

（176）她撑着地站起来，来时的路忘得干干净净。

（177）她从来不拿什么主意，动作、脚步里全是主意。

再次是"叙述+能愿"型，共计59例，如：

（178）她应承过二大，就不能糟践二大的信任。

（179）只要把她这一阵的死心眼糊弄过去，就不会这么费气了。

先评后叙式评论语结构每一种类型都出现了相当数量的句子，其中句数最多的是"领属+叙述"型，共有50例，如：

（180）葡萄嘴巴抖了一下，也没说声谢谢。

（181）史修阳媳妇屁股也不痛了，母豹子似的横着一扑。

其次是"是认+叙述"型，有42例，如：

（182）人们先是一愣，然后全笑起来。

（183）她是当年土改工作队女队长保的大媒，嫁给了一个残疾的解放军转业军人。

"小主题+叙述"型结构也有41例，如：

（184）葡萄话都想好了，想了一整夜的软和话。

（185）他做事尽管是严丝密缝，也挡不住贼惦记他。

3.3.2 三段夹叙夹议评论语

《第九个寡妇》中三段夹叙夹议评论语主题句共有238例，占总数的7.08%，比《红楼梦》同类句数所占比下降了2.33%，说明三段式夹叙夹议的评论语结构在本系统中并非多产的形式。按照三段式不同评论语的组合方式，此类结构可分为六种形式，分别如下：

（一）"评-叙-评"型：共23类25例，其中"被动+叙述+是认"型共有2例，如：

（186）春喜<u>让</u>她说得羞恼透了，<u>跳起来</u>站在她面前，<u>成了</u>个赤条条的首长。

"描写+叙述+分述"型也是2例，如：

（187）陪同他的人都<u>很为难</u>，相互紧张地<u>看一眼</u>，<u>一个笑着</u>对他说事先没安排，怕孙先生不方便。

（二）"评-叙-叙"型：共15类48例，数量比其他结构方式增加了很多，说明这种先评后叙的类型更加多产。其中"是认+叙述+叙述"型有10例，如：

（188）但他<u>不是</u>十六七岁的春喜了，<u>懂了</u>点政治，<u>懂得</u>树立威信保持形象。

"领属+叙述+叙述"型共有9例，如：

（189）看来花狗<u>喉咙</u>粗，<u>咽一口</u>菜团子，就把鱼刺儿给杵下去了。

"小主题+叙述+叙述"型有8例，如：

（190）这个香港阔佬<u>名望</u>很大，帮着中国<u>做了</u>许多大买卖，给闹饥荒的中国<u>送过</u>成船成船的吃的。

（三）"评-评-叙"型：共22类34例，其中"领属+领属+叙述"型达到了8例，如：

（191）他浑身<u>作烧</u>发胀，<u>脸</u>还绷得紧，一口气把地委书记坚持要葡萄去省里参加劳模会的意思说了。

"描写+领属+叙述"型也有2例，如：

（192）她<u>太恼</u>了，所以<u>胳膊腿</u>没准头，都打在了地上。

（四）"叙-叙-评"型：共11类58例，数量也很集中，说明这类结构也很有表达优势。其中"叙述+叙述+领属"型结构数量最多，出现了21例之多，如："他不理她，只管撕下饼往嘴里填，吞咽的声音很大。"

"叙述+叙述+小主题"型有12例，如：

（193）他们从离洛城不远的一个小站下车，搭了一段骡车，剩下的三十来里，他俩摸着黑走。

（五）"叙-评-叙"型：共10类35例，数量最多的是"叙述+领属+叙述"型，共有21例，如：

（194）她这样想，头也没回，让她哭去。

"叙述+小主题+叙述"型有4例，如：

（195）她参加大会，鞋底子纳了一双又一双，也没弄懂为啥要炼恁多的钢。

（六）"叙-评-评"型：共24类38例，其中"叙述+领属+领属"型共有10例，如：

（196）她跳到床上，一只膝盖压在被子上，两手扯绳子。

"叙述+小主题+能愿"型也有2例，如：

（197）摸摸，路摸熟了，我就能往远处逛逛。

3.3.3 四段夹叙夹议评论语

四段夹叙夹议主题句评论语的组合方式共有13种，形成了45类结构形式，合计59例句子。结构形式随着句读段的增加而更加多样，但句子数量则开始减少了。句数较多的类型为"叙-叙-评-评"式，共有12例，其中"叙述+叙述+领属+领属"型达到了4例，如：

（198）他走近，蹲下，两手缩在袖口里，头歪来歪去地看这只鳖精。

"叙-叙-叙-评"式共有6例，其中"叙述+叙述+叙述+小主题"型有3例，如：

（199）他坐个板凳，把柴竖起来，一手握斧子往下劈，爷爷不劈空。

"叙-评-评-叙"式共有5例，其中"叙述+领属+领属+叙述"型也有3例，如：

（200）他一点儿一点儿上到坡上，手四处摸，鼻子用力吸气，摸到一个松果。

3.3.4 五段夹叙夹议评论语

《第九个寡妇》中五段夹叙夹议评论语主题句共有16例，分布在15种结构形式中，每一种形式都只有一种结构类型，其中，"叙-评-评-评-叙"式出现了2例，即"叙述+3领属+叙述"型，如：

（201）他们站在窨洞外，下巴颏向一边翘，一只耳朵高一只耳朵低，听着这件大丧事。

3.3.5 六段夹叙夹议评论语

六段夹叙夹议评论语的组合方式比之《红楼梦》的14种就少多了，仅有"叙-叙-叙-叙-评-评"式一种，为"4叙述+2领属"型：

（202）这样一想，老虎把当解放军时的看家本事拿出来了，侧起身，曲起一条腿，一个胳膊往前领路，一条腿飞快蹬地。

3.3.6 七段以上夹叙夹议评论语

七段夹叙夹议评论语主题句在本系统中有两类结构形式，分别为"叙-评-评-评-评-评-评"式和"叙-评-叙-评-评-评-评"式。前者有1例"叙述+小主题+带得+2领属+描写+小主题"型，如：

（203）他在外头听见了里头轻轻的"啪嗒"一声，敲门不再羞，敲得情急起来，手指头敲，巴掌拍，还呼哧呼哧，喘气老粗的。

后者有1例"叙述+关系句+叙述+2领属+2是认"型，如：

（204）花狗四年没见二大，叫了几声就成了吭唧，从磨棚里飞蹿出来，四只爪子劈里啪啦溅着泥水，舌头挂搭在嘴边上，又是抱二大的腿，又是拱他的背。

总体来看，《第九个寡妇》中夹叙夹议评论语的组合类型集中于双段式和三段式的主题句，而各段夹叙夹议主题句中，领属评论语的组合能力是最强的，它多次出现在句例最多的结构形式内，这说明领属评论语在本系统中是很受重用的一种功能，这也跟单功能领属评论主题句在数量上增幅较大的现象是相呼应的。

三、《第九个寡妇》主题句新类

1. 追加是认主题句

追加是认主题句是《第九个寡妇》中出现的是认主题句的新小类,共有11例。这类句子有一个共同点,即是认标记词"是"出现在句末,以"是不是?""是吧?""是不?"的形式表示疑问。如:"你偷的就是现大洋,苦找不着,<u>是不是</u>?""看我晒的柿饼比你们的甜<u>是吧</u>?""二大舍不得大侄儿砸锅去,<u>是不</u>?"这几例的共同点一是都属疑问句形式,二是谓词性成分"是"似乎都是从主题语后移到了句末。跟这类句式相关的研究包括倒装句、易位句、附加问句、反义疑问句等。

朱德熙先生在《语法讲义》中提到过倒装句,涉及不同成分的前置、后移,但不包括上述疑问句的这种现象[①]。与倒装句有着某种程度相似性的是易位句的概念,根据陆俭明的定义,相对固定的位置在口语里常常灵活地互易位置,这就是易位现象。他从结构角度分析了易位现象的不同类型,及语音停顿情况[②],其中也未涉及疑问句。张伯江、方梅的《汉语功能语法研究》一书中也采用了"易位"这一术语,提到易位现象还多出现于疑问句、祈使句等句类中。值得一提的是,他们从语用角度分析易位现象是"符合听话人心理认知过程的最合理的信息处理结构方式",是从

---

① 参见朱德熙《语法讲义》,商务印书馆,1982年,第221—223页。
② 陆俭明《汉语口语句法例的易位现象》,见陆俭明《现代汉语句法论》,商务印书馆,1993年,第2—25页。

简练原则出发、强化焦点的手段。因为"心理学的实验研究表明，最容易引起听话人注意的首先是句首成分，因此，对话语体里在有限的说话时间内把最重要的信息放在句首的处理方法，既是说话人直接的心理反应，也是引起听话人注意的便捷手段"[①]。这一观点跟朱德熙、陆俭明等学者的看法是一致的。陈建民则把这一现象称为"追加"，认为是说话人"说完了又想起的补充、注释或更正一类的话"[②]。

与我们的研究相关的还有邵敬敏在《现代汉语疑问句研究》一书中提出的"附加问"概念。所谓"附加问"，指的是附加在某个句子（S）后面的一种有特殊交际功能的疑问句。如"是不是""对不对""行不行""好不好"等"X不X"形式。它的语用意义是"就始发句S的内容征求对方的意见或希望对方予以证实"[③]。这令我们联想到英语里的反义疑问句。英语里所谓的反义疑问句也是由陈述句和附加在其后的疑问形式组成。这个附加成分是通过疑问形式对陈述句所说的内容来进行证实的，如陈述句为肯定，疑问形式则为否定；若陈述句为否定，疑问形式则为肯定。这一点上汉语是迥异于英语的。汉语中这类句式在《水浒传》《红楼梦》中都未曾出现，这是否跟现代汉语受欧化句式影响有关，暂时不作推论，可以肯定的是，我们语料库当中这类疑问句句末所附加的成分是固定的，都由判断词"是"的正反形式构成，采用肯定式或否定式，跟前面陈述句的肯定、否定形式没有关系。这些句末附加形式"是吧""是不""是不是"的共同点在于：形式固定，不能单独使用，都可以复位。这使它们有别于其他"X不X"的形式。比如：

---

① 张伯江、方梅《汉语功能语法研究》，江西教育出版社，1996年，第53页。
② 陈建民《汉语口语》，北京出版社，1984年，第210页。
③ 邵敬敏《现代汉语疑问句研究》，华东师范大学出版社，1996年，第123页。

(205) 大伙儿合起来做的主，是吧？→大伙儿是合起来做的主吧？
(206) 你知道我心思，是不是？→你是不是知道我心思？
(207) 二大舍不得大侄儿砸锅去，是不？→二大是舍不得大侄儿砸锅去不？

仔细考察以上例句，我们发现，附加疑问形式前的陈述句多为施事句，也有主题句，都是说话人心中已经确认的事实，追加一句"是吧"或"是不是"，目的在于肯定、确认、强调这一事实，同时表达某种讽刺、不满的情感色彩。说话者无须得到回答，也能确定这一事实，所以这类问句其实是假性问句，跟判断词"是"置于主题语或施事语后的是认主题句在功能、语义上并无本质区别，只因为其位置处于句末，看起来类似于一个追加补充的是认标记，因此，我们根据这一特征将这类带有"是"的句子归入是认主题句的细别新类——追加是认主题句。

2. "把字句"评论语主题句

"把字句"评论语主题句是本研究中新增的主题句类型，在《水浒传》中只有一例，如："前后得半年之上，史进把这十八般武艺，从新学得十分精熟。"在《红楼梦》中则出现在多功能主题句中，如："金氏听了这半日话，把方才在他嫂子家的那一团要向秦氏理论的盛气，早吓的都丢在爪洼国去了。"而到了现代汉语《第九个寡妇》中则演变为一种常见格式，达到了13例之多，如："孙家作坊的蜜三刀、开口笑、金丝糕的油甜香味把一个镇子的空气都弄得粘腻起来。"这类主题句的标记特征为评论语中含有"把……V+得"的固定结构。

学界对于"把字句"的研究突出地表现在句法和语义两个层面上。黎锦熙1924年出版的《新著国语文法》最早研究把字句，他认为"把"的作用是为了将动词之后的宾语提到动词之前,而这些"提前"的宾语通常是较为繁复的,由此从句法结构分析的角度首创了"提宾"一说。吕叔湘随后在《中国文法要略》(1942)和《把字用法的研究》(1948)中全面讨论了把字句的用法,指出"动词的处置意义,宾语的有定性,这些都是消极条件,只有这第三个条件——动词前后的成分——才具有积极的性质,才是近代汉语里发展这个把字句式的推动力"[①],可以说是涉及句法、语义和语用各个层面的综合性研究。与此同时,王力在《中国现代语法》(1943)中从语法意义的角度提出了把字句的"处置"说[②],此后"处置"说广为流行,成为把字句研究的核心内容之一。围绕对"处置"一说的理解,学者们提出了不同的看法,即如何理解"处置",除了"处置"以外是否还包括"致使""使动"等语义。20世纪50年代至今,把字句的研究更加丰富活跃,小到把字句宾语的指称性问题、把字句动词的范围、把字句的句式转换,大到把字句的来源、把字句的语境等,不断朝纵向与横向、静态与动态深入全面地发展。

从王力提出处置说以来,对把字句语义方面的研究并没有得到突破性的发展,"处置"一说固然无法解释所有把字句的含义,即便扩展出"使动、致使"等语义范畴来囊括把字句更多的特例,设立更多动词、宾语的使用条件,仍然覆盖不了无数的例外把字句。所以,单纯的语义研究,由于缺乏句法结构的依托,始终缺乏立足点,难以独立支撑把字句的理论、揭示把字句的真正内涵。由提宾说开始的把字句句法研究尽管成果丰硕,仍然难免西语句法框架先入为主之嫌:所谓"提宾",首先是认定了宾语应该是位

---

① 吕叔湘《汉语语法论文集》,商务印书馆,1984年,第182页。
② 参见王力《中国现代语法》,商务印书馆,2011年,第82—86页。

于动词之后的成分；所谓把字与其后名词性成分构成的"介宾结构"充当状语，或者充当把字后动补结构的主语，或者充当把字后小句主语等种种提法，都是在主谓宾这一基本框架的前提之下看待把字句。曹逢甫（1987）和薛凤生（1987）都是从话题角度研究把字句的，不同之处在于第一主题到底是把字句的主语，还是把字后的宾语。"话题"说对我们的研究有一定启发，只不过无论话题位于"把"字前还是"把"字后，在持"话题"说的研究者心目中，把字句中仍然存在话题之外的一个主语和一套与话题处在不同层面的主谓宾结构，而话题不过是一个语用的概念，并非我们功能句法理论所谓的主题。

我们认为，把字句的研究需将句法结构与语义结合起来，从功能角度看待把字句的意义。为此，我们将语料库中的把字句分为三类，第一类是叙述性强的把字句，如：

（208）我不曾有半些儿点污，如何<u>把我休了</u>？（《水浒传》）

（209）我没法儿，<u>把两枝珠花儿现拆了</u>给他。（《红楼梦》）

（210）再来看看，他两个胳膊已经<u>把她箍在怀里了</u>。（《第九个寡妇》）

这类把字句施事性较强，其功能倾向于叙述，我们将其划归到动句即施事句一类。第二类是含有"得"的把字句，其基本格式为"把+小主题语+带得评论语"，如《第九个寡妇》中的三例：

（211）七八个人<u>把兔子撵得直打跌</u>。

（212）葡萄<u>把这三个字咬得很痛</u>。

（213）水汽<u>把她脸缭得湿漉漉的</u>。

我们认为，这类把字句中的"把"更接近于一个话题标记，提示句中小主题语的位置，而"得"后的部分则是一个类似于带"得"的评论语，只不过"把"在句中的位置先于"得"，且具有明显的话题标记语特性，所以我们采用"把字句评论语主题句"的名称。具有标准格式的单功能把字句评论语主题句在《水浒传》中仅出现一例，另有一例出现在先评后叙的夹叙夹议主题句结构中；《红楼梦》没有出现单功能的把字句评论语主题句，仅有一例出现在先叙后评的夹叙夹议主题句结构中；到了《第九个寡妇》中，纯粹的把字句评论语主题句增至13例，而其他含把字句评论语的多功能主题句及夹叙夹议主题句也增至14条。我们由此推断，这一把字句评论语结构应该是在现代汉语中才普及起来的格式。本著作将其归入单功能的主题句新类型。

第三类是含有"把"与"的（得）"的半截句，如《第九个寡妇》中的两例：

（214）<u>把</u>你厉害的、威风<u>的</u>！

（215）<u>把</u>我稀罕<u>的</u>！

此两例其实是把字句的省略形式，"的"与"得"的作用相同，只因位于句尾，人们普遍接受以"的"而非"得"收尾的书写方式。"的"后的补语部分可以由听话者自行补充、领会。如上例（214）可以补充为："把你厉害的、威风的以为自己是谁！"例（215）可以补充为："把我稀罕的以为这官儿是个宝啊！"整个格式可用以表达埋怨、嘲讽、怜惜、嗔怪等主观情绪。这种半截句格式的把字句通常会在句首加上"看、瞧"，通行于现代汉语口语中，我们认为属于同一种类型。因为"看"在这里并无实意，只是一个虚化的话语标记，使全句语义具有更强的主观性。

四、小结

总体来说，《第九个寡妇》的主题句数量在其句子总数中的所占比是三部作品中最高的，主题句类型也是三部作品中最多的，达到了十七类。《水浒传》和《红楼梦》中均出现的新类——熟语评论语主题句和像似是认主题句在本系统中有不同程度的出现频率，前者量少，后者却有大幅上升。不仅如此，《第九个寡妇》中还新增了"把字句"评论语主题句和追加是认主题句这两个主题句新类。在多功能主题句中，多段评论语共现的组合最多达到七段，但以双段和三段多功能主题句数量为多，特别是双段多功能主题句数量高达400例，占本类主题句的四分之三强。而四段以上的多功能主题句总数则同样出现了断崖式骤减，七段多功能主题句仅有1例，说明双段、三段评论语组合的结构形式同样是《第九个寡妇》多功能主题句的常态。夹叙夹议主题句是《第九个寡妇》主题句系统中第二大类主题句，共有双段、三段、四段、五段、六段、七段等六种结构类型。其中五段以上夹叙夹议主题句数量开始出现急剧下滑，六段以上夹叙夹议组合形式仅有3例。可见，句读段数量在五个以上的超长主题句在现代汉语中不占优势，在主题句系统中的出现具有较大的偶然性。

五、《第九个寡妇》主题句系统列表

《第九个寡妇》主题句系统列表（总3362例，在11900条总句数中占比28.25%）

主题句类型		条数	占比（%）
一、单功能主题句1978例，占比58.83%			
1.1 是认主题句773例	1.1.1 等同是认	238	7.08
	1.1.2 说明是认	230	6.84
	1.1.3 强调是认	115	3.42
	1.1.4 事实是认	88	2.62

主题句类型		条数	占比（%）
1.1 是认主题句 773 例	1.1.5 描写是认	21	0.62
	1.1.6 像似是认	32	0.95
	1.1.7 追加是认	13	0.39
	1.1.8 目的是认	8	0.24
	1.1.9 原因是认	7	0.21
	1.1.10 双段是认功能主题句	19	0.57
	1.1.11 三段是认功能主题句	2	0.06
1.2 能愿主题句		334	9.93
1.3 描写主题句		172	5.12
1.4 领属评论主题句		123	3.66
1.5 空范畴评论主题句		110	3.27
1.6 小主题评论主题句		107	3.18
1.7 被动主题句		94	2.8
1.8 带"得"主题句		54	1.61
1.9 比较主题句		54	1.61
1.10 复指主题句		35	1.04
1.11 提事叙评主题句		28	0.83
1.12 分述评论主题句		27	0.8
1.13 "把字句"评论语主题句		13	0.39
1.14 致使主题句		4	0.12
1.15 熟语评论语主题句		1	0.03
1.16 单纯主题句 35 例	1.16.1 代词性评论主题句	11	0.33
	1.16.2 动词性评论主题句	12	0.36
	1.16.3 名词性评论主题句	12	0.36
1.17 句子形式评论语主题句 14 例	1.17.1 祈使句形式评论语	6	0.18
	1.17.2 存现句形式评论语	3	0.09
	1.17.3 关系句形式评论语	5	0.15

主题句类型	条数	占比（%）
二、多功能主题句528例，占比15.7%		
2.1 双段多功能主题句	400	11.9
2.2 三段多功能主题句	98	2.91
2.3 四段多功能主题句	25	0.74
2.4 五段多功能主题句	4	0.12
2.5 七段多功能主题句	1	0.03
三、夹叙夹议主题句856例，占比25.46%		
3.1 双段夹叙夹议主题句	540	16.06
3.2 三段夹叙夹议主题句	238	7.08
3.3 四段夹叙夹议主题句	59	1.75
3.4 五段夹叙夹议主题句	16	0.48
3.5 六段夹叙夹议主题句	1	0.03
3.6 七段夹叙夹议主题句	2	0.06

第七章 汉语主题句的历史发展

一、汉语主题句系统历史发展概况

前文全面考察了近代汉语至现代汉语三部作品的主题句情况，通过穷尽性专书语料分析，发现《水浒传》的主题句总数为1972条，《红楼梦》的主题句总数为2146条，《第九个寡妇》的主题句总数为3362条，在各自语料库11900条总句数中的所占比分别为16.57%、18.03%、和28.25%，主题句数量呈上升趋势是很明显的，尤其是从《红楼梦》到《第九个寡妇》，主题句总数增加了1216条，增幅达到了10.22%，大大超出了《水浒传》和《红楼梦》的所占比，比古代专书《左传》主题句20.67%的所占比也高出了7.58%。可见，主题句这一句型在现代汉语中得到了极大的发展。

从单功能主题句、多功能主题句、夹叙夹议主题句这三大类主题句的分布比例看，单功能主题句在《水浒传》与《第九个寡妇》两部作品中的占比较高，分别达到了58.11%和58.83%，《红楼梦》的单功能主题句占比相较最低，为57.41%，但也差距不大，均超过了半数，可以看出，单功能主题句在三部作品中均为最重要的主题句类型（见表1）。夹叙夹议主题句与多功能主题句的占比在三部作品中均分别处于第二和第三的位置，在《水浒传》中为17.65%和24.24%，《红楼梦》中为29.4%和13.19%，《第九个寡妇》中为15.7%和25.46%。从以上数据可以看出，夹叙夹议主题句与多功能主题句在《水浒传》与《第九个寡妇》中的分布比例较为接近，而《红楼梦》中这两类主题句的分布比例则有很大的倾斜，即夹叙夹议主题句的所占比远远高于多功能主题句，数量是后者的两倍多。这说明夹叙夹议主题句在《红楼梦》主题句系统中得到了充分的发展。

从单功能主题句的类型上看，《水浒传》出现了十六种，按照数量的多寡分别为是认主题句、描写主题句、能愿主题句、空范畴主题句、小主题评论主题句、带"得"主题句、复指主题句、被动主题句、提事叙评主题句、分述评论主题句、熟语评论语主题句（含非四字格形式和四字格形式两小类）、领属评论主题句、比较主题句、祈使句形式评论语主题句、"把字句"评论语主题句、单纯主题句（含动词性评论语、名词性评论语、动词性评论语三小类）等；而《红楼梦》的单功能主题句类型则为十五种，比《水浒传》少了句子形式评论语主题句和"把字句"评论语主题句两种类型，而多了一类致使主题句；《第九个寡妇》的单功能主题句不仅包含了《水浒传》的全部类型，还增加了一类《红楼梦》特有的致使主题句，这样一来，其类型数量就达到了十七种，是三部作品中最为全面的。

表1　三部作品各类单功能主题句数量的对比情况

单功能主题句类型	《水浒传》	《红楼梦》	《第九个寡妇》
是认主题句	428	512	773
能愿主题句	132	106	334
描写主题句	141	186	172
空范畴主题句	91	140	110
小主题评论主题句	64	68	107
带"得"主题句	42	27	54

单功能主题句类型	《水浒传》	《红楼梦》	《第九个寡妇》
复指主题句	37	28	35
被动主题句	36	18	94
提事叙评主题句	27	14	28
分述评论主题句	26	24	27
熟语评论语主题句	35	6	1
领属评论主题句	15	18	123
比较主题句	12	34	54
句子形式评论语主题句	3	0	14
"把字句"评论语主题句	1	0	13
致使主题句	0	1	4
单纯主题句	56	50	35

多功能主题句在三部作品中的数量和占比不一致，但结构方式基本是一致的，即都包含双段式、三段式、四段式、五段式等常见组合结构（见表2），其中，以双段评论语或评论语与说明语、描写语、存在语之间的组合为最普遍的形式。在《水浒传》中，这样的主题句共有246例；《红楼梦》的同类主题句数量最少，为195例；现代汉语《第九个寡妇》的同类主题句数量则最多，达到了400例。三段多功能评论语或评论语与说明语等交织组合的结构类型也比较多见，《水浒传》共有74例，《红楼梦》有64例，《第九个寡妇》则有98例。四段多功能主题句数量开始呈下降趋势，但在三部作品中都有不同程度的分布，《水浒传》有24例，《红楼梦》有15例，《第九个寡妇》有25例。五段多功能主题句的数量呈大幅下降趋势，在《水浒传》中为2例，《红楼梦》为5例，《第九个寡妇》为4例。五段以上的多功能主题句在三部作品中的分布情况有较大差异，《水浒传》有六段和八段多功能主题句各1例；《红楼梦》则有六段和七段多功能主题句各2例；而《第九个寡妇》

只有七段多功能主题句1例。这说明近代汉语中五段以上超长评论语主题句还是有少量分布的,而现代汉语因为欧化及使用标点符号等原因,作者往往有意识地控制句子长度,以句号分割句界,这些客观与主观因素的介入,直接导致超长评论语段的多功能主题句在《第九个寡妇》中的流失。

表2 三部作品多功能主题句在各段式分布数量的对比情况

	双段	三段	四段	五段	六段	七段	八段
《水浒传》	247	74	24	1	1	0	1
《红楼梦》	195	64	15	5	2	2	0
《第九个寡妇》	400	98	25	4	0	1	0

夹叙夹议主题句在三部作品中都是仅次于单功能主题句的第二大类型,但数量分布与所占比例存在不同程度的差异,《水浒传》共有478例,占比24.24%;《红楼梦》共计631例,占比29.4%;《第九个寡妇》共有856例,占比为25.46%。三部作品的夹叙夹议主题句主要的结构类型从双段式直到七段式都有不同程度的分布:《水浒传》双段夹叙夹议主题句数量为220例,《红楼梦》则为260例,《第九个寡妇》中双段夹叙夹议主题句数量最为突出,有540例之多;三段式夹叙夹议主题句数量也不少,《水浒传》有148例,《红楼梦》有202例,《第九个寡妇》有238例;四段式夹叙夹议主题句数量在三部作品中均呈下降趋势,《水浒传》为70例,《红楼梦》为91例,《第九个寡妇》最低,只有59例;五段式夹叙夹议主题句总数更少,《水浒传》为22例,《红楼梦》最多,有49例,《第九个寡妇》只有16例;六段和七段的夹叙夹议主题句在三部作品中的分布更不均衡了,在《水浒传》中分别为15例和2例,在《红楼梦》中分别为17例和5例,而《第九个寡妇》这两类主题句的数量最低,分别为1例和2例。八段以上夹叙夹议主题句只在一部

近代汉语作品中有少量分布,《水浒传》没有一例八段夹叙夹议主题句,而《红楼梦》除了有5例八段夹叙夹议主题句以外,还有九段和十一段夹叙夹议主题句各1例。夹叙夹议主题句的分布情况同样说明,至少在语料库涉及的三部作品中,在语言表达的繁复程度上,现代汉语是不及近代汉语的(见表3)。

表3　三部作品夹叙夹议主题句在各段式分布数量的对比情况

	双段	三段	四段	五段	六段	七段	八段	九段	十一段
《水浒传》	220	148	70	22	15	3	0	0	0
《红楼梦》	260	202	91	49	17	5	5	1	1
《第九个寡妇》	540	238	59	16	1	2	0	0	0

二、汉语主题句不同类型的历史发展轨迹

单功能主题句的类型与数量是专书主题句发展面貌最直接的反映。本节我们将就语料库所出现的十七类单功能主题句类型一一进行梳理,从而发现不同类型的主题句从14世纪至18世纪,再到21世纪的历史发展轨迹。

1. 是认主题句

是认主题句在三部作品中都是数量最为庞大的主题句类型,在三部作品中的分布比例均是单功能主题句之最(见表4)。不仅如此,是认主题句的细别小类也是最多的,且在三部作品中均有呈现。其中等同是认、说明是认、事实是认、强调是认和描写是认等五种类型属是认主题句中的"大类";而原因是认、表态是认、目的是认、肯定是认属"小类",但在三部作品中均有不同程度的分布;双段是认功能主题句也从《水浒传》的4例发展到了《红楼梦》

的28例，在《第九个寡妇》中也达到了19例。三段是认功能主题句《水浒传》中有2例，《第九个寡妇》也出现了2例。是认功能主题句的庞大阵容和类型众多的现象充分说明，对人或事物的身份、性质、状况等进行多角度确认或判断，是汉语诸多评论功能中最重要的一种。值得一提的是，我们还在语料库中发现了两种是认主题句的新小类：像似是认主题句和追加是认主题句。

像似是认主题句是《水浒传》中出现的新小类，共有4例，在《红楼梦》里发展为9例，到了现代汉语中，随着比喻这一修辞手法的广泛运用，《第九个寡妇》的像似是认主题句数量达到了32例。其功能标记形式由《水浒传》中常见的"似；好似；如……；……一般"，演变为《红楼梦》的"如……一般；……一样/一般；如；象；似；好似"等，在《第九个寡妇》中则以"像；好像；和……似的"等为常态标志。如：

（1）公人见钱，<u>如蝇子见血</u>。（《水浒传》）
（2）登时园内<u>乱麻一般</u>。（《红楼梦》）
（3）他垂下眼皮时，<u>就像一尊佛</u>。（《第九个寡妇》）

追加是认是《第九个寡妇》中出现的新类，以句末追加"是不是""是不""是吧"为常态标志，其类共有13例，规模不容小视。

表4 三部作品是认主题句句数与占比对比情况

三部作品	《水浒传》		《红楼梦》		《第九个寡妇》	
	句数	占比	句数	占比	句数	占比
是认主题句	428	21.7%	512	23.86%	733	21.7%

2. 能愿主题句

能愿主题句也是多功能主题句中的一个重要类型，但其在三部作品中的发展并不均衡：在《水浒传》中数量位列第三，共有

132条；在《红楼梦》中的数量退居第四，只有104例；到了《第九个寡妇》中则又猛增至334例，成为其主题句系统中的第二大主题句类型（见表5）。能愿主题句以单段为主，同时也有双段甚至三段的结构形式。《水浒传》中有双段能愿主题句8例；《红楼梦》有双段式能愿主题句4例，还有2例三段式能愿主题句；《第九个寡妇》有双段能愿主题句14例，三段能愿主题句1例。

表示能愿功能的标记词较为稳定，近代汉语与现代汉语差别不大，主要有"敢、肯、要、会、能、可以、应、该、应该"等。有一些能愿标志，如《水浒传》的"当、愿、须、何须"等，《红楼梦》的"意欲、须得"等，现代汉语《第九个寡妇》的"别、想"等都是较有时代特点的能愿标志。例如：

（4）你打华州，<u>须</u>从这条路去。(《水浒传》)

（5）他<u>意欲</u>卷了两家的银子，<u>再</u>逃往他省。(《红楼梦》)

（6）<u>别</u>把病给你了。(《第九个寡妇》)

表5　三部作品能愿主题句句数与占比对比情况

三部作品	《水浒传》		《红楼梦》		《第九个寡妇》	
	句数	占比	句数	占比	句数	占比
能愿主题句	132	6.69%	104	4.85%	334	9.93%

3. 描写主题句

描写主题句是三部作品中最重要的主题句类型之一，在《水浒传》中数量位居第二，有141条；在《红楼梦》中的数量也是位居第二，共有186条；《第九个寡妇》中的描写主题句位居第三，共172例（见表6）。这说明对人或事物性状进行描写性评论是汉语主题句的重要功能。除了单段式描写主题句，三部作品都有双段式的描写结构类型，而《红楼梦》和《第九个寡妇》的描写评论语还出现了三段式。

描写主题句没有特定的功能标志，由于是对主题语的状态、性质进行判断的句子，而动词、形容词、熟语、词组等都可以对主题语进行描写性或叙述性的评论，因此这类主题句的范围较广，对其功能性质的判断也须充分考虑到评论语成分的形式、语义等多方面的内容。

经常用作描写语的多为形容词，如：

（7）什么丸药这么好闻？（《红楼梦》）

主题语有时候会比较长，如：

（8）我且和夫人厮见了，却来吃酒未迟。（《水浒传》）

评论语带有"这么、有点、真"等，使其后成分即使是动词，也具有了描写性评论的特点，如：

（9）自由恋爱的人可真懂。（《第九个寡妇》）

评论语为成语、四字词组等固定语或习语，如：

（10）宝兄弟，你忒婆婆妈妈的了。（《红楼梦》）

（11）你那嘴，老不饶人呀。（《第九个寡妇》）

表6　三部作品描写主题句句数与占比对比情况

三部作品	《水浒传》		《红楼梦》		《第九个寡妇》	
描写主题句	句数	占比	句数	占比	句数	占比
	141	7.15%	186	8.67%	172	5.12%

4. 领属评论主题句

领属评论主题句是一类有着明显发展轨迹的主题句类型，在《水浒传》中仅有15例，《红楼梦》也只有18例，在《第九个寡妇》中则一跃而成为第四大主题句类型，达到了123例（见表7）。《水浒传》的领属评论主题句数量虽少，却也有双段甚至四段的结构。

《红楼梦》的领属评论主题句甚至有六段之多的。两部近代汉语作品中的领属评论主题句大多句读段短，表达简洁。它们最大的特点在于，语义核本在句首主题语身上，但随着主题语领属成分的展开，语义核心也随之右移，并延伸至其后的评论语成分上了。所以，领属评论主题句的结构核与语义核都存在右移的趋势。由此可见，领属评论主题句具有很强的延伸性，随着主题语的领属成分数量的增加，评论语段也可以不断延展。

现代汉语《第九个寡妇》的领属评论主题句呈现出突增之势，不仅单功能主题句数量激增，就连领属评论语与其他评论语、说明语、描写语、叙述语组合的结构类型也有大幅度增加，从某种程度上表明了作者对这一评论功能的表现形式的倚重。

表7　三部作品领属评论主题句句数与占比对比情况

三部作品	《水浒传》		《红楼梦》		《第九个寡妇》	
领属评论主题句	句数	占比	句数	占比	句数	占比
	15	0.76%	18	0.84%	123	3.66%

5. 空范畴评论主题句

空范畴评论主题句也是汉语主题句中数量较大的类型，在三部作品中均有较为广泛的分布，《水浒传》共91例，《红楼梦》共有140例，《第九个寡妇》共有110例（见表8）。三部作品的空范畴主题句不仅数量多，且单段、双段、三段的空范畴评论结构都有呈现。

空范畴评论主题句在近代汉语中发展比较成熟，其结构特点一直延续到现代汉语中，而没有太大的变化。比如，这类主题句通常能够包容一个超长的主题语，而评论语则很简洁，往往一言以蔽之，形成一个网收式的结构，如：

（12）<u>又一个盘子，托出一斗白米，米上放着十贯钱</u>，都一发

将出来。(《水浒传》)

（13）余者锦乡伯公子韩奇，神武将军公子冯紫英，陈也俊，卫若兰等诸王孙公子，不可枚数。(《红楼梦》)

（14）什么"孩子你何苦哩？为我这么受症"之类的话，说了也没用。(《第九个寡妇》)

据申小龙的统计，古代汉语《左转》中的移位主题句（即本研究中所谓的空范畴评论主题句）达到了355条，现代汉语中篇小说《井》的同类主题句也高达80例，这说明空范畴评论主题句自古以来就是一种成熟的句子类型，它的基础位置就在句首，而非评论语中的某个成分如宾语真正移动到了句首，正是这一点使得它与宾语未发生所谓"移位"的施事句成为了两种不同类型的句子，前者是评论性的名句，后者则是叙述性的动句。

表8　三部作品空范畴评论主题句句数与占比对比情况

三部作品	《水浒传》		《红楼梦》		《第九个寡妇》	
空范畴评论主题句	句数	占比	句数	占比	句数	占比
	91	4.61%	140	6.52%	110	3.27%

6. 被动主题句

被动主题句在三部作品中显示了一个发展的轨迹。它在两部近代汉语中的数量不是很大，《水浒传》为36条，《红楼梦》仅有18例，而到了现代汉语《第九个寡妇》中则达到了94例（见表9）。

被动主题句最引人注目的是它的标记形式。申小龙认为被动句的概念来自西方语法，汉语中并没有严格意义上的形式标记，被动意义在汉语中是借助主题句的形式来表达的[①]。因此，典型的

[①] 参看申小龙《中国句型文化》，东北师范大学出版社，1988年，第387—388页。

汉语被动主题句应该是凭借语义上的受动关系来评论主题语的一种句式格式。

从我们考察的三部作品情况来看，《水浒传》中三分之二的被动主题句是无形式标志的，只有13例是由"被"和"吃"充任功能标志的。这说明，至少在《水浒传》成书年代，"被"字并不是被动句的典型标志。而《红楼梦》的18例被动主题句中，也仅有5例具有被动标志，主要表现为口语中的"叫、被"和文言中的"由、遭、见"等。但现代汉语《第九个寡妇》中的被动标志却发生了较大变化，无标记被动主题句由原来的多数变成了少数，仅为24例，占其94例被动句总数的近四分之一。说明欧化句式对现代汉语被动式结构的影响呈现上升趋势。

表9　三部作品被动主题句句数与占比对比情况

三部作品	《水浒传》		《红楼梦》		《第九个寡妇》	
被动主题句	句数	占比	句数	占比	句数	占比
	36	1.83%	18	0.84%	94	2.8%

7. 带"得"主题句

带"得"主题句数量在《水浒传》主题句系统中有42条，《红楼梦》下降为27例，《第九个寡妇》中为54例（见表10）。从数据上看，带"得"主题句在三部作品中的发展情况比较稳定，没有太大的起伏。这主要是因为带"得"主题句的标志比较单一，结构也比较稳定。三部作品的带"得"主题句基本上都呈现为"动词性或形容词性成分+得/的+二次评论语"的结构。

带"得"主题句一般都隐含一个形容词或动词构成的述谓性评论语，"得"后的评论语其实是对这个述谓性成分的二次评论，同样具有述谓性。在近代汉语中，带"得"的述谓性成分大多比较简短，如《水浒传》："说得是"、"使得好"、"学得十分精熟"；《红楼梦》："你来的好"、"说得有理"、"他回答的最妙"。较长的带"得"评论语仅有《水浒传》的两例，都为评论人的外貌：

（15）当中坐着一个胖和尚，<u>生得眉如漆刷，脸似黑墨，肐搭的一身横肉</u>。

（16）（吴用）<u>生得眉清目秀，面白须长</u>。

这说明带"得"主题句的二次评论语的语义指向以带"得"的小主题语居多。而《第九个寡妇》中带"得"主题句的结构有所变化，一是带"得"主题句的二次评论语变长了，如：

（17）难怪她头一次上秋千就<u>荡得和魏老婆儿一样疯</u>。

（18）她在晃动的火光里笑得像个陌生人，像个野人。

二是出现了少量不带"得"字标志的带"得"主题句，如：

（19）葡萄咋<u>学恁野蛮</u>？

（20）看这货，趴地上窜恁快！

上两例中的动词"学"与"窜"后面实际省略了一个"得"；而以下两例则省略的是"得"后的二次评论语：

（21）瞧你笑得！

（22）下地累得呗。

表10　三部作品带"得"主题句句数与占比对比情况

三部作品	《水浒传》		《红楼梦》		《第九个寡妇》	
	句数	占比	句数	占比	句数	占比
带"得"主题句	42	2.13%	27	1.26%	54	1.61%

8. 比较主题句

比较主题句在三部作品中呈稳步发展趋势，《水浒传》中有

12例,《红楼梦》有34例,《第九个寡妇》是54例(见表11)。三部作品的比较主题句最大的区别表现为功能标志的差异。《水浒传》中比较主题句的形式标记多为"不如、不及、不比、不若、强似、比不得"等,多为否定形式。无标记的比较句有两例,如:

(23)长奴三岁

(24)小人痴长(你)五岁。

《红楼梦》比较主题句的标志多为"比、比得、有、莫若、不如、不及、不比、不及、和……一样"等,多数已沿用至今。无标记的比较主题句也有两例,是直接使用具有比较语义的形容词"多"的形式:

(25)老太太的<u>多</u>着一个香如意,一个玛瑙枕。

(26)太太、老爷、姨太太的只<u>多</u>着一个如意。

《第九个寡妇》中比较主题句常见的功能标志主要有"比、和……一样、(和)……不一样/差不多、不如"等。其中有3例是以具有比较意的动词来承担比较功能的,如:

(27)我现在说啥都<u>不顶</u>你们放个屁。

(28)<u>赶上</u>你硬?

(29)啥也<u>不胜</u>活着。

表11 三部作品比较主题句句数与占比对比情况

三部作品	《水浒传》		《红楼梦》		《第九个寡妇》	
	句数	占比	句数	占比	句数	占比
比较主题句	12	0.61%	34	1.58%	54	1.61%

9. 复指主题句

复指主题句在三部作品中的数量比较均衡,《水浒传》中有37例,《红楼梦》有28例,《第九个寡妇》为35例(见表12)。

三部作品中复指主题句的复指代词因时代不同而形式上有所差异,《水浒传》常用的复指代词主要有"他、之、此、这、这个、那里"等;《红楼梦》常用的复指代词包括"其、是、他、此、这、那、之"等,其中"其、是"等代词具有文言性质,与作品所描写的内容有关;《第九个寡妇》常用的复指代词都为现代汉语中的普通代词,如"这、那、他、她、他们"等。

复指主题句的评论语中都有一个代词用以指代句首主题语,这个代词的位置有的处在评论语句首,充当评论语成分的主脑,如:"外头屋里桌子上汝窑盘子架儿底下放着一卷银子,<u>那</u>是一百六十两,给绣匠的工价。"有的处于评论语的宾语位置,如:"有<u>些</u>不肯去的庄客,赍发<u>他些</u>钱物,从<u>他</u>去投别主。"这些代词所出现的位置为宾语成分所在位置的复指主题句在《水浒传》中有15例,而在《红楼梦》中则下降为8例,到了《第九个寡妇》中同类句子数量更下降为6例。说明现代汉语更倾向于以复指成分充当评论语主脑,从而便于在句首安排一个长句形式充当主题语,以使句子结构清晰,而主题语更加凸显。

表12 三部作品复指主题句句数与占比对比情况

三部作品	《水浒传》		《红楼梦》		《第九个寡妇》	
	句数	占比	句数	占比	句数	占比
复指主题句	37	1.88%	28	1.3%	35	1.04%

10. 提事叙评主题句

提事叙评主题句在主题句系统中属于小类,在《水浒传》中为27例,《红楼梦》里仅14例,《第九个寡妇》为28例(见表13)。提事叙评主题句数量虽然不多,但有一定规律,即其后的评论语常常以叙述性评论语为主。如:

(30)偌大去处,终不成官司禁打鱼鲜?(《水浒传》)

(31)下剩的,我写个欠银子文契给你。(《红楼梦》)

(32)连两个月前圆房,他都没好气给她。(《第九个寡妇》)

提事叙评主题语前使用提示性成分的并不多见,《水浒传》中仅3例,《红楼梦》中只有2例,《第九个寡妇》中也只有5例。提示性成分主要为"若论、但凡、但、就连、连"等关联词,可见提事主题句是汉语名句的一种基本格式,有无"若论、但凡"等提示语,并不影响这类主题句的基础。

提事叙评主题句的主题语与评论语之间没有逻辑关系,二者之间的联系完全建立在高语境之下的意合,典型的句子如:"多的银子,明日又来吃。""觉悟觉悟,给记工分吗?"这类句子的"理解机制主要是词语意义相互映衬而引发的一种'意合'作用"[①],正是这种高度意合性使得汉语的句子表达言简意赅,行文辞约意丰。现代汉语受西方语言影响,结构日趋严密精细,却逐渐丧失了具有汉语特点的语言表达方式。

表13 三部作品提事叙评主题句句数与占比对比情况

三部作品	《水浒传》		《红楼梦》		《第九个寡妇》	
提事叙评主题句	句数	占比	句数	占比	句数	占比
	27	1.37%	14	0.65%	28	0.83%

11. 分述评论主题句

分述评论主题句也属小类,《水浒传》有36例,《红楼梦》下降为24例,《第九个寡妇》仅27例(见表14)。分述评论主题句的主题语以人物为主,有着比较标准的结构和表达模式。常用结

---

① 参看申小龙《中国句型文化》,第5页。

构标志有"有的……有的……；者……，者……；没一个；……个个；……谁；哪一个；你……我……"等，如：

（33）那伙强人，<u>为头的</u>是个秀才，落科举子，唤做白衣秀士王伦。(《水浒传》)

（34）这些小子们，<u>那一个</u>派不得？(《红楼梦》)

（35）他们中<u>没一个人</u>有缝纫机、手表可献。(《第九个寡妇》)

分述评论主题句每一个主题语"分支"都与评论语重合，也就是说，分述评论主题句的结构核与语义核往往从评论语的第一个句读段开始就部分地重叠了，所以我们称这类主题句为分述评论主题句，这不仅是立足于功能的考量，也与此类句子的结构相关甚深。

表14　三部作品分述评论主题句句数与占比对比情况

三部作品	《水浒传》		《红楼梦》		《第九个寡妇》	
分述评论主题句	句数	占比	句数	占比	句数	占比
	36	1.32%	24	1.12%	27	0.8%

12."把字句"评论语主题句

"把字句"评论语主题句是《水浒传》主题句系统中出现的新类，虽然只有1例，但却是不能忽视的类别，因为这一类型在现代汉语中已经比较普遍了。虽然它们没有出现在《红楼梦》主题句系统中，但并未绝迹，而是作为评论语与其他评论语或叙述语、说明语等交织组合成了多功能评论结构，发挥着把字句的评论功能。这一类型的显著变化是，在《第九个寡妇》中的数量达到了13例，显示出"把字句"评论语主题句在现代汉语中呈现出一定的发展态势（见表15）。

表15　三部作品"把字句"评论语主题句句数与占比对比情况

三部作品	《水浒传》		《红楼梦》		《第九个寡妇》	
"把字句"评论语主题句	句数	占比	句数	占比	句数	占比
	1	0.05%	0	0	13	0.39%

13. 熟语评论语主题句

熟语评论语主题句也是《水浒传》中出现的主题句新类,包括非四字格形式和四字格形式两小类,数量达到了35例之多,但在《红楼梦》中这一新类仅出现了6例,而《第九个寡妇》中的熟语评论语主题句数量更少,仅有1例(见表16)。

熟语评论语主题句中的熟语成分既可以充当评论语,也可以充当说明语、描写语等,极大程度地体现了汉语句子的独特性。对这类以熟语成分充当评论语的主题句的分析,将有助于我们更好地把握近、现代汉语主题句的独特风貌。

表16　三部作品熟语评论语主题句句数与占比对比情况

三部作品	《水浒传》		《红楼梦》		《第九个寡妇》	
熟语评论语主题句	句数	占比	句数	占比	句数	占比
	35	1.77%	6	0.28%	1	0.03%

14. 致使主题句

致使主题句本是小类,《水浒传》中不曾出现,在《红楼梦》里也仅出现1例。尽管只有1例,也是对穷尽性专书句型面貌的全面描写,不能忽视。《第九个寡妇》中的致使主题句数量为4例,有一定程度的发展(见表17)。

表17　三部作品致使主题句句数与占比对比情况

三部作品	《水浒传》		《红楼梦》		《第九个寡妇》	
	句数	占比	句数	占比	句数	占比
致使主题句	0	0	1	0.05%	4	0.12%

15. 小主题评论主题句

小主题评论主题句的数量在三部作品中保持着一定高位，并呈现较为稳定的态势，《水浒传》中共有64条，《红楼梦》共有68条，《第九个寡妇》系统中达到107例，在三部作品中的所占比非常接近（见表18）。

表18　三部作品小主题评论主题句句数与占比对比情况

三部作品	《水浒传》		《红楼梦》		《第九个寡妇》	
	句数	占比	句数	占比	句数	占比
小主题评论主题句	64	3.25%	68	3.17%	107	3.18%

16. 单纯主题句

单纯主题句包含名词性、动词性、代词性成分充当评论语的主题句。《水浒传》中单纯主题句合计56条，包含了上述三小类主题句；《红楼梦》的单纯主题句也含有三个小类，共计50例；《第九个寡妇》的三小类单纯主题句合计35例（见表19）。

在传统的语法观念看来，词语的不同词性决定了它们与主谓宾定状补等句子结构成分是相对应的，名词、代词只能充当主语、宾语，动词只能是述谓性成分,怎么能够超越"身份",充当其他"角色"？其实只要正视汉语语言事实的研究者都应该充分认识到，汉语的名词可以具有述谓性功能，动词也可以具有体词性特点。"整个主题句系统的分析都是建立在破除以词性定结构功能的西方句法观上,注重从整体表达功能而不是从结构性质上认定成分的价值。"① 我们正是以建立在功能基础上的眼光来看待名词、动词、代词等成分在主题句中的作用的。

1.6.1 名词性评论语主题句

《水浒传》中以名词性成分充当评论语的主题句有8例,《红楼梦》增加到了13例,《第九个寡妇》则为12例,数量相对平稳。该主题句的名词性评论语前一般都附着有状语,或句尾包含语气成分,如:"丈夫,你如何今日这般嘴脸?""他还不还,管谁什么相干?""这还模范呢?"

1.6.2 动词性评论语主题句

动词性成分充当评论语的情况在《水浒传》中并不罕见,共有22例,《红楼梦》中下降到15例,《第九个寡妇》中继续呈下降趋势,只有12例。动词性成分本身具有述谓性,一旦进入名句中,加上了副词性状语成分或语气成分,就具有了主观情感,变成了对主题语的评论,而不再是叙述事件了。

1.6.3 代词性评论语主题句

《水浒传》中代词性成分充当评论语的主题句共计26例,《红楼梦》有22例,《第九个寡妇》也有11例。代词性成分从《水浒传》的"如何、若何",演变为《水浒传》的"怎么样、怎么了、何如",到了《第九个寡妇》中,则以"咋着、怎么了、咋样、咋的"等具有北方方言特色的疑问词作为常用代词性评论语,代表的同为事物未知的性状、情况,期待的答复也是带有评论性的。

---

① 申小龙《中国句型文化》,第403页。

表19　三部作品单纯主题句各小类句数与占比对比情况

三部作品	《水浒传》		《红楼梦》		《第九个寡妇》	
	句数	占比	句数	占比	句数	占比
名词性评论语主题句	8	0.41%	13	0.61%	12	0.36%
动词性评论语主题句	22	1.12%	15	0.7%	12	0.36%
代词性评论语主题句	26	1.32%	22	1.03%	11	0.33%
单纯主题句总数	56	2.84%	50	2.33%	35	1.04%

17. 句子形式评论语主题句

把句子形式看作评论语并非我们的独创，王力和吕叔湘两位先生都认为句子形式可以充当谓语成分，但又进行了一定的限制，认为其必须是合乎习惯的，因而将句子形式构成的谓语限制在很小的范围内，如"他肚子饿了"，"他胆子小"[①]。两位先生在对汉语句子形式整体功能的接纳度和宽容度上的确有些"胆子小"，如果突破以传统语法观看待主语谓语的视野，从功能上整体把握汉语句子的各类成分，我们就能获得一种崭新的认识，句子形式充当主题句评论语就是这样一种基于功能视角的判断。以句子形式充当主题句评论语的现象早在《左传》的主题句系统中就已经出现，在近代汉语与现代汉语主题句中其实也并非罕见，它使主题句更加复杂化，同时也大力拓展了主题句的伸展空间，使得汉语句子的弹力和张力得到更充分的发挥。

《水浒传》主题句系统中有少量祈使句形式充当评论语的主题句，共计3例；在《第九个寡妇》中，出现了祈使句形式、存现句形式、关系句形式充当评论语的主题句，分别为6例、3例和5例，合计14例（见表20）。

[①]　参见吕叔湘《中国文法要略》第56页及王力《中国现代语法》第44页。

表20 三部作品句子形式评论语主题句句数与占比对比情况

三部作品	《水浒传》		《红楼梦》		《第九个寡妇》	
	句数	占比	句数	占比	句数	占比
祈使句形式评论语主题句	3	0.15%	0	0%	6	0.18%
存现句形式评论语主题句	0	0%	0	0%	3	0.09%
关系句形式评论语主题句	0	0%	0	0%	5	0.15%
句子形式评论语主题句总数	3	0.15%	0	0%	14	0.42%

三、三部作品主题句的历史发展规律总结

1. 单功能主题句的历史发展规律

我们将在本节通过曲线图的数值变化来直观分析各种类型主题句的历史发展规律。

1.1 长盛不衰的主题句类型——是认主题句

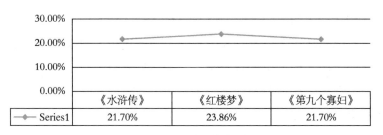

图1 是认主题句曲线图

从图1的曲线变化图可以看出，在从近代到现代的汉语主题句发展过程中，是认主题句数量始终保持高位，在三部作品中所占百分比均超过20%，不仅出现频率高，且数量始终保持稳定态势。我们认为，这跟"是认"主题句结构的稳定性不无关联。试比较几组在三部作品中占比较高的是认主题句小类的结构。

（一）等同是认主题句,以下3例都是对主题语身份的确认、判断:

（36）你那厮便<u>是</u>都军教头王升的儿子？（《水浒传》）

（37）他<u>是</u>东胡同子里璜大奶奶的侄儿。（《红楼梦》）

（38）孙芙蓉<u>是</u>孙克贤的孙女。（《第九个寡妇》）

（二）说明是认主题句,以下3例有着同样的结构"不是……,是……",都是说明并确认情况的:

（39）师父非是凡人,<u>正是</u>真罗汉！（《水浒传》）

（40）（丫鬟）——<u>不是</u>别个,<u>却是</u>袭人。（《红楼梦》）

（41）葡萄<u>不是</u>不敢回头,<u>是</u>怕一回头吓住他。（《第九个寡妇》）

（三）强调是认主题句,以下3例都是强调并确认主题语的归属,均包含"是……的"结构:

（42）这葫芦<u>是</u>草料场老军<u>的</u>。（《水浒传》）

（43）粤、闽、滇、浙所有的洋船货物<u>都是</u>我们家<u>的</u>。（《红楼梦》）

（44）兔子<u>是</u>史六妗子家<u>的</u>。（《第九个寡妇》）

对比上述三组例句,我们发现,虽然跨越了七百年之久,是认主题句的一些基本结构方式与相应功能并未发生变化,加上确认身份、判断属性是人物之间交际的一种重要功能,在人物关系复杂的文学作品中频繁使用,应该是语言表达中很普遍的现象。这可谓是认主题句在近现代文学作品中久盛不衰的重要因素。

1.2 最为稳定的主题句类型——小主题评论主题句

从图2的曲线图可以看出,三部作品的小主题评论主题句所占比惊人地接近,其变化曲线几乎呈水平状,平稳度极高。小主题评论主题句反映的正是美国语言学家霍凯特所说的"汉语套盒"现象:"说明部分有许多本身又由话题和说明两部分构成,所以汉

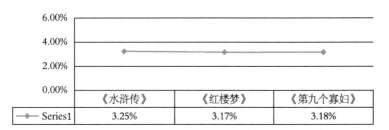

图2　小主题评论主题句曲线图

语的句子可以像中国的套盒那样在主谓式里面包含主谓式。"[①] 我们用"主题-评论"式替换"主谓式"这一表述方式，则所谓"汉语套盒"现象实际上就是主题句形式的套叠现象。《红楼梦》有两例层层套叠的小主题评论主题句：

（45）（贾府）如今生齿日繁，事务日盛，<u>主仆上下，安富尊荣者尽多，运筹谋画者无一</u>。

（46）谁知这样钟鸣鼎食之家，翰墨诗书之族，如今的<u>儿孙，竟一代不如一代了</u>！

这种纵向套叠的模式显示了汉语句法结构的开放性，也就是说，汉语句子不必像西方语言那样以一个动词为中心形成一个封闭式的句法结构，而是可以随着逻辑事理的铺排不断纵向延伸句子结构，从多个角度评论主题语，从而形成类似"这件事我脑子里一点印象也没有了"这样的套叠形式。因此，小主题评论主题句是极富汉语特点的句式，虽然不属主题句系统的大类型，但数量十分稳定，无论在近代汉语还是现代汉语中，其地位均相当稳固。

1.3　呈衰落趋势的主题句类型

1.3.1　复指主题句

从复指主题句的曲线变化图（图3）可以看出，复指主题句

---

① 霍凯特《现代语言学教程》，北京大学出版社，1986年，第253页。

第七章　汉语主题句的历史发展

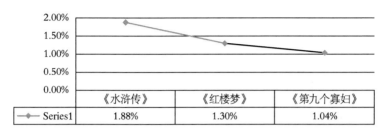

图3　复指主题句曲线图

的数量是呈现逐步下滑趋势的。我们在前文各类主题句的历史发展特点分析中已经指出，复指主题句中用以指代句首主题语的代词一般有两个位置，一是处在评论语句首，充当评论语成分的主脑即小主题语，如："场子上这几百人里有十来个八路军游击队，他们是杀皇军的凶手。"二是处于评论语动词后的宾语位置，如："全村几百条狗，葡萄没有听见它们咬。"代词出现在宾语位置上的复指主题句在三部作品中的数量是逐渐减少的，《水浒传》中为15例，《红楼梦》下降为8例，《第九个寡妇》更下降为6例，说明现代汉语更倾向于以复指成分充当评论语的主脑，从而便于在句首安排一个长句形式充当主题语，这样一来，句子结构便更为清晰，主题语的身份更加凸显。而处于动词之后宾语位置的代词，离主题语的距离比较远，在复指的明晰度上不如小主题语位置上的代词，这类复指结构的减少，是复指主题句数量下降的主因，也是现代汉语形式上更加完善的表现。

1.3.2　分述评论主题句

分述评论主题句表现的往往是总体与分支之间的关系，常用于评论人物。从图4的曲线变化看，这类主题句在《水浒传》中运用较多，在《红楼梦》中有所下降，在现代汉语《第九个寡妇》中则呈现明显下降趋势。我们认为，这跟文学作品的内容存在一定关联：人物越多，人物之间的关系越复杂，这类分述式的叙评

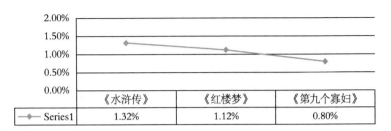

图4　分述评论主题句曲线图

主题句使用频率就越高,特别是众多人物同时出场,需要逐一交代时,这种分述结构就十分有用。相对而言,《第九个寡妇》的人物关系较为单纯,对主人公王葡萄的评论、描写内容占据主要地位,这种分述的结构方式出现的频次也就出现了下降的趋势。当然,如果导致这种频率发生的因素仅限于作品内容方面的话,那么其中还是存在某种偶然性的。

1.3.3 带"得"主题句

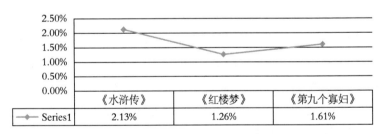

图5　带得主题句曲线图

带"得"主题句的总数从图5的曲线图上看,整体是呈下降趋势的,尽管在《第九个寡妇》中出现了小幅上扬,但其1.61%的占比并没有超出《水浒传》,不过与《井》中带"得"主题句1.1%的占比相比所差不大,说明这类主题句在现代汉语中的出现频率还是较为稳定的。

1.3.4 提事叙评主题句

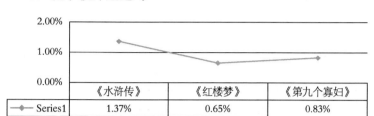

图6　提事叙评主题句曲线图

提事叙评主题句是一种很有汉语特点的主题句,它可以随意提出一个话题,然后加以评论,而主题语与评论语之间却没有施-受的关系,二者之间需要依赖高度的语境以及听话者的理解、意合来建立联系,需要汉语独特的语感来领会,它的评论语常常是动词性结构的,最典型的如《水浒传》中"多的银子,明日又来吃"一例,是一种非常具有汉语特性的主题句。汉语不是形态语言,句子组合不受形式局限,形式往往可以借助语境而隐藏起来,隐藏得越多,意合度越高,汉语的特性也就越强。但从图6曲线图来看,虽然在《第九个寡妇》中,提事叙评主题句的数量相比《红楼梦》有所上升,但这类颇具汉语特性的主题句数量总体是呈下滑趋势的。我们可以推测,随着语言欧化现象的增多,现代汉语句子的形式日趋明晰,表达方式越来越严密,以致这种高度依赖语境的主题句类型逐渐开始弱化,在数量上呈现下滑趋势。

1.3.5 熟语评论语主题句

熟语成分直接充当评论语的主题句既是新兴主题句,同时又在三部作品中呈现明显下滑趋势。黄伯荣的《现代汉语》对熟语所下定义为:"熟语又叫习用语,是人们常用的定型化了的固定短语,是一种特殊的词汇单位。"[①]也就是说,熟语的性质和作用相

---

① 黄伯荣、廖序东编《现代汉语》,高等教育出版社,2002年,第317页。

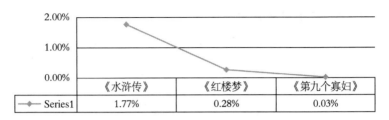

图7　熟语评论语主题句曲线图

当于一个词。除了四字格形式的成语外，熟语还包含许多散文形式的惯用语、歇后语等，所以作为新类主题句出现在以白话文创作的近代文学作品中，不足为奇。特别是《水浒传》的英雄好汉都来自民间，这种习语形式的评论语主题句出现频率较高也就比较合乎情理。《红楼梦》的熟语评论语主题句数量减少，与作品人物的身份地位有着一定关系。贾宝玉、林黛玉等贵族公子小姐出口便吟诗作词，当属他们的生活常态；让他们说些"三十六计，走为上计"之类的俗语，则显得有些与身份不符了。至于《第九个寡妇》，其熟语评论语主题句的大量减少，则与作者的语言风格和描写偏好不无关系。因此，这类主题句数量的增减（见图7），与形式结构的关联不大，更多的可能是源于作品内容与语言风格，故其数量的减少也有一定偶然性。

1.3.6　单纯主题句

在《左传》中，单纯主题句的数量高居以评论语为视点的主题句榜首，其中名词性成分充当评论语的主题句有594例，是最常见的；动词性成分充当评论语的主题句有137例；疑问代词充当评论语的主题句有59例。三者总数在主题句系统中的所占比高达19.1%，说明文言文中"主题语-评论语"的结构更趋向于不以形式标记为结构象征，话题评论的表达方式更为直接，这一点跟我们专书语料库中的情况形成了极大的反差。从单纯主题句的曲

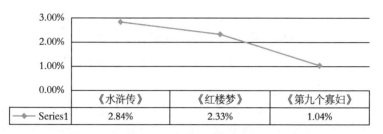

图 8　单纯主题句曲线图

线变化图（图8）可以看出，由名词性成分、动词性成分、代词性成分充当评论语的主题句数量，在近代汉语和现代汉语中是呈逐步下降趋势的，尤其在现代汉语中的下降趋势更为明显，说明现代汉语受欧化影响，更强调表达的明晰，更倾向以语义弥补形式的不足，因此有功能标记的主题句数量增多，导致了无功能标记主题句如单纯主题句数量的减少。

1.4 呈显著发展趋势的主题句类型

1.4.1 领属评论主题句

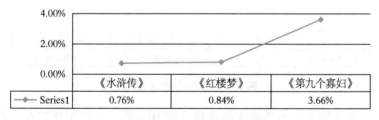

图 9　领属评论主题句曲线图

从图9的曲线变化图看，领属评论主题句在《水浒传》《红楼梦》的主题句系统中所占比很接近，到了《第九个寡妇》中则突然攀升，呈现明显的增长趋势。不仅单功能主题句如此，就连领属评论语与其他评论语、说明语、描写语、叙述语组合的多功能主题句和夹叙夹议主题句在本系统中也有大幅度的增加，从某种程度上反映了作者对这一评论结构形式的喜好。

其实仔细分析，我们会发现，领属评论主题句的评论语部分往往也是一个主题句，而领属成分就是一个小主题语，如："他<u>眼睛</u>是葡萄的，<u>眼皮子</u>宽宽裕裕，<u>双眼皮</u>整整齐齐。"就是一个由三个主题句形式横向铺排的结构。只不过小主题语与句首大主题语之间存在领属关系，我们才将此类主题句与小主题评论主题句加以区分。这说明，主题句形式套叠的结构样貌是汉语中很有表现力的一类句子形式，同样可以多角度、多方位描写和评论主题语，再结合现代汉语文学作品注重人物形态、动作等细节描写的需要，这类具有主题句套叠性质的领属评论主题句在现代汉语《第九个寡妇》中的数量激增，便有了一定的依据。

1.4.2 比较主题句

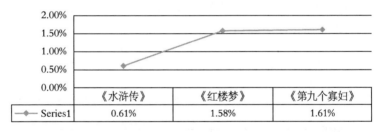

图 10　比较主题句曲线图

从比较主题句的曲线变化图（图10）看，这类主题句在三部作品中是随着比较功能标志词的多样化而呈现逐渐上升趋势的。我们考察发现，《水浒传》中比较主题句的类型十分单一，几乎都是以标志词的否定形式如"不比、不及、不若、比不得、难比"等对主题语进行评论的，这样的比较结构在总数12例中占了9例，呈压倒性优势。《红楼梦》的比较主题句发展到了34例，比较功能的标志词也随之增加，除否定形式"莫若、不及、不如"外，增加了现代汉语比较句常用的结构标记,如:"比……;比……还……;和……一样"。《第九个寡妇》的比较主题句数量达到了54例,比较功能已经十分成熟,标记形式也很丰富,如:"比……;比……还……;和……一样/不同;……不一样;不如;不比"等等,此外还有北方方言中的"不胜、赶上、不顶"等包含比较语义的词语。这也是现代汉语专书语料库比较主题句数量上升的主要因素。

1.4.3 致使主题句

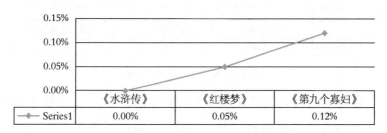

图11 致使主题句曲线图

致使主题句在三部作品中的地位似乎无足轻重,《水浒传》这一类型空缺,《红楼梦》仅有一例,《第九个寡妇》增加到了4例,这使得致使主题句的演变曲线呈现出明显的上升趋势(见图11)。但实际上,使动用法在古代汉语中鲜见以标志词为特征的,例如:"衔觞赋诗,以<u>乐</u>其志。"(陶渊明《五柳先生传》)"先破秦入咸阳者<u>王</u>之。"(司马迁《史记·鸿门宴》)"既来之,则<u>安</u>之。"(《论语·季氏将伐颛臾》)三处加下划线者均为使动用法,却无须任何特定标志词。所以,使动用法是文言文中特有的简洁表达方式,只有翻译成现代汉语,才须得扩展成"使……乐;使……王;使……安"等形式。《水浒传》《红楼梦》分别是14世纪、18世纪的白话,文言文的使动用法已经不觉消失。现代汉语在欧化的过程中直接以"使"翻译英文表示使令义的动词

"make"的句式,具有明显致使标志词的致使句遂普遍起来,这应该是本类主题句产生曲线变化的重要因素。

1.5 呈波动态势的主题句类型

1.5.1 先扬后抑型

1.5.1.1 描写主题句

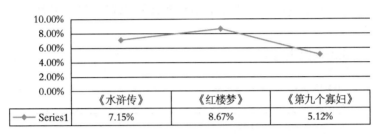

图12 描写主题句曲线图

描写主题句的总量在三部作品中都比较大,《水浒传》的描写主题句在其主题句系统中位列第二,仅次于是认主题句;《红楼梦》和《第九个寡妇》的描写主题句在各自的主题句系统中均位列第三,仅次于是认主题句和能愿主题句,也属大类(见图12)。这说明以描写语对主题语进行评论的主题句是文学作品的常见类型。

描写主题句不同于单纯的描写句。单纯的描写句是由形容词的生动形式或拟声词对主题语进行描写的句子,其功能主要在于描写,没有评论色彩,如"床空空的"、"她黑暗里笑眯眯的";而描写主题句则通常由形容词、熟语成分甚至动词充当,具有评论性质。最常见的是形容词充当评论语的句子,如:"恩人,你好大胆!""什么丸药这么好闻?""爹你这回可错了。"非形容词性成分与"有点儿、真、挺、颇"等程度副词一起使用时,也具有了描写评论性质,如:"小弟不才,颇也学得本事。""自由恋爱的人可真懂。"因此,以描写语评论事物性状在文学作品中运用普遍。

不过，从图12的曲线图可以看出，《第九个寡妇》的描写主题句数量与其他两部作品相比有一定程度的下降，我们认为这跟其主题句系统中领属评论主题句数量的猛增有一定关系。领属评论主题句多用于评论人物的领属器官，如"眼、眉、腰、脸"等，其实也具有描写评论主题语性状的特点，该类主题句数量的大增，在一定程度上分散了描写主题句的比重，导致描写主题句数量呈现下滑趋势。

1.5.1.2 空范畴主题句

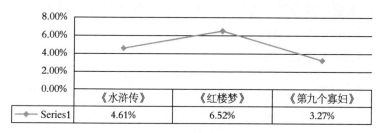

图13 空范畴主题句曲线图

空范畴主题句是极富汉语特色的主题句，在三部作品中的所占比都不低，《红楼梦》中这一结构式出现频率尤高，而现代汉语《第九个寡妇》中的空范畴主题句数量则出现了下降趋势，曲线变化图（图13）呈现明显的先扬后抑趋势。而据《中国句型文化》统计，现代汉语《井》的空范畴主题句在其主题句系统中的所占比达到了5.3%，比《水浒传》的所占比还高。说明这一曲线变化图并非时代特点所造成，而与作者的语言表达风格相关，值得我们进一步探讨。

1.5.2 先抑后扬型

1.5.2.1 能愿主题句

能愿主题句的曲线变化图（图14）呈现明显的先抑后扬趋势。

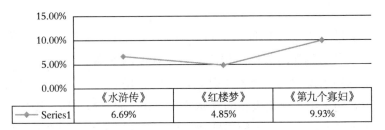

图14 能愿主题句曲线图

能愿主题句以情态动词为标志,是具有现代汉语特征的类型,它们在《第九个寡妇》中的句数达到334例之多,所占比是仅次于是认主题句的类型,远高于《水浒传》《红楼梦》,这也反映了能愿主题句所具有的现代性特点。

1.5.2.2 被动主题句

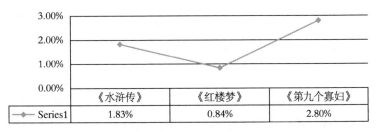

图15 被动主题句曲线图

被动主题句的发展趋势不够明朗,在三部作品中表现出下降、再上升的趋势。我们认为这种波动跟被动主题句的显性标志词出现频率的高低有关。《水浒传》无被动标志词的主题句数量占被动主题句总数的近三分之二;而《红楼梦》的无标志词被动主题句的数量则超过了三分之二;《第九个寡妇》则发生了巨大的逆转,有标志词的被动主题句数量占据被动主题句总数的四分之三强。这一数据的变化可以解释被动主题句曲线(图15)的波动变化走向。

1.5.2.3 句子形式评论语主题句

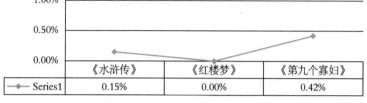

图16 句子形式评论语主题句曲线图

句子形式充当评论语的主题句本来就是小类,它们的出现具有一定程度的偶然性。比如《水浒传》中只体现为3例祈使句形式充当评论语的情况;《红楼梦》中这类主题句空缺;《第九个寡妇》则出现了多种句子形式充当评论语的情形,如祈使句形式、关系句形式、存现句形式,但数量很有限,为14例。这跟现代文学作品的写作者追求灵活多变的语言风格有一定关系。但我们认为,从这类主题句曲线波动变化(图16)的走向看,句子形式充当评论语的主题句发展尚不具备较强的规律性。

1.5.2.4 "把"字句评论语主题句

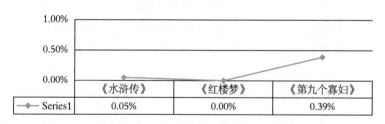

图17 "把"字句评论语主题句曲线图

"把"字句评论语主题句特指评论语具有"把……得"结构的主题句,其曲线(图17)走向呈波动趋势。由于"把"字句的演变经历了一个从中古汉语至近代汉语乃至现代汉语的发展过程,因此，由"把"字句评论语构成的主题句也经历了一个历史发展的过程。从图17的曲线图可以看出，"把"字句评论语主题句在《水浒传》里还很不成熟，仅有一例，《红楼梦》甚至并未出现单独作评论语的"把"字句功能主题句。而到了现代汉语《第九个寡妇》中，"把……得"结构的主题句开始上升，这跟"把"字句在汉语中的发展过程是同步的。据相关研究，"把字句是在散文里逐步走向成熟的，其标志之一就是动词不再挂单，即其后的一半必须附以补语或助词。这一过程大约完成于宋代"。而明末清初时期，"把"字句更加成熟完善，并不断发展，其主要动词部分"已经被普遍认作一个复杂的动词结构"，"动词前后总要有其他成分，至少要带上动态助词或者重叠动词等"[①]。由此看来，"把……得"结构应该是成熟较晚的一种结构，至少在清代还不算"把"字句的常用结构，所以"把"字句评论语主题句在现代汉语中从1例增加到13例，跟"把"字句自身的成熟过程是步调一致的。

需要注意的是，"把"字句评论语结构中的"把"字其实是可以忽略的，它的作用仅仅是引导一个小主题语，如果将它隐去，则评论语类似于一个空范畴评论主题句或带"得"主题句。如"葡萄把这三个字咬得很痛"一例，可以看成"葡萄这三个字咬得很痛"、"葡萄咬这三个字咬得很痛"，都属于主题句的套叠形式，进而可以看出套叠这一结构方式在汉语句子中的生命力。

2. 多功能主题句的发展规律

从多功能主题句发展规律的曲线变化图（图18）可以看出，三部作品的双段多功能主题句数量均处在最高点，尤其是《第九

---

① 以上论述参见杨雅娟、高霞、张丽波《从〈五灯会元〉到〈醒世姻缘传〉：把字句的历史演变》，《长江大学学报（社科版）》2014年第5期，第66—68页。

第七章　汉语主题句的历史发展

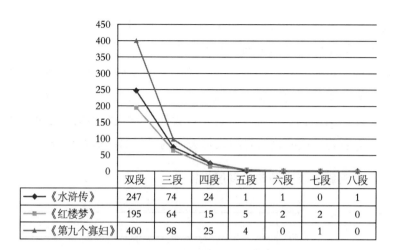

图18　多功能主题句发展规律图

个寡妇》,双段句式高达400例;而三段式多功能主题句的数量则开始骤减,均不及双段式多功能主题句数量的三分之一,《第九个寡妇》的三段式甚至比双段式减少了302例之多。可见,三部作品的多功能主题句从三段式结构开始,数量就呈现断崖式坍塌,证明多功能主题句是以双段式为最重要的结构方式。从四段式结构开始,句子数量呈现出更大的滑坡,三部作品的四段多功能主题句数量都只有三段多功能主题句数量的三分之一,甚至四分之一。从五段结构式开始,三部作品的多功能主题句组合类型的出现频率就只有寥寥几例,大部分都是一种组合方式对应一个句例,其中,《水浒传》的七段多功能主题句缺失,《第九个寡妇》的六段、八段多功能主题句缺失,其频率之低,证明这类超长评论语组合段数的出现较具偶然性。同时也说明,在三部作品的多功能主题句中,一个完整的组合式表达功能所能承载的句读段多以双段为常态,三段、四段有很大的跌幅,五段多功能主题句数量十分稀少,而六段以上的出现频率则具有很明显的偶然性。比较起来,三部作品中《红楼梦》能够承受的评论语句读段最长,且句例最多,各段的句数分配也最为匀称,说明《红楼梦》各种长度的多功能主题句数量分布相较其他两部更为均匀,且以超长评论语结构为组合特色。而现代汉语《第九个寡妇》中的多功能主题句所能接受的评论语组合段数以双段、三段为常态,五段以上的超长评论语结构非常稀少。这足以说明,现代汉语的句子越来越倾向于短句,而欧化的封闭式句法结构对汉语的影响越来越深。

3. 夹叙夹议主题句的发展规律

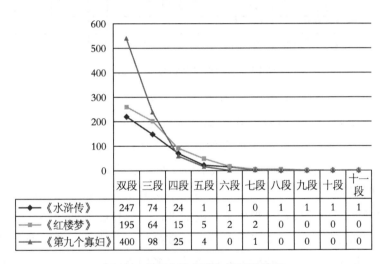

图19　夹叙夹议主题句发展规律图

从夹叙夹议主题句发展规律的曲线变化图(图19)可以看出,三部作品的双段夹叙夹议主题句数量均处在最高点,尤其是《第九个寡妇》,双段句式高达540例;而三段式夹叙夹议主题句的数量则有所下降,《第九个寡妇》甚至减少了300例之多。但总体看,三段式夹叙夹议主题句数量集中在140例到240例的区间,数值比较接近,仍属这类主题句的常见结构。而到了四段式结构中,句子数量开始呈现断崖式坍塌,三部作品的四段夹叙夹议主题句数量均不及三段夹叙夹议主题句数量的一半，《第九个寡妇》的四段式甚至只有三段式的四分之一。由此可见，从四段式结构开始，夹叙夹议主题句组合类型的出现频率就呈大幅递减的趋势，到了六段以上，基本上都是一种组合方式对应一个句例，其频率更具偶然性了。这说明，一个完整的夹叙夹议表达功能所能承载的句读段以双段、三段为常态，四段以上比较稀少，而八段则达到了极限。比较起来，三部作品中《红楼梦》能够承受的叙述语与评论语的句读段最长，且句例最多，各段的句数分配也最为匀称，说明《红楼梦》各种长度的夹叙夹议主题句数量分布均匀，且以超长评论语结构为组合特色。而现代汉语《第九个寡妇》中的夹叙夹议主题句所能接受的评论语组合段数以双段、三段为常态，五段以上的超长评论语结构非常稀少。这说明，现代汉语句子越来越倾向于短句，传统汉语的流水句日渐稀少，意味着欧化的封闭式句法结构对汉语的影响越来越深。

四、结语

1. 汉语主题句的研究成果

我们对不同时代汉语主题句的特点进行了比较，总结了三部作品主题句的发展规律，勾画了三大类型主题句的曲线变化图，使得主题句的发展规律更具直观性和科学性，为汉语主题句系统的建构提供了有效的范本。

我们基于六十余万字、三万五千七百条句子的语料库，进行了穷尽性的断代专书语料分析和主题句的分类。在此基础上，我们全面考察了近代汉语至现代汉语三部作品的主题句面貌，发现《水浒传》的主题句总数为1972条，《红楼梦》的主题句总数为2146条,《第九个寡妇》的主题句总数为3362条,在各自语料库11900条句子总数中的所占比例分别为16.57%、18.03%和28.25%,可见主题句数量的上升趋势是十分明显的,尤其是从《红楼梦》到《第九个寡妇》,主题句总数增加了1216条,增幅达到了10.22%,大大超出了《水浒传》和《红楼梦》的占比,比古代专书《左传》中主题句20.67%的占比也高出了7.58%。可见,主题句这一句型在现代汉语中得到了极大的发展。这与申小龙在《中国句型文化》中对现代汉语中篇小说《井》的考察结论是一致的。

主题句的语言功能在文学作品中体现为评论与褒贬。因此,我们大胆假设,主题句在数量上的消长,与文学内部的某些因素之间存在着一定程度的关联。

在中国传统叙事文学中,作者通常是隐身的,其态度与情感很少直接显露。以古代文学经典《史记》为例,"司马迁作为叙述者,几乎完全站在事件之外,只是在最后的'论赞'部分,才作为评论者直接登场,表示自己的看法。这种方式,为自如地展开叙述和设置场景提供了广阔的回旋余地。但是,所谓客观叙述,并不是不包含作者的立场和倾向,只是不显露出来而已。通过历史事件的展开,通过不同人物在其历史活动中的对比,实际也体现了叙述者的感情倾向"[①]。这种所谓"寓褒贬于叙事之中,见大义于微言之外"的春秋笔法,向来被视为优良的写作传统,广泛运用于不同历史时期的叙事文学创作中,颇受接纳与褒扬。

因此,无论是从叙事文学的写作传统而言,还是从迎合早期民众的世俗阅读心理的目的看,脱胎于话本的章回体小说更看重的显然是小说的故事性、情节的曲折性,而非有可能削弱情节连

---

① 参见章培恒、骆玉明主编《中国文学史》(下卷),复旦大学出版社,2004年,第194页。

贯性的议论式内容。于是，承担评论功能的名词性句子数量相对具有叙事功能的动词性句子，必然退而居其次。而据申小龙对《左传》句型所作的穷尽性考察，在句子的运用中占优势的也是施事句，其次才是主题句和关系句。

我们看到，三部作品的主题句在总数中所占比例虽然不高，但却呈现出与时俱进的递增性，而当代小说《第九个寡妇》的主题句数量更是比《水浒传》上升了十个百分点，从18.03%增加至28.25%，说明作者的主观性介入在小说的发展过程中是呈上升趋势的。这一点可以从中国文学尤其是小说的现代化转型过程中得到印证。

西方现代主义思潮对中国文学的影响始于19世纪末到20世纪初，曹雪芹的《红楼梦》诞生于其前，但文学发展的内部规律与外部动力，已然促使各种文学样式开始了悄悄的变革。《红楼梦》虽不脱才子佳人题材的窠臼，却也实现了某种程度的历史性突破，以作者深刻的人生体验传达了他对现实的清醒认识，对人生意义的积极探索。尤其是在反思人类生存意义上所体现出来的某种形而上的哲理，完全超出了个体人生经验范围，具有了现代哲学意义。这一点，以情节为中心、以讲故事为己任的《水浒传》只能望其项背。

到了20世纪现代文学转型期，小说领域的变革尤为先锋。受世界性的现代主义潮流影响，中国小说在题材、情节、结构、人物、叙事模式等方面，也表现出了对传统小说技法的深刻变革和现代意义上的重大转折。对人物心理的精雕细刻，对精神世界、意识中心的关注探索，逐渐取代了人物的外部行动乃至表层心理现象，传统小说的故事性和人物性格的刻画手法出现了不同程度的退化。时至今日，对意识的探索始终成为各种母语小说创作的焦点。

《第九个寡妇》不属非现实的探索作品，传统小说的特征依然突出，视觉感、听觉感、画面感十分丰富，讲述性仍然在其叙事模式中占据主导。但严歌苓对人物意识活动的描写，对象征、隐喻等现代小说技巧的运用，又使其作品超越了传统小说的框架，而具有了现代性。这是以评论功能见长的主题句数量在《第九个寡妇》中大幅增长的直接因素。

但是，现代汉语《第九个寡妇》主题句的数量并不像《井》那样呈现出名词句的绝对优势，因此，申小龙认为汉语历史发展的趋势是"由以动词为重点转向以名词为重点"[①]这一结论，还是值得商榷并进一步探讨的。

此外，我们还发现了主题句的新类型，如"像似是认"和"追加是认"这两类是认主题句细别新类，以及熟语评论语主题句和"把"字句评论语主题句，使得我们对汉语主题句的面貌有了新的认识。

2. 汉语主题句研究理论的巩固与创新

《中国句型文化》自1988年出版迄今已近三十年，其开创的汉语功能语法理论和汉语功能句型分析方法，在最近二十多年的汉语语法研究中产生了极大的影响，不勉强套用西方语法理论来解释汉语语法现象，已经成为研究者的一种共识。但无法否认的是，我们的汉语语法研究界至今尚未充分认识并发掘出汉语的独特性，进而在此基础上建立一整套享有共识的汉语独有的语法研究方法。近三十年来学界未见类似立足于专书的本土语法研究成果问世，足可以说明这一点。

因此，我们的汉语主题句研究立足于功能句型语法理论，从近代汉语入手，在六十余万字的语料分析的基础上，以主题句特

[①] 申小龙《中国句型文化》，第414页。

定的表达功能观照汉语句子的整体格局,兼顾与功能相应的形式特征,分阶段详尽分析研究了汉语主题句各个类型的历史发展,揭示了汉语主题句的历史发展规律,并进行了理论上的解释,以期进一步深化和发展功能语法理论。

但是,我们对《中国句型文化》的研究模式并非全盘继承,而是有所发展。《中国句型文化》对《左传》及《井》的句型分类标准采用多角度的层次-视点分析法,原有主题句的分类标准包含了主题语视点、评论语视点、主题语与评论语的逻辑关系视点等多角度的分类视点,这固然兼顾了主题句的主题语与评论语两大主干成分的特点,但分类标准的多样化难免带来操作上科学性的不足。比如,原有体系中的领属主题句、提事主题句、总分主题句、移位主题句、定语主题句等均为立足于主题语视点的主题句类型,其评论语的功能特点不再进行分析,自然就掩盖了评论语在功能形式上的特点,这样的分析难免全面性不足,难以对不同视角之下主题句类型间的特点进行比较。

为此,我们修正了《中国句型文化》的这一分析方法,采用了以主题句评论语功能特点为单一视点的分析方法,将主题句分为三大类型:单功能主题句、多功能主题句和夹叙夹议主题句。由于立足于评论语功能的视点,原体系以主题语特点为视角的主题句名称势必难以准确反映新的划分视角下的主题句特点,如原移位主题句、总分主题句、领属主题句、提事主题句的名称都是建立在主题语特点之上的,在新的划分标准之下,这些主题句按照评论语特点分别被易名为空范畴评论主题句、分述评论主题句、领属评论主题句和提事叙评主题句。

空范畴评论主题句的评论语往往是一个叙述性的结构,其动词之后的宾语成分与句首主题语之间存在同格异位的关系,但形式上却是缺失的或者说并不存在的。着眼于评论语的功能特点,则评论语所指向的对象就是这个"空语类",因此,我们将此类主题句命名为"空范畴"评论主题句。

领属评论主题句是在原领属主题句的名称中加上了"评论"二字,这同样是基于主题语视点到评论语视点的转移。这类主题句的评论语部分本身又是一个小句,其主脑成分与全句主题语之间是一种领属关系,反映到主题句中,就形成一种"主题语+领属成分+评论语"的句法结构,评论语所直接指向的是领属成分,因此,我们将此类主题句命名为"领属评论"主题句。

分述评论主题句原名称为总分主题句,"总分"是就主题语而言的,视点落到评论语上,则体现为一种对主题语的各个部分分头进行评论的功能面貌,因此,我们改称为"分述"评论主题句。

提事叙评主题句原名称是提事主题句,其特别之处在于,主题语与评论语之间没有直接的逻辑关系,而是随意提到一件事,继而加以陈述或评论。这些评论语是针对所提之事有叙有评的,根据这一特点,我们把这类主题句更名为"提事叙评",以突出立足于评论语功能的视点分类标准。

主题句名称的改变不仅是视角转换的问题,其实也意味着分析理论观念上较大的转变和创新。

3. 汉语主题句研究方法的革新

申小龙的《中国句型文化》以《左传》语料作为专书研究对象,借以考察古代汉语功能句型的分布情况与句法特点。那么,近代汉语与现代汉语的功能句型会有哪些特点和变化,便成为一块尚待开发的空白领域,值得我们继续开垦、耕耘和发掘。

专书研究一般只选取一部专书进行穷尽性研究。但考察一部专书,并不能把握汉语语法发展的全貌,更无法建立完整的汉语语法研究体系。在这一点上,断代研究正是一种很好的弥补,将

第七章 汉语主题句的历史发展

共时的穷尽性与历时的断代性结合起来了。为了实现对汉语主题句的断代研究，我们选取了14世纪的白话小说《水浒传》、18世纪的白话小说《红楼梦》、当代作家严歌苓的长篇小说《第九个寡妇》这三个时期的代表性作品进行穷尽性的句型分析，试图从历史发展的角度，对汉语主题句的演变进行比较分析，得出合理结论；同时还要对这种演变背后的社会文化现象做出分析、判断，从而使主题句的研究不仅仅局限于一部专书的横向比较，还能具备历史的深度与广度。

我们认为，三部专书在时间上跨越六七个世纪之久，集各种语言现象的变迁于一身，代表了汉语从近代到现代的转型过程。只有不同时期的比较，特别是近代汉语跟现代汉语之间的比较，才有可能发现汉语主题句的功能、形式等特点在历史发展过程中的异同；只有这样的研究，才有可能揭示汉语主题句从近代汉语以后的历史发展规律，无遗漏地反映特定历史阶段汉语主题句的真实面貌。

我们相信，建立在详尽分析与归纳总结的基础上，三个断代文本中的语言材料必然能为主题句理论提供新的发现和新的类型，建立起一个汉语主题句从古代到近代乃至当代的有机联系的句型体系。我们希望，来自不同时代的经典文学作品的语料能代表真实的汉语面貌，能够为我们奠定扎实的、与汉语事实相符的研究基础，能够在较大程度上反映出汉语主题句的本质和发展规律；我们还希望，对汉语主题句的研究，能够更深入地把握和阐明功能句型语法的精髓，并由此丰富汉语语法界对汉语功能句型理论与汉语主题句这一句子类型的认识。我们更希望，通过充分的语料分析，进一步证明：基于功能主义的汉语句型分析方法不仅具有本土语法研究的独创性，而且能够解决许多句型分析流派难以处理或无法自圆其说的分析难题。我们期待以此为汉语本土语法研究增添一抹亮色。

自《马氏文通》以来,汉语语法研究已经走过了一百多年,我们无法否认西方语法研究的成果所带来的影响和贡献,但同样无法否认的是,我们的汉语语法研究迄今尚未充分认识并发掘出汉语的独特性,进而在此基础上建立一整套汉语独有的语法分析理论和句型分析方法。

然而,在依靠西方理论体系建立和发展中国现代语言学的道路上,中国知识分子从没有停止过对"汉语特点"的思考和探索。赵元任先生说过这样一句话,大意是"汉语的逻辑之所以这个样,是因为汉语是这样的"①,可谓语言文化通约性的一种表述。我们认为这句话反过来说同样成立:汉语句子之所以是这个样,是因为汉语的逻辑是这样的。王力先生也认为:"就句子结构而论,西洋语言是法治的,中国语言是人治的。法治的不管主语用得着用不着,总要呆板地求句子形式的一律,人治的用得着就用,用不着就不用,只要能使人听懂说话人的意思,就算了。"②黎锦熙先生说汉语"偏重心理,略于形式";郭绍虞先生说汉语的语词具有"弹性",汉语的语法应该与修辞结合;张世禄先生说"汉语句子的成立要素不是结构形式,而是语气";张志公先生说"汉语在世界语言中具有较大的特殊性"……凡此种种,都是在中西语言的比较中看到了汉语独特的人文性。但"直面这个事实远不如想象的那么简单",落实于语法研究实践中更是不易,因为"它牵涉到研究视角的根本转换,牵涉到范畴系统的自觉重建,牵涉

---

① 转引自沈家煊《汉语的逻辑这个样,汉语是这样的——为赵元任先生诞辰120周年而作之二》,《语言教学与研究》2014年第2期,第1—2页。

② 王力《王力文集》,山东教育出版社,1984年,第35页。

到对中文思维方式包括汉字思维的深切体悟,牵涉到对中国语文传统进行现代阐释的充分自由的想象力,牵涉到毫无保留地直面中文丰富多样的第一手语言材料"①。

时至21世纪,在世界科技经济日渐发达的背景下,整个人类社会文化也更加趋同、追求一致。在当今中国社会各个领域倡导与国际接轨的大环境之下,文化建设、艺术创造、文学写作、理论建构似乎也无一难逃"并轨"的命运,语言学的研究更是如此。在这样的学术环境里大谈汉语特性,似乎是不识时务的。然而,即便如此,我们仍然应该清楚地认识到,世界各国语言虽然是有共性的,但其独特性更是不容忽视的。我们强调语言共性的同时,更应该看到语言的特性和语言背后强大的人文性。

诚如申小龙所言:"汉语主题句的问题不仅在语言类型学上触及汉语语法的特质,而且在方法论上直接涉及汉语语法学,是沿着西方语言理论继续走下去还是开拓具有中国特色的研究道路的问题。汉语语法研究只有彻底摆脱印欧语语法理论的束缚,实事求是地建立本民族语言的语法体系,才能丰富、深化人类对语言的认识,改变迄今为止一般语言学理论以印欧系语言为基础的畸形面貌,为人类的语言学发展做出中华民族应有的贡献。"②

申小龙的功能句型语法理论,立足于功能主义的文化语言学研究学派,从中国传统语文学研究中汲取营养,同时吸收各语法研究流派所长,以特定的表达功能观照句子的整体格局,以流动的句读段为句子的基本构件,兼顾与功能相应的形式特征,力图开创功能与形式并重、普遍语法共性与汉语独特性共存的本土性

---

① 以上论述参见申小龙《中文理解对欧洲语言形式理论的解构》,《北方论丛》2014年第6期,第19—26页。

② 申小龙《中国句型文化》,第58页。

汉语语法研究理论与方法。这一努力，颠覆了多年来国内语法学界长期依赖于西方语言学理论的研究模式，其充分依据汉语事实、尊重汉语自身特点、立足于本土的汉语语法研究视角，对于苦苦探索汉语语法研究创新之路的语言学学者而言，不无启迪。而他以文化为本位建立的功能句型系统，则扩大了中国当代语法学研究的视野，为汉语句型分析建立了一个基于文化认同的本土范式。

附录 汉语主题句研究的相关问题

一、论汉语语法研究的新方向

自从20世纪初"语言学转向"成为当今哲学研究的方法论之后，语言不仅不再是传统哲学讨论中的工具性问题了，甚至也不再是其他人文学科研究的工具和手段了。无论是哲学还是文学、历史，研究者们越来越趋向于通过语言的视角来叙述哲学、历史和文学的世界。于是，语言研究普遍成为了人文学科日常研究在方法上的出发点，人们对思想观念、文化艺术的把握和分析越来越趋向于以语言的形式加以实现。由此出发，我们对语言与文化的关系、语言与文学的关系，乃至汉语与中国文化、中国文学的关系，都可从方法论的角度进行新的诠释和格局的重建。

1. 语言与文化的关系

文化语言学等学科或方法的兴起，意味着语言学界开始关注语言与文化的紧密联系，意味着语言学研究方法开始渗透文化研究领域，这为相关学科提供了一个新的视角。

语言是一个民族最为鲜明的文化特征，一种语言的成长史包含着这个民族文化的成长痕迹。一个民族的语言所显示出的创造性与丰富性，与这个民族在思想文化等方面所表现出来的特点与个性是相应的。正如萨丕尔所说,语言不脱离文化而存在,"不脱离社会流传下来的、决定我们生活面貌的风俗和信仰的总体"[①]。

关于语言与文化的关系,法国结构主义人类学家列维-斯特劳斯曾对语言与文化的关系作过这样的概括:语言是文化的一个结果;语言是文化的一个部分;语言是文化的一个条件[②]。这就是说,语言不仅是文化的产物或组成部分,还是比文化更基础的东西。语言是文化的产物,强调的是文化对语言的决定作用;语言是文化的一个部分,强调的是语言对文化的从属关系;语言是文化的一个条件,则强调了文化对语言的依赖性,强调了语言对文化的决定作用。

美国人类学家本杰明·沃尔夫也提出了与列维-斯特劳斯相同的观点,他认为:"语言现象对于讲这种语言的人带有很大的背景性质,它不受自然逻辑阐释者那种审慎的意识和控制的影响。由此,当一个自然逻辑学家或其他人在表达推理、逻辑以及正确思考的准则时,他往往只是默守纯粹语法事实之陈规,而这种语法事实打上了他自己的母语或语系的背景烙印,绝非普遍适用于所有语言,也根本不能成为推理的一般原则。"[③] 这就是沃尔夫的"语言决定论"和"语言相对论":即语言决定人们的思维方式,语言为人们提供认识世界、思考问题的"陈规",即既定规则。沃尔夫之后,更多的人类学家、社会学家、语言学家从人类思维与文化关系的各个角度探索语言的本质。

人类对客观世界的认识形成了知识,而所有的知识只有在进入到语言范畴以后,才能被我们感觉或意识到,以至被学习和掌握。

[①] 萨丕尔《语言论》,商务印书馆,2010年,第186页。
[②] 参见列维-斯特劳斯《结构人类学》,上海译文出版社,1995年。
[③] 沃尔夫《论语言、思维和现实》,湖南教育出版社,2001年,第208页。

我们用语言表达我们对世界的认知,这种认知就是一种对世界的"切分"。不同的语言对世界的"切分"虽有重叠之处,但更多的是迥异的、互不相容的独立区块。拿语言要素中最浅显的词语来说,各种语言中都有"蔬菜""水果""动物""植物"这类抽象的概念集合词,但西红柿归属于蔬菜还是水果?即使在中韩这两个同属汉字文化圈的紧邻国家,看法尚且不一,更不用说内陆国家与海洋国家对于禽类、鱼类的分类有多大差别了。英语"ground"和"land"都指"地面",但前者是从天空俯瞰下的大地,后者则是从海洋平视过去的大陆。这说明,我们选择一个词语,就选择了一个看待世界的视角。"土豆"不是豆,"熊猫"既不是熊,也不是猫,这证明我们的词语甚至可能遮蔽近在眼前的现实。因此,每一个民族都是在自己的语言切分下的世界里思考与生活,并以之指导自己的一切活动,这就是所谓的"语言世界观"。语言的本质,就存在于人的认知系统与表达系统的关系之中。哲学、历史、文学等文化领域的格局,从根本上看,都受制于语言的这一本质。

于是我们对语言与文化的关系有了一种新的理解:人类所有文化活动都是在语言背景下进行的,语言制约了我们对世界的认识和解说。所以,胡塞尔所说"语言是使认识成为可能的先验性条件",海德格尔认为"语言是存在的住所",伽达默尔所言"语言是人类拥有世界的唯一方式",其实都在重复一个观点:语言是文化的基础和前提。

正如沃尔夫的老师、美国人类学家和语言学家萨丕尔所言,语言不脱离文化而存在,"不脱离社会流传下来的、决定我们生活面貌的风俗和信仰的总体"[①]。我们似乎可以为这段话下这样的注脚:语言是一个民族最为鲜明的文化特征,一个民族的语言所显

---

① 萨丕尔《语言论》,第186页。

示出的创造性与丰富性,与这个民族在思想文化等方面所表现出来的特点与个性是相应的。

对语言与文化关系的关注,带来了人类文化语言学等学科及方法的兴起,意味着语言学研究方法开始渗透文化研究领域。语言学家对语言与文化关系的思考,使语言学研究不再局限于语言形式,还渗透到了语言的精神层面,并以此为焦点来探究民族文化的风貌。围绕语言世界观这一现代语言学和文化人类学中的焦点,语言学家、人类学家、哲学家进行了不懈的努力和探究,使得文化语言学的成就渗透到了理论语言学、社会语言学、心理语言学、应用语言学等众多分支学科中,并延续至今。

2. 语言与文学的关系

文学起源于人类的思维活动,是用语言文字表达社会生活和心理活动的艺术形式,因此,毫无疑问地归属于文化领域。如果我们把上节所述语言与文化的关系放置于文学的视野中进行考察,或许会成为理解语言与文学关系的一个新视角。

关于语言与文学的关系,最经典的表达可以用萨丕尔在《语言论》第十一章"语言和文学"中的有关论述来代表。萨丕尔认为,文学包括精神层面和语言表达层面,优秀的文学作品是"直觉的绝对艺术和语言媒介在内的特殊艺术完美地综合",而与语言(语种)无关。他说:"语言是文学的媒介,正像大理石、青铜、黏土是雕塑家的材料。每一种语言都有它鲜明的特点,所以一种文学的内在的形式限制——和可能性——从来不会和另一种文学完全一样。用一种语言的形式和质料形成的文学,总带着它的模子的色彩和线条。"萨丕尔还具体地指出了语言的因素对于文学的影响:"每一种语言本身都是一种集体的表达艺术。其中隐藏着一些审美因素——语音的、节奏的、象征的、形态的——是不能和任何别的语言全部共有的。"①

由此可知,文学创作离不开语言,文学中的种种特质跟语言的特征密不可分。正如雕塑家用不同材料来塑造形象,造就了石像、青铜像、泥俑等雕塑作品,文学通过语言来描绘它的世界图景,有多少种语言,就有多少种这样的世界图景,语言为文学提供了多种可能性,使文学成为丰富多样的艺术表达模式和审美模式。于是世界文学殿堂里陈列出了古希腊神话、荷马史诗、但丁神曲、莎士比亚戏剧、英国浪漫主义诗歌、法国现实主义小说、拉美魔幻现实主义小说、中国古典诗词曲赋及章回体小说、印度古典梵语文学、日本和歌俳句等等不朽的文学宝典。

即便是在某一种语言的内部,语言文字也凭借其本身的特点与弹性、张力,达到了文学形式在表达上可至的种种令人称奇的境界。例如:汉语因其文字的表意性及一字一音节的特性,使得汉语诗歌的字数可四言可七言,句子可整齐可参差,语序灵活,音韵合乐,成为了一种重意境、有声韵、可歌咏的文学品种。汉语诗歌无论是绝句、律诗,还是楚辞、乐府诗,皆因其不同的语言形式而产生了多样的意趣和不同的审美力量。汉语诗歌品种之丰富,在世界各民族文学中大概没有能与之媲美者。

因此,文学的本质是语言表达现实的审美化和艺术化,现实则通过语言的折射获得了浓缩与升华。不同的语言,因其弹性与张力的差异,而造就了风格迥异的文学种类。例如,同样是诗歌,汉语语音有声调之差,就造成了汉语诗歌讲究平声、仄声交错的音韵之美;英语没有平仄之分,却有音节重读轻读之分,其重读音节与轻读音节中表现出来的节奏,成为了某种固定的轻重搭配——音步(foot)。音步交错,也造成了抑扬交替的不同格的英

---

① 以上参见萨丕尔《语言论》,第199—201页。

语诗歌类型；法语没有明显的轻重音，但讲求语调和音节的和谐悦耳，反映在诗歌中，就创造了一种名叫"亚历山大体"的诗歌，其每行诗都有固定的十二个音节，在第六个音节后有一个停顿。这种体式的法语诗不讲音步，却十分讲求音节数量的整齐，反映了法国人均衡匀称的美学观；日本的俳句，是一种三句为一首，固定为五、七、五三行十七个字母的古典短诗，它以日语语音为基础，充实了日本人对季节、新年的感悟，是从形式与内容上均做严格要求的一种格律诗。不同语言决定的不同文学形式，既是一个民族共有的，也是一个民族独有的，是区别于其他领域表达方式（如日常生活表达、科学表达）的语言艺术形式。

文学审美，是在它的表达方式与其他领域的表达方式的对比中实现的。语言的弹性与张力，使文学语言在表达上达到了种种令人称奇的境界，因而产生了意趣，产生了审美力量。

3. 汉语与汉语文学特性的关系

萨丕尔在论语言与文学的关系时，特别提到了汉语，他说："一种语言能给文学以某种方向的不只是它的语音基础。它的形态特点要重要得多。一种语言能不能创造复合词，它的结构是综合的还是分析的，词在句子里的地位是相当自由的还是排成严格确定的次序的，这些都能在风格的发展上起重要作用。……而汉语，由于不变的词和严格的词序，就有密集的词组、简练的骈体和一种言外之意。……大概没有别的东西比诗的声律更能说明文学在形式上依靠语言。……希腊语的音量、英语的音势（轻重音节交替）、法语的音节组、汉语的平仄音节和押韵，都是特有的。"萨丕尔还专门列举了他的一个中国朋友"信手拈来"的七言绝句，以说明汉语文学作品的洗练[①]。

---

① 萨丕尔《语言论》，第203—204页。

萨丕尔所称道的汉语的简练，其实正反映了汉语的文学特性。汉语的文学特性虽少有专论，却也不断有人捕捉到。如辜鸿铭就曾指出："汉语是一种心灵的语言、一种诗的语言，它具有诗意和韵味，这便是为什么即使是古代的中国人的一封散文体短信，读起来也像一首诗的缘故。"① 林语堂认为汉语与诗歌之间有着内在的关联，"诗歌需要清新、活跃、利落，汉语恰好清新、活跃、利落。诗歌需要运用暗示，而汉语里充满意在言外的缩略语。诗歌需用具体形象来表达意思，而汉语具有分明的四声，且缺乏末尾辅音，读起来声调铿锵，洪亮可唱，殊非那些缺乏四声的语言之可比拟"②。

萨丕尔、辜鸿铭和林语堂所共同注意到的汉语特性即为汉语的文学诗性。汉语的诗词曲赋、散文骈文乃至戏剧小说都具有这一诗性特质。信手翻开中国近现代小说戏剧作品，这类充满诗性的文学表达俯拾皆是：

史进也怒，抢手中刀，骤坐下马，来战陈达。(《水浒传》第二回)

那一阵风起处，星月光辉之下，大吼了一声，忽地跳出一只吊睛白额虎来。(《水浒传》第四十三回)

忽听得窗外有女子嗽声，雨村遂起身往窗外一看，原来是一个丫鬟，在那里撷花，生得仪容不俗，眉目清明，虽无十分姿色，却亦有动人之处。(《红楼梦》第一回)

这时他已是个中校，带着六个勤务和警卫，还有一大一小两个太太，乘着两辆马车回到史屯。(严歌苓《第九个寡妇》)

玩鸟的人们，每天在蹓够了画眉、黄鸟等之后，要到这里歇歇腿，喝喝茶，并使鸟儿表演歌唱。商议事情的，说媒拉纤的，

---

① 辜鸿铭《中国人的精神》，海南出版社，1996年，第106页。
② 林语堂《中国人》，学林出版社，1994年，第242页。

也到这里来。那年月,时常有打群架的,但是总会有朋友出头给双方调解;三五十口子打手,经调人东说西说,便都喝碗茶,吃碗烂肉面(大茶馆特殊的食品,价钱便宜,作起来快当),就可以化干戈为玉帛了。(老舍《茶馆》第一幕)

汉语的诗性来自于汉语的基本结构和精神,它是汉语各种文学文本的共同基础,并且制约着不同文学品种的功能和形态,左右着其意义的指向和表达态势,以及对复杂的现实世界进行不同的审美化处理。

在中国现代语言学家中,郭绍虞先生对汉语特性的看法十分独到,在他看来,传统汉语在句法上寻求句子的匀整和对偶,在文辞上重在音句而不重在义句。他以中国古典文学批评史的眼光来审视汉语精神,形成了极其宝贵的"语言学的文学史观"。他又从汉语自身的特点来分析文学,坚持语言与文学具有内在同一性,认为"文学的基础总是建筑在语言文字的特性上的"。"我们若要说明中国语言文字之特性与文学之关系,则应着眼在两点。其一,是语言或文字所专有的特性;其二,是语言与文字所共有的特性。由前者言,造成了语体的文学与文言的文学,造成了文字型的文学与语言型的文学。由后者言,又造成了中国文学所特有的保守性和音乐性。"[①]

中国文字是方块字,可以自由组合,成为对偶与匀整的形式,修辞手法就是顺应修饰和调整语言这一需求而出现的。由于汉语言文字的独特性,使得汉语中的修辞手法也十分丰富而独特。如谐音、对偶、顶真、回文、析字、复迭等,在各类文学体裁尤其是古典诗歌、对联中运用得十分普遍。拿对偶来说,汉语由单音节语素构成,一个音节写出来就是一个字。因此,由汉字构成的

---

① 郭绍虞《语文通论》,开明书店,1941年,第114页。

词汇,配合成对偶词语的能力是无限的。由汉字构成的词,大部分是单音节词和双音节词,由这些词可以构成联合、偏正、动宾、动补等常用语句。这些都为字、词、语、句、段落等一系列或短或长的对偶提供了极为合适的条件。可以说,汉语和汉字从产生伊始,就自然而然地为对偶创造了条件。

4. 汉语文学特性对汉语语法研究的启示

早期陈望道、郭绍虞、张世禄等语言学家都注意到了汉语的特性,试图从汉语自身特点出发,建立不依附于西方语法框架的独立的汉语语法体系。张世禄先生的语序论、声气说,陈望道先生的功能观、词类说,郭绍虞先生对汉语语法特点的深刻认识,都为汉语语法的研究指出了方向。

郭绍虞认为:"汉语的句法尽管比较简短,好像形式上很简单,但是句子形式千变万化,可以是整齐的,也可以是不整齐的;可以利用双声叠韵的音节,也可以利用平仄的音节;可以运用纵的关系的词组,也可以运用横的关系的词组;可以写成韵语,也可以写成散体;可以写成骈文,也可以写成古文;在语体中可以成为快板一类的说唱,也可以成为评话一类的说白;而更重要的还在于巧为运用这种种不同的特点,以创造不同的文体和不同的风格,于是表现在语法方面就成为汉语语法的复杂性。造成了这种复杂性以后,于是语法与修辞就成为一个统一体,而使汉语无不可达之意,也无不可达之情。所以汉语不仅能表达极为复杂的思想,再能把这种复杂的思想描绘得有声有色,抒写得有条有理,合于修辞也合于逻辑,以达到准确、鲜明、生动的高度。"[①]

传统汉语在句法上寻求句子的匀整和对偶,在文辞上重在音

---

① 郭绍虞《汉语语法修辞新探》(上册),商务印书馆,1979年,第123页。

句而非义句。对偶不仅在诗词创作中成为必不可少的修辞手段，甚至也成为汉民族组词造句乃至句法结构中的一种惯用思维模式。因此，郭绍虞先生力主把修辞因素掺和进现有的单薄、刻板的语法分析中。他认为，汉语独特的形态，造成了汉语的音乐性、顺序性、灵活性、复杂性。这就使修辞作用超过了语法作用，而语法修辞浑然一体，难以分家。由此，汉语与修辞的关系又为我们指出了汉语语法研究的新方向。从这一方向出发，汉语语法研究必然能够找到一条基于汉语事实的、既有别于传统语法研究又独立于西方语法体系的新道路。

事实上，早在上世纪80年代中期，以游汝杰、陈建民、邢福义、戴昭铭、申小龙等为代表的一批中青年学者已经开始了对《马氏文通》以来的中国现代语言学传统的深刻反思，他们从汉语与文化的关系着眼，努力寻找一条既符合汉语特点又符合汉语使用者习惯与感受的语法研究道路，力图使汉语语法研究真正摆脱对西方语法体系的附庸。

此后的90年代，文化语言学方面的专著与论文纷呈，大都围绕着汉语与中国文化、民族心理特点的关系进行专题性的探讨和论述，尤其是汉字、汉语词语、汉语方言与传统文化关系方面的研究成果颇为丰硕，可谓开拓了汉语语言研究的新天地。尽管如此，我们仍然感到了某种缺憾，即大多数学者往往更专注于某些具体的语言现象与文化之间的关系，而对于汉语语法与文化的关系、汉语语法体系与理论的建构，则缺乏应有的热情与兴趣，以至于这方面的开拓与建树，不能不说是文化语言学研究领域中最为贫瘠与苍白的。

1988年，申小龙在其博士论文《中国句型文化》中开创性地探究了汉语句型与汉民族文化心理结构的内在联系，阐述了汉语的主体意识、文化特征、认知心理特点，探讨了文化通约之下的汉语语法本体论和方法论，建立了主题句、施事句、关系句"三分天下，鼎足而居"的新句型系统。这是一种以文化为本位的语言学观，其概念与系统的建立，扩大了中国当代语法学研究的视野，为汉语句型分析另辟蹊径，找到了一条既符合汉语特点又符合汉语使用者习惯与感受的语法研究道路，使汉语语法研究真正摆脱了对西方语法体系的附庸，可谓一场中国语言学走向新生的"范式革命"。

文化语言学与汉语语法新体系及其理论的研究与建构，既是一次将现代学术方法运用于汉语研究的理论创新，也应该是无数次穿越形形色色的汉语文本的"田野调查"，需要一代代立志于探索民族文化精神、发掘民族语言宝藏的研究者，朝着前人开辟的道路不断前行，不懈探索，以丰富人们对语言多样性的认识，对汉语精神和汉语特性的认识，乃至以汉民族语言文化的独特精神与魅力为自豪。这条探索之路，任重而道远。

二、谈汉语名词句、动词句之争与汉语句型特点

1. 关于汉语名词句与动词句的讨论

上世纪30年代末期，在西方语言学家索绪尔、房德里耶斯、叶斯帕森、布龙菲尔德等影响之下，中国语法学研究逐渐走进现代语言学阶段，开始认识到语言的个性与特点，反对一味模仿西方语法体系，探索汉语语法研究的创新之路。这期间，汉语语法学界曾出现过关于汉语特点的讨论。比如，金兆梓最早提出了汉语与西语中verb这个动词概念的差别，认为西语的动词是专门用以陈述的，而汉语"除动词之外，不论名词，静词，乃至副词，都可有陈述的功能"[1]。这大概要算后来的体词谓语句、名词谓

---

[1] 陈望道等《中国文法革新论丛》，商务印书馆，1987年，第8页。

语句、形容词谓语句等主谓句分类的雏形。

高名凯在《汉语语法论》中明确提出了动词句、名词句的概念："以思想中的事物观念和历程观念为标准可以把句子分为名词句和动词句。"① 按照这个标准，动词句是一种叙述性句子，叙述一个事件的发生或一个历程的经过；名词句则是说明事物的句子，旨在说明一个事物的性质。例如："我是中国人。""小狗真聪明！"这两个句子有用系词和不用系词之分。高名凯认为汉语的系词不同于英语的动词to be，并非同动词，而是指示代词，故不属于动词句。

郭绍虞曾在多种论著中反复强调汉语句子的特点。他于1978年提出了"名词重点"说，认为汉语语法是以名词为中心，西语语法则以动词为中心。因为"汉语是以实词为中心的，而实词之中名词最实，可称体词。动词、形容词都是相词。而动词形容词对名词而言，就都变成了虚词。……可见汉语的本质是不可能以动词为重点的"②。他在专著《汉语语法修辞新探》中进一步从造句上论述汉语的名词性特点："汉语造句的特点是以名词为重点的，……由于汉语不以动词为重点，所以主语不一定与动词发生关系，而许多名词性的词组就可成为主语。"③ 最典型的例子要数《水浒传》四十三回的句子："那一阵风起处，星月光辉之下，大吼了一声，忽地跳出一只吊睛白额虎来。"郭绍虞认为"那一阵风起处"和"星月光辉之下"是两个时空性的词组，在句中充当主语，大吼了一声则是谓语。这样的顺序是汉语句子的常态语序，更符合汉民族的心理习惯。如果以动词为重点，这个句子就要变

---

① 高名凯《汉语语法论》，开明书店，1948年，第132页。

② 参见郭绍虞《汉语词组对汉语语法研究的重要性》，《复旦大学学报》1978年第1期，第35页。

③ 郭绍虞《汉语语法修辞新探》，商务印书馆，1979年，第37页。

成:"一只吊睛白额虎,大吼了一声,在那一阵风起处,星月光辉之下,忽地跳出来。"意思没有变化,但顺序不一样了,阅读者的心理感觉也就大不一样了。

与郭绍虞的"名词重点"说相距不多时,林同济于1980年提出了"动词优势"说,认为英语造句主要用关联词语将句子的主干与从句相连,而汉语造句则"偏重动词着眼,运用大量的动词结集,根据时间顺序,一一予以安排。甚至尽量省略关系词以达到动词集中、动词突出的效果——这是汉语造句手法的基本倾向"[①]。比如:"他拿着枪,绕着屋子走。"汉语中这类句子大量呈现,足可证明汉语的特点是动词优势。

其实,有着大量阅读经验的人都会有这样的感觉:无论是郭绍虞先生所说的名词重点句,还是林同济先生所举证的动词重点句,在汉语事实中都是大量存在的。名词重点句在古典诗词曲中俯拾皆是:王维的"大漠孤烟直,长河落日圆"(《使至塞上》),温庭筠的"鸡声茅店月,人迹板桥霜"(《商山早行》),马致远的"枯藤老树昏鸦,小桥流水人家,古道西风瘦马。夕阳西下,断肠人在天涯"(《天净沙·秋思》)等等,不胜枚举。上举每一例均可入画,原因正在于名词意向的堆叠,营造了生动如画的完整意境。现代文较之古代诗文变化很大,但韵律与乐感作为某种修辞手段仍然有迹可循,甚而在文学作品中屡见不鲜,可谓是一种民族语言心理机制的外化。比如:"一双眼睛水汪汪";"一张长白脸,眉毛好整齐眼睛好干净";"金秋的阳光温馨恬静,侗乡的秋风和煦轻柔,蓝天白云飘逸悠扬"。

动词集结的句子在日常口语与古今文学作品中也很丰富:"他

---

① 参见林同济《从汉语词序看长句的翻译》,载方梦之、马秉义编选《汉译英实践与技巧》,旅游教育出版社,1996年,第433页。

去山上采来草药煎药汤喝。""一面引人出来,转过山坡,穿花度柳,抚石依泉,过了荼蘼架,再入木香棚,越牡丹亭,度芍药圃,入蔷薇院,出芭蕉坞,盘旋曲折。"(《红楼梦》)"他揣着五块钱,在集上转,见一个老婆儿卖茶鸡蛋,买了五个,花了一块钱,又去供销社称了两斤点心。"(《第九个寡妇》)

由此看来,汉语句子究竟是以名词为重点,还是以动词占优势,并非简单罗列几个代表性的典型句子就算论证成立。我们以为,科学的结论应该建立在实证的基础上,只有具备了足够的量,才能抽象出句型的格局。

2. 功能句型理论与专书语料库的建立

1988年,文化语言学倡导者申小龙在其专著《中国句型文化》中,凭借对经典史书《左传》及现代中篇小说《井》所做的专书语料分析,建立了一套完整的汉语功能句型理论及句型分析方法,并架构了一个以主题句、施事句、关系句三大类型为主的汉语句型体系。这一全新的汉语句型分析理论,颠覆了多年来国内语法学界长期依赖于西方语言学理论的研究模式,其充分依据汉语事实、尊重汉语自身特点、立足于本土的汉语语法研究视角,对于苦苦探索汉语语法研究创新之路的语言学学者而言,不无启迪。

关于汉语名词句与动词句的问题,申小龙在专著与论文中均有涉及。他指出:"同印欧系语言相比,汉语的特点并不表现在主题占重要地位,而在于整个句型系统在功能和结构上都存在名词性句型和动词性句型的质的区别。印欧语的语法可以不区分名句和动句,而以形式为纲主谓二分;汉语语法是一种注重功能、内容的语法,汉语句子类型的划分必须首先把名句和动句区别开来。主题只是名句中的一个句子成分范畴。主题现象虽然反映了汉语语法的一个重要特点,但却不能说汉语是主题占重要地位的语言。

实际上，汉语的名句和动句都有与印欧语句子殊异的特点。在语言类型学的意义上，汉语整个句型系统的面貌是更深刻更带根本性的。"①

上述引文的核心意义在于：西语在传统语法意义上的主谓句，无法移植到汉语的语法事实中。汉语句子的所谓"主语"，其实存在主题语与施事语的差别，从功能与形式上分别对应为名词性句型和动词性句型。将主谓句分解为主题句与施事句两大类，便很好地解释了评论说明事物的名词句和叙述事件过程的动词句这两大类汉语句型的本质特点，也消解了传统语法研究中将谓语成分进行勉强分类以弥补汉语句子硬套主谓句框架的种种不足。为了说明这一点，我们建立了一个较为庞大的六十多万字的专书语料库，运用功能句型理论及其体系来分析汉语句型，验证汉语句子特点，并考察近代文演变至现代文的过程中，文学语言担任了何种角色。

我们的专书语料库包括14世纪的章回体小说《水浒传》、18世纪的章回体小说《红楼梦》、当代小说家严歌苓的长篇小说《第九个寡妇》，时间上跨越六七个世纪之久，代表了汉语从近代到现代的转型过程，集语言特点与文学特点的变迁于一身。为了便于统计、比较和分析数据，我们以《第九个寡妇》的262千字（版面字数）、11680条句子为基准，将《水浒传》《红楼梦》的内容分别截取到第二十五回、第三十四回同为11680条句子处，建立了60余万字、35040条句子的大型数据库，以进行穷尽性的等量句型分析研究。我们期望在充分的语料描写的基础上，比较不同历史时期汉语句型系统的演进特点，梳理不同句型发展的历史脉络，乃至发现语言发展与文学表达模式之间千丝万缕的联系。

---

① 申小龙《中国句型文化》，东北师范大学出版社，1988年，第38页。

3. 三部作品施事句（动词句）比较

施事句在《水浒传》《红楼梦》《第九个寡妇》三部作品中的数量分别达到6116条、5254条和5299条，在11680条的总句数中所占比例分别为52.36%、44.98%、45.37%，接近或超过总数的一半。这可以说明，在传统文学作品中，人物的动作行为与事件的发生历程，一直是构筑整个故事情节的核心。但从句法层面上看，这些以动词为核心的施事句结构大多不符合传统语法研究的主谓句（即SVO）形式。在我们的语料库中，存在大量动词集结、按照时空顺序一路铺排、极少使用关系词来连接的句子，即流水句。我们统计了含有4个以上动词句读段的施事句，发现《水浒传》最高达到9个句读段，而《红楼梦》竟达到11个句读段之多。即便是当代小说《第九个寡妇》也有9条多达6个句读段的施事句。下面以《水浒传》为例。

（1）4段施事句为124条，例如：到天大明，王婆买了棺材，又买些香烛纸钱之类，归来与那妇人做羹饭，点起一对随身灯。

（2）5段施事句为57条，例如：次日，小王都太尉取出玉龙笔架和两个镇纸玉狮子，着一个小金盒子盛了，用黄罗包袱包了，写了一封书呈，却使高俅送去。

（3）6段施事句达41条，例如：朱仝自进庄里，把朴刀倚在壁边，把门来拴了，走入佛堂内，去把供床拖在一边，揭起那片地板来。

（4）7段施事句达12条：例如：王进听罢，只得捱着病来，进得殿帅府前，参见太尉，拜了四拜，躬身唱个喏，起来立在一边。

（5）8段施事句达6条，例如：武大挑了担儿，引着郓哥，到一个小酒店里，歇了担儿，拿了几个炊饼，买了些肉，讨了一旋酒，请郓哥吃。

(6) 9段施事句1条：过了一夜，次日天明起来，讨些饭食吃了，打拴了那包裹，撇在房中，跨了腰刀，提了朴刀，又和小喽罗下山过渡，投东山路上来。

《红楼梦》的作者曹雪芹较多使用韵文，因韵文的声气连贯、铺排便利之故，连动的施事句读段最多一条甚至达到了11个之多："一面引人出来，转过山坡，穿花度柳，抚石依泉，过了荼蘼架，再入木香棚，越牡丹亭，度芍药圃，入蔷薇院，出芭蕉坞，盘旋曲折。"即便将这样带有韵文意味的句子除掉，含4个以上句读段的施事句也达282条，其中包括3条含有8个句读段之多的施事句，如："林黛玉虽然哭着，却一眼看见了，见他穿着簇新藕合纱衫，竟去拭泪，便一面自己拭着泪，一面回身将枕边搭的一方绡帕子拿起来，向宝玉怀里一摔，一语不发，仍掩面自泣。"

《第九个寡妇》虽然是当代小说，但并不乏这类汉语传统的流水句。据我们统计，其中含4个以上句读段的施事句也达到了202条之多。句读段最多为6个，共9条，例如："她拎起那油酥卷一样松软的被包，回到他屋里，抽下绳子，重新把里面脏的、干净的衣服叠好，齐齐地码在被子里，再把被子叠成紧紧的四方块。"

从功能句型理论角度看，迥异于主谓结构的流水句，虽然缺乏划分句界的形态标记，但有严密的逻辑事理。"当我们造施事句的时候，我们通常处于一种叙述的心理框架。……可以归结为'时间坐标+空间坐标+施事者+核心事件'。事件是施事句必不可少的核心，经常是由动词组来铺排的。直到一连串动作有了一个逻辑的归宿或终点，句子才算完成。"[①] 上述多段施事句就是以一个个动作短语为视点，用事理逻辑或时间顺序将各段动词短语串连起来，构成一个动态的事件叙述流程，从而实现其特定的表达功

[①] 申小龙《中国句型文化》，第38页。

能。这一点也跟小说的文学功能相匹配。

　　由纯粹白话写成的《水浒传》是章回体小说,源自民间说话艺术中的"讲史",通过一些具备文学修养的文人的参与,由口头演述的简要底本扩展为书面的阅读"话本",讲史、讲故事、讲情节是其原始的模板。"《水浒传》继承了民间说话的传统,十分重视故事情节的生动曲折。它很少静止地描绘环境、人物外貌和心理,而总是在情节的展开中通过人物的行动来刻画人物的性格。"(章培恒,2004)中国传统的小说创作中,曲折起伏的故事情节、紧张刺激的戏剧场面往往是吸引读者的必要条件,即便在现代主义之风劲吹过后的文学界,超现实的创作手法依然无法取代传统的表现手法。严歌苓的小说中,包括《第九个寡妇》在内,有多部被搬上了银幕或荧屏,其中一个很重要的原因在于其作品具有丰富的视觉感、听觉感、画面感,描写人物或白描,或工笔,体现了传统小说中特别突出的特征。"在我们漫长的中国小说发展中,大约90%的作家都是属于视觉语感的写作,这就是说,我们绝对多数小说都可以还原为画面,绝对具有可视性。与之相适应的中国小说以故事为主体,具有一定的讲述性,历代以来中国小说的讲述都可以作为评话弹词的艺术表演。"[①]于是,以叙事功能为主的施事句必定要在这种讲述性的小说中承担重要的角色,《水浒传》如此,《红楼梦》如此,《第九个寡妇》亦是如此。

4. 三部作品主题句(名词句)比较

　　施事句在三部作品中所占比例虽高,却并不意味着可以从语言类型学意义上将汉语归结为动词型语言。在我们的语料库中,

---

　　① 刘恪《论感觉,中国小说语言中的一个语感问题》,《中州大学学报》2010年第6期,第20页。

主题句的数量在《水浒传》《红楼梦》《第九个寡妇》中分别达到了2121条、2323条和3274条，在11680条总数中所占比例分别为18.16%、19.89%、28.03%。那么，主题句究竟在文学作品中承担着怎样的角色呢？

我们认为，"主题句的心理图象则是一种'客体+评论'的静态的逻辑意念。我们造主题句时先提出我们想要说明的一个话题，可以是一个词、一个词组，甚至一个句子形式，然后加以评论。"（申小龙，1988）也就是说，主题句是一种承担评论功能的句子，是对句首的话题进行评论的一种名词句。这类句子通常呈现为"主题语+评论语"的格局，写作者（说话者）视角可以在二者之一进行停留。当视角落到评论语身上时，主题语通常很简短，甚至承接上文省略，重点在于评论的部分，如："<u>（王熙凤）</u>一双丹凤三角眼，两弯柳叶吊梢眉，身量苗条，体格风骚，粉面含春威不露，丹唇未起笑先闻。"（《红楼梦》）这个句子的主题语是王熙凤，其后的长评论语是对她的音容笑貌进行描写议论的主观性成分，较为复杂，使得整个句子呈现出"辐射型"的格局；当视角为主题语时，句子的重点也在主题语身上，如："<u>万一是斩碎的骨头，上面没挂什么肉，就糊上一层稀里糊涂的甜酸汁子</u>，那不太亏？"（《第九个寡妇》）这个句子的评论语"那不太亏"是复指性的，针对的是前面整个以句子（下划线部分）为话题的主题语，呈现出一种"网收型"结构。

主题句的语言功能在文学作品中体现为评论与褒贬。在中国传统叙事文学中，作者通常是隐身的，其态度与情感很少直接显露。以古代文学经典《史记》为例，"司马迁作为叙述者，几乎完全站在事件之外，只是在最后的'论赞'部分，才作为评论者直接登场，表示自己的看法。这种方式，为自如地展开叙述和设置场景提供了广阔的回旋余地。但是，所谓客观叙述，并不是不包含作者的立场和倾向，只是不显露出来而已。通过历史事件的展开，通过不同人物在其历史活动中的对比，实际也体现了叙述者的感情倾向"①。这种所谓"寓褒贬于叙事之中，见大义于微言之外"的春秋笔法，向来被视为优良的写作传统，广泛运用于不同历史时期的叙事文学创作中，颇受接纳与褒扬。

因此，无论是从叙事文学的写作传统而言，还是从迎合早期民众的世俗阅读心理的目的看，脱胎于话本的章回体小说更看重的显然是小说的故事性、情节的曲折性，而非有可能削弱情节连贯性的议论式内容。于是，承担评论功能的名词性句子数量相对具有叙事功能的动词性句子，必然退而居其次。而据申小龙对《左传》句型所作的穷尽性考察，在句子的运用中占优势的也是施事句，其次才是主题句和关系句。

我们看到，三部作品的主题句在总数中所占比例虽然不高，但却呈现出与时间同向的递增性，而当代小说《第九个寡妇》的主题句数量更是比《水浒传》上升了几乎十个百分点，从18.16%增加至28.03%，说明作者的主观性介入在小说的发展过程中是呈上升趋势的。这一点可以从中国文学尤其是小说的现代化转型过程中得到印证。

西方现代主义思潮对中国文学的影响始于19世纪末到20世纪初，曹雪芹的《红楼梦》诞生于其前，但文学发展的内部规律与外部动力，已然促使各种文学样式开始了悄悄的变革。《红楼梦》虽不脱才子佳人题材的窠臼，却也实现了某种程度的历史性突破，作者以深刻的人生体验传达了他对现实的清醒认识，对人生意义的积极探索。尤其是在反思人类生存意义上所体现出来的某种形

---

① 章培恒、骆玉明主编《中国文学史》（上册），复旦大学出版社，2004年，第212—213页。

而上的哲理，完全超出了个体人生经验范围，具有了现代哲学意义。这一点，以情节为中心、以讲故事为己任的《水浒传》只能望其项背。

到了20世纪现代文学转型期，小说领域的变革尤为先锋。受世界性的现代主义潮流影响，中国小说在题材、情节、结构、人物、叙事模式等方面，也表现出了对传统小说技法的深刻变革和现代意义上的重大转折。对人物心理的精雕细刻，对精神世界、意识中心的关注探索，逐渐取代了人物的外部行动乃至表层心理现象，传统小说的故事性和人物性格的刻画手法出现了不同程度的退化。时至今日，对意识的探索始终成为各种母语小说创作的焦点。

《第九个寡妇》不属非现实的探索作品，传统小说的特征依然突出，视觉感、听觉感、画面感十分丰富，讲述性仍然在其叙事模式中占据主导。但严歌苓对人物意识活动的描写，对象征、隐喻等现代小说技巧的运用，又使其作品超越了传统小说的框架，而具有了现代性。这是以评论功能见长的主题句数量在《第九个寡妇》中大幅增长的直接因素。

5. 三部作品关系句比较

关系句在三部作品中的数量分别为：《水浒传》2566条，《红楼梦》3371条，《第九个寡妇》2398条，在总句数中所占比例依次为21.97%，28.86%，20.53%，其中《红楼梦》的关系句所占比例最高。

根据功能句型分析理论，关系句是以事物、事件之间的逻辑关系如因果、转折、假设、条件、并列、比拟、比兴、诠释等为着眼点的，有点类似传统语法句型分析中的复句，但又不同于复句。一般语法书上所谓复句的概念，是建立在西方语言句型分析的基础之上，通常是指由两个或两个以上意义上相关、结构上互不做句法成分的分句加上贯通全句的句调构成的复合句；在结构上，复句可以是主谓结构，也可以是非主谓结构；分句之间的关系有时用关联词语来表示[①]。这种概念下的复句是具有词类标记的语法聚合概念，而我们所指的汉语关系句，是具有内在逻辑关系的语义聚合概念。如非欧化的句式，汉语关系句一般很少使用关联词语，例如：

柴大官人举荐将教头来敝寨入伙，争奈小寨粮食缺少，屋宇不整，人力寡薄，恐日后误了足下，亦不好看。(《水浒传》)

有的没的都在这里，你不嫌，就挑两块子去。(《红楼梦》)

他还是小孩子家，长的得人意儿，大人偏疼他些也还罢了，我只不伏这个主儿。(《红楼梦》)

男人们从来没见过她眼睛什么样儿，她老把它们藏在羞怯、谦卑，以及厚厚的肿眼泡后面。(《第九个寡妇》)

这几条例句中的各个小句很多都可以独立成句，之所以组合在一起，与它们所在的上下文语境不可分离。脱离了一定的语境，它们之间的某种逻辑关系未必存在，所对应的也就不一定是原来的某一逻辑形式。可见，汉语关系句的组合是相对的，而非绝对的；是语义的，而非语法的；是松散的，而非固定的。因为小句之间缺少关联词语，且有着极大的弹性，我们在判断句间逻辑关系及断句的时候，也往往存在较强的主观性。比如《红楼梦》的关系句，是三部作品中数量最多、长度最长的，试看以下句子：

彼残忍乖僻之邪气，不能荡溢于光天化日之中，遂凝结充塞于深沟大壑之内，偶因风荡，或被云催，略有摇动感发之意，一

[①] 参见黄伯荣、廖序东主编《现代汉语》(下册)，高等教育出版社，2012年，第127页。

丝半缕误而泄出者，偶值灵秀之气适过，正不容邪，邪复妒正，两不相下，亦如风水雷电，地中既遇，既不能消，又不能让，必至搏击掀发后始尽。

此句长达16个句读段，103个汉字，并非纯粹的白话，而是文言、词组、骈文相杂，句子容量超常，语义复杂，关联词语缺乏。如果不在特定的语境下根据上下文进行切分，恐怕是无法将如此长句纳入到任何一种句子类型中去的。《红楼梦》类似的复杂关系句还有不少，似乎也提示我们文学语言特性与句型之间的某种联系。

我们发现，关系句的数量与语言的繁复程度存在一定关系。《水浒传》的语言是纯粹的白话，且小说中人物大多为草莽英雄，人物的对话与叙述语言相对简洁通俗；《第九个寡妇》的故事背景是农村，人物多为农民，对话与心理活动简单而直接。相较而言，《水浒传》还保留了古代小说在行文中夹杂诗词曲赋等韵文的传统，在事理的叙述上比《第九个寡妇》稍显繁复。而《红楼梦》的作者曹雪芹以至作品中的众多人物，大都生长在官宦世家，乃"诗礼簪缨之族"，自身有着深厚的古典文学修养，加之故事背景基本局限于豪宅深院，故无论是小说的叙事语言，还是人物间的对话，抑或是人物的心理活动，都呈现出典雅、繁复的文学面貌，显示了作者很高的语言造诣。三部作品关系句的数量及所占比例之高低似可由此得到一定的解释。

6. 结语

关于汉语属动词型语言还是名词型语言，刘丹青曾经从话语、句子、从句、短语、词法等形式层面进行了汉英对比分析，并得出如下结论："仅就汉语与英语比，汉语明显接近动词型（verby）语言。汉语中动词的作用比英语中动词的作用更加重要，反过来，汉语中名词的作用远不如英语中名词的作用重要。"[①]纯粹的形式结构分析固然不乏科学性，但建立在西语语法分析基础上的前提，其实已经抹杀了汉语语法上的独特性。

　　汉语句型到底是名词句重点还是动词句重点？我们认为，最重要的依据并非词语形式上的特征，而应该看句子中的动词和动词词组所具有的功能到底是动词性的还是名词性的。汉语本身缺乏形式标记，在词性的界定上具有很大的灵活性，形式上表现出来的特征与实际功能往往并不一致。根据西语语法范畴下的形式特征去判定汉语句子是名词型还是动词型，很容易忽视汉语语法与汉语事实之间的深刻联系。因此，我们对句型的判断不能依赖于句中词语的形式特征，而要考察其在实际运用中所承担的功能。假如一组动词或动词性词组所承担的功能实际上是名词性的，如："<u>万一是斩碎的骨头，上面没挂什么肉，就糊上一层稀里糊涂的甜酸汁子</u>，那不太亏？"那这样的句子尽管有"挂""糊上"等动词，我们仍然认为它是名词句，而非动词句；反之亦然。如此看待一个句子，并不意味着汉语句子功能是孤立的、纯主观的概念，它们其实大部分都与特定的表现形式相联系，如上例中的"那"，代指前面划线部分的句子，使其成为名词性成分，整个句子呈现为网收型的复指主题句结构，属于名词句。我们的语料库已经建立了这类功能与形式相对应的体系，用以考察汉语句型的归属。我们相信，这一句型观视野下的汉语句子形式，必然是真正包含内容的形式，而不是欧洲语法范畴下的纯粹形式。

　　事实上，我们从功能句型理论出发，基于大量语料分析所建

---

　　① 刘丹青《汉语是一种动词型语言——试说动词型语言和名词型语言的类型差异》，《世界汉语教学》2010年第1期，第3页。

立起来的施事句(动词句)、主题句(名词句)、关系句"三分天下,鼎足而居"的汉语句型格局,基本能够说明古今汉语的句型特点。尤其是三部不同时代文学作品中三大句型的总数及其在总句数中所占比例更能说明问题:《水浒传》三大句类总数10803条,占比92.49%;《红楼梦》三大句类总数10948条,占比93.73%;《第九个寡妇》三大句类总数10971条,占比93.93%,两项数据非常接近,说明从14世纪的近代汉语到今天的现代汉语,三大句类的鼎足之势未变,更说明功能与形式相统一的功能句型分析方法,既有理论上的科学性,也有具体应用上的实证性。

三、论汉语复杂句的分析与汉语句型观

在建立专书《水浒传》《红楼梦》及《第九个寡妇》的语料库后,我们对总共六十万字、近三万五千条的句子进行了句型分析。在这个过程中,我们时常会遇到一些参差不齐、语义复杂的长句。如何分析归纳这些长句,不仅体现出我们研究中的汉语句型观,同时对我们所采用的句型分析方法也是一个严峻的检验。对此,一方面我们希望来自不同时代的经典文学作品的语料能代表真实的汉语面貌,能为我们奠定扎实的、与汉语事实相符的研究基础;另一方面,我们也希望通过充分的语料分析,进一步证明:基于功能主义的汉语句型分析方法,不仅具有本土语法研究的独创性,而且能够解决许多句型分析流派难以处理或无法自圆其说的分析难题。

我们收集的三部作品中的大量复杂长句,在主谓句的传统句型分析视角下,势必会被区分为含复杂宾语的主谓句、名词谓语句、主谓谓语句、连动句、兼语句、复句等。我们暂且按照这样的分类例举15条句子如下。

《水浒传》：

（1）他说有北京大名府梁中书，收买十万贯金珠宝贝，送上东京与他丈人蔡太师庆生辰，早晚从这里经过。

（2）他却是个帮闲的破落户，没信行的人，亦且当初有过犯来，被开封府断配出境的人。

（3）过了一夜，次日天明起来，讨些饭食吃了，打拴了那包裹，撇在房中，跨了腰刀，提了朴刀，又和小喽罗下山过渡，投东山路上来。

（4）沧州牢城营里管营，首告林冲杀死差拨、陆虞候、富安等三人，放火延烧大军草料场。

（5）目今京师瘟疫盛行，今上天子特遣下官为使，赍捧御书丹诏，亲奉龙香，来请天师，要做三千六百分罗天大醮，以禳天灾，救济万民。

《红楼梦》：

（6）这丫鬟忙转身回避，心下乃想：这人生的这样雄壮，却又这样褴褛，想他定是我家主人常说的什么贾雨村了，每有意帮助周济，只是没甚机会。

（7）"坐山观虎斗"，"借剑杀人"，"引风吹火"，"站干岸儿"，"推倒油瓶不扶"，都是全挂子的武艺。

（8）只因他从小儿跟着太爷们出过三四回兵，从死人堆里把太爷背了出来，得了命，自己挨着饿，却偷了东西来给主子吃，两日没得水，得了半碗水给主子喝，他自己喝马溺。

（9）我今儿听见我妈和哥哥商议，叫我再耐烦一年，明年他们上来，就赎我出去的呢。

（10）彼残忍乖僻之邪气，不能荡溢于光天化日之中，遂凝结充塞于深沟大壑之内，偶因风荡，或被云催，略有摇动感发之意，一丝半缕误而泄出者，偶值灵秀之气适过，正不容邪，邪复妒正，两不相下,亦如风水雷电,地中既遇,既不能消,又不能让,必至搏击掀发后始尽。

《第九个寡妇》:

(11)她们发现葡萄虽然年轻,却受封建毒害太深,觉悟今天提高了,明天又低下去。

(12)这是个穿黄军装的小伙子,比她男人铁脑还小,嘴唇上的黑茸茸还没挨过剃刀。

(13)他揣着五块钱,在集上转,见一个老婆儿卖茶鸡蛋,买了五个,花了一块钱,又去供销社称了两斤点心。

(14)他让谢老丈人在公社办公室当个勤杂,帮他接待一些上门参观、取经的各地代表。

(15)她公公看中她的死心眼,人不还账她绝不饶人,往人家窑院墙上一扒,下面窑院里的人推磨、生火、做饭,她就眼巴巴看着。

我们认为,如何看待并分析这类句子,基本能够反映出汉语句型分析的不同视角和语法观念。

1. 常见的句型分析方法

吕叔湘先生说过:"怎样用有限的格式去说明繁简有方、变化无穷的语句,这应该是语法分析的最终目的,也应该是对于学习的人更为有用的工作。"[①]汉语的特殊性,使得句型分析成为多年来现代汉语语法研究的重点;而建立一个系统的汉语句子类型,更是近百年来数代语言学家努力的目标。因为"研究任何一种语言的语法,分析它的语法单位、语法结构或各种语法现象,其终

---

① 吕叔湘《汉语语法论文集》,商务印书馆,1984年,第553页。

极目的,就是建立该语言句子类型的系统"①。然而,自从《马氏文通》开创以印欧语法分析为参照的汉语语法体系以来,国内的汉语语法研究始终走不出西方语法研究的理论框架和影响,甚至不惜削足适履,将语言事实迥异于印欧语的汉语强行塞入西方语法分析的条条框框之中。以句型分析为例,《马氏文通》第一次把"主语-谓语"这两个从拉丁语事实中抽象出来的语法范畴引进了汉语语法研究的领域,便使之成为中国传统语法学研究中根深蒂固、不可撼动的基础。分析句子,必定要找出与名词、动词、副词、形容词等一一对应的若干句子成分——主、谓、宾、定、状、补,于是,分析的任务便算完成了。然而,这套分析方法处理整齐的句子尚可,面对真实而复杂的句子就一筹莫展了。张世禄先生指出:"有些语法书上说:汉语里的句子虽然分做'主谓结构句'和'非主谓结构句'两大类,还是'主谓结构句'占据了大多数,在分析句子的时候,应该注重'两分法',即把句子分做主语、谓语两部分。这种观点,显然是受了西洋语法学的影响,同时又单用一些说理的散文作为语法分析的材料,因而引起一种错觉所得出的论断,是不合事实的。如果用诗歌、小说、戏曲等文艺作品作为语法分析的材料,也许从中会得出相反的结论。"②

上文所举15例都来自古今文学作品,若根据词性去辨识其中的主语、谓语等各个成分,必然是一个巨大的难题。(1)(6)(11)例中"说、想、发现"这几个谓语动词后面所跟的宾语成分显然大于一个名词或短语。(2)(7)(12)例是体词谓语句?形容词性谓语句?还是主谓谓语句?似乎兼而有之。(3)(8)(13)例中都出现了五个以上的动词,哪一个是谓语?主谓句允许如此之

---

① 胡裕树《试论句子类型的研究·序》,《汉语学习》1995年第5期,第55页。
② 张世禄《关于汉语的语法体系问题》,《复旦学报(社会科学版)》1981年增刊,第4页。

多的谓语存在于一个句子中吗?(4)(9)(14)例中,句首主语与第二、三个谓语动词并不一致,不符合主谓语的基本框架。印欧语的主语、谓语大多以词为单位,(5)(7)(10)(15)例却不一定,词、词组甚至句子,都可能处在主、谓、宾的各个位置,没法根据所谓词性去判断它们所属的句子成分。如果硬性进行成分划分,那么从主谓结构的标准上看,这些句子就显得纷乱繁复,无从归属,而语义上就更加含混不清了。此外,传统语法中的主语还往往将"动作(谓语)的实施者""陈述的对象""谈论的话题"等不同层面的概念混淆在一起,使得"台上坐着主席团"、"王冕死了父亲"之类的句子怎么也说不清楚到底主语是什么。这就是传统语法学派——句子成分分析法的巨大缺陷所在。

其实,20世纪30年代至今的汉语语法学研究及论争中,许多语言学学者都认识到了将西方语法学范畴套用到汉语语法研究中的诸多弊病,然而,这并未减少国内语法研究对西方语言学各流派理论的依赖。

在汉语语法学史上产生了很大影响的《现代汉语语法讲话》(丁声树等,1961)就是一部深受美国结构主义语法理论影响的集体著作,其句子分析采用直接组成成分分析法。这种方法仍然采用句子成分分析法所使用的"主、谓、宾"等概念,特别重视句子的结构关系及句法单位组合的层次关系。因分析时尽量切分两个直接组成成分,所以又称"二分法"。对此,史存直先生早有异议:"刻板规定层层二分,不能适应语言的实际。在语言实际中,有时是须要三分的。例如'请他来''派他去'这样的结构,不管你认为是'动宾足'关系也好,你认为是'递系式'也好,总之是不能适用二分法的。"① 此外,这种分析方法最大的问题是无法揭示句法结构内

---

① 史存直《评几种新的句分析法》,《华东师范大学学报(自然科学版)》1980年第5期,第59页。

部的深层语义关系。最典型的例子莫过于"鸡不吃了",当层次和结构关系都相同时,这一分析方法显然无法区分"鸡不吃食了"与"我们不吃鸡了"这两层意思,只能从语义角度加以区别补充。而像上文15例复杂的长句,都得不胜繁复地划分成许许多多个层次,划到句末,只剩下了层次,没有了句子,更模糊了语义。

直接成分分析法还依据语序,把凡是动词前可以做主语的词语都称作主语,而动词后可以做宾语的词语都称作宾语,这样主语、宾语的范围都扩大了,主语不仅是施事,也可以是受事、处所、类别、结果、存在的事物。因此,谓语句可以划分为多种:体词谓语句、形容词谓语句、动词谓语句、主谓谓语句等。由于主语的外延扩大了,主谓结构的范围也扩大了。这看上去是在迁就汉语事实,但其出发点依然是根据动词谓语中心这个前提来处理分析汉语里的句子:有主语的叫作主谓句,只有独立动词或动宾结构的句子叫作无主句。类似于例(8):"只因他从小儿跟着太爷们出过三四回兵,从死人堆里把太爷背了出来,得了命,自己挨着饿,却偷了东西来给主子吃,两日没得水,得了半碗水给主子喝,他自己喝马溺。"这样同一主语下面紧跟好几个连续动词的句子,就被归入"复杂谓语"或"复合谓语"中,其研究方法的实质,仍然是用西方语法分析中动词中心的视角来看待缺乏形态标记的汉语句子。

2. 文化语言学角度的汉语句型观

2.1 中国传统语文学的句读论

中国传统语文学对句子的理解来源于"句读"的概念。唐天台沙门湛然《法华文句记》卷一指出:"凡经文语绝处谓之'句',语未绝而点之以便诵咏,谓之'读'。"[①]想说的话还没说完,为

---

① 郑奠、麦梅翘编《古汉语语法学资料汇编》,中华书局,1964年,第208页。

了便于继续诵读而作标记，这是"读"；而想说的话已经说完，就是"句"。可见，在古人眼里，"句读"跟结构、形式并无关系，而是跟语义有关的概念，是文章运行中的或行或止，是对上下文意旨的一种审度，义尽则为句。这一点在元程端礼《程氏家塾读书分年日程》中多处可以得到印证。他对"句读"的定义分别为："句：举其纲，文意断。读：者也相应，文意未断，覆举上文。"① 程端礼详细列举了各种句读的例句，甚至罗列了何种情况为句、何种情况为读的标记。其中值得注意的是："凡议论体，自然读多句少；凡叙事体，自然句多读少。"② 这已经从语义功能上为我们分析汉语句型指明了方向。清徐增《而庵诗话》的论述更具意味："子美诗有句有读，一句中有二三读者。其不成句处，正是其极得意之处也。"③ 此语更点明了句读的本质——一个语气、文理的运行程序。不成句之处，正是语气未断、文理未完之时，好比人在演讲的途中，正处思路顺畅、意兴滔滔之时，一旦结束，也就完成了演说，如同文章中的一个"句"。因此，传统语文学对"句读"的看法，来源于古代学人对汉语母语的语感和认知，其立足于语义、声气、功能的视角，应该成为我们研究汉语语法的基础和出发点。

但是传统语文学对"句读"的定义，到了《马氏文通》那里则演变成了结构上的概念，可谓中国的白酒装进了西洋威士忌的瓶子里，感观与风味都起了变异。"凡有起词、语词而辞意未全者，曰'读'。""凡有起词、语词而辞意已全者，曰'句'。""所谓'辞意已全'者，即或惟有起词、语词而语意

---

① 郑奠、麦梅翘编《古汉语语法学资料汇编》，第210页。
② 郑奠、麦梅翘编《古汉语语法学资料汇编》，第211页。
③ 郑奠、麦梅翘编《古汉语语法学资料汇编》，第214页。

已达者,抑或已有两词而所需以达意,如转词、顿、读之属,皆各备具之谓也。是则句之为句,似可分为两类:一则与读相联者,一则舍读独立者。"①自此,汉语句型分析与起词、语词、止词(即主语、谓语、宾语)这类句子成分的称谓联系在了一起。拿来一个句子,先判断是单句还是复句,即"与读相联者",还是"舍读独立者";然后判断是主谓句还是无主句,如果是主谓句,则根据谓语结构确定其归属动宾谓语句、后补谓语句、连动谓语句、兼语谓语句、主谓谓语句等不同类型。这一分析方法几乎成为汉语句型分析的常规定式,占据了汉语句型研究领域的大片江山。

2.2 形式特征与功能语义相结合的新句型观

当结构分析的种种弊端暴露之时,研究者们普遍认识到,从汉语的形式出发分析句子,必然捉襟见肘,进退维谷。上世纪80年代初期,胡壮麟、徐克容等学者将韩礼德的系统功能语言学介绍进了中国,他们从语义功能角度研究词序,探讨语气、语篇等问题,对国内的汉语语法研究产生了较大影响。

作为与形式相对的概念,功能可以从意义上为语法分析找到新的出路。尤其对于缺乏形态标记的汉语来说,基于功能的语法研究,既符合汉语的语言事实,也符合传统语文学研究的精神。如国内学者张伯江、方梅认为汉语是一种注重功能的语言,句法制约力相对较弱,SVO、SOV之类句法语序类型对汉语研究用处不大。他们以汉语口语(北京话语料)为研究对象,用功能语法观念来研究汉语的话题,认为话题可以由名词短语、时间处所名词、名物化的动词短语充当。他们还提出对句子进行动态分析,在没有外部标记时可以根据情景及分析者的理解来处理句子,允

---

① 马建忠《马氏文通》,商务印书馆,1983年,第410、425页。

许对同一句子进行不同分析。张、方二人的观点有超越前人之处，但完全抛弃句法特征，从语境与听话者理解的角度分析话题，则使得分析标准过于泛化，主观性太强。这似乎又从形式主义的极端走向了主观主义的另一个极端。

文化语言学的开拓者申小龙坚持将形式特征与功能语义结合起来观照汉语事实，并力图建立汉语的句型系统，他认为："不把句型和功能结合起来，汉语句子的问题就只能一直纠缠于结构形式，既不能说明汉语的表达为什么习惯采用迥异于'主谓结构'的'流水句'格局，又不能说明汉语'流水句'究竟是按什么规律组织起来的。"① 这里所谓的"流水句"，其类型之一就是大量的动词集结，按照时空顺序一路铺排下去，很少使用关系词来连接的句子。这样的流水句在我们的语料库中大量存在。如上文中的（3）（8）（13）例，其中的动词少则6个，多则有9个之多。如果按照我们惯用的主谓句的标准，这些句子是单句还是复句呢？如果是单句，哪一个动词是中心谓语词呢？如果是复句，各个小句之间的逻辑关系是什么呢？按照申小龙的功能句型理论，汉语缺少划分句界的形态标记，但有严密的逻辑事理，上述的多段动词句就是以一个个动作短语为视点，用事理逻辑或时间顺序将各段动词短语串连起来，构成一个动态的事件叙述流程，从而实现其特定的表达功能。

在申小龙的句型系统中，另一大类句型——主题句更能体现形式特征与功能语义相结合的句型观。用郭绍虞先生的话说："汉语造句的特点是以名词为重点的，……由于汉语不以动词为重点，所以主语不一定与动词发生关系，而许多名词性的词组就可成为

---

① 申小龙《论中文句型之句读本体，功能格局，事理铺排——兼论汉语句型研究中西方概念的消解》，《杭州师范大学学报（社会科学版）》2013年第3期，第77页。

主语。"① 其实，郭先生所说的这类名词句的存在并不需要否定汉语动词句的存在。动词句是以叙述动作事件过程为主，名词句则是以评说人物事件为主。名词句即主题句，其功能主要在于评论，其句子焦点往往是一个话题。在主题句中，话题的范围极为宽泛，如同移动的视角，视野所及，无论是人物、事物还是事件、经历，抑或属性、特征，都可以成为评论的话题。因此，句子中的主题语（话题）可能是一个词、一个词组，甚至是一个句子。除前文（2）（7）（12）例以外，还有如下例子：

（16）这代天师非同小可，虽然年幼，其实道行非常。（主题语：天师，人物）

（17）小人房钱，昨夜都算还了。（主题语：小人房钱，事物）

（18）蒲城县人户稀少，钱粮不多。（主题语：蒲城县，地方）

（19）兵荒、粮荒、虫荒、人荒，躲一躲，就躲过去了。（主题语：兵荒、粮荒、虫荒、人荒，并列短语）

（20）我这里五台山文殊菩萨道场，千百年清净香火去处，如何容得你这等秽污。（主题语：我这里五台山文殊菩萨道场，同位语短语）

（21）万一是斩碎的骨头，上面没挂什么肉，就糊上一层稀里糊涂的甜酸汁子，那不太亏？（主题语：万一是斩碎的骨头，上面没挂什么肉，就糊上一层稀里糊涂的甜酸汁子，复杂句子）

因此，"当我们造施事句的时候，我们通常处于一种叙述的心理框架。……可以归结为'时间坐标+空间坐标+施事者+核心事件'。事件是施事句必不可少的核心，经常是由动词组来铺排的。直到一连串动作有了一个逻辑的归宿或终点，句子才算完成"。而"主题句的心理图象则是一种'客体+评论'的静态的逻辑意念。

---

① 转引自申小龙《中国句型文化》，第37页。

我们造主题句时先提出我们想要说明的一个话题，可以是一个词、一个词组，甚至一个句子形式，然后加以评论"[①]。不同的句子有不同的心理框架，施事句以叙述事件为出发点，主题句以评论事物为要义，各有各的作用，各有各的造句方法。立足于功能视角，辅以结构形式特点，我们就可以在千变万化的汉语句子中找到归类的依据，统摄各种复杂难辨的句子。

2.3 基于功能主义句型观的复杂句研究

基于功能语义与结构形式相结合的句型观，无论是简单句还是复杂的长句，均可依照以下标准进行划分。

2.3.1 立足于句子的表达功能，兼顾结构形式上的特点来判断句型。

功能主义的句型研究所强调的功能，是以说话者而非听话者的视角为依据的。说话者是在叙述一个事件，还是评论一个人或一件事，或者是兼而有之，决定了三大类型的句子归属：施事句、主题句、关系句。

依据这一标准，上文15例中的（3）（8）（13）是典型的多段施事句，有共同的出发点——施事主语，按照时空顺序将动作词一路铺排下去；（2）（7）（12）是主题句，其中，（2）（12）是以评论语为视角的辐射型主题句，（7）是以主题语为视角的网收型主题句；而（5）（10）（15）则是不同于前两类的关系句。因为其中既包含了施事句，又包含了主题句，前后两句的出发点并不一致，只以或隐或显的逻辑关系联系在一起。如（5）例中"京师瘟疫盛行"是个主题句，"今上天子特遣下官为使，赍捧御书丹诏，亲奉龙香，来请天师，要做三千六百分罗天大醮，以禳天灾，救济万民"是个兼语句形式的施事句。两句之间的逻辑关系是因果

[①] 申小龙《中国句型文化》，第38页。

关系。

2.3.2 传统语文学的句读观可作为断句标准的依据之一。

古代文本并无现代语法学意义上的"句"的概念，更无区分句界的标点符号，只凭句、读来标明声气的停顿与结束，以及语义之未尽或完成，气住义尽则为界。这样一来，现代人读古文，在断句上就可能有不同的理解。同一部《水浒传》与《红楼梦》，也可能因版本不同而未必有完全一致的标点符号。即便是现代文的作者本人，写作时选取哪一种标点符号，也完全出自主观性的认知，未必就是坚不可摧的堡垒。因此，我们断句不一定拘泥于现成的标点符号，特别是对于复杂的长句，必要的时候可以进行切分，以凸显施事句、主题句这两大重要句子类型的特征。以句子（10）为例：

彼残忍乖僻之邪气，不能荡溢于光天化日之中，遂凝结充塞于深沟大壑之内，偶因风荡，或被云催，略有摇动感发之意，一丝半缕误而泄出者，偶值灵秀之气适过，正不容邪，邪复妒正，两不相下，亦如风水雷电，地中既遇，既不能消，又不能让，必至搏击掀发后始尽。

依照岳麓书社1987年的版本，这个复杂句有长达16个句读段，103个汉字，无论是传统语法，还是结构主义语法，抑或是系统功能语法、形式语法，其分析方法恐怕都对此句无能为力。即便用我们功能主义句型观的视角进行审视，这个句子也需要进行一番切分，否则以"关系句"概而括之，恐怕难以尽显我们句型观的要义。因此，我们将此句切分为三段：

（10-1）彼残忍乖僻之邪气，不能荡溢于光天化日之中，遂凝结充塞于深沟大壑之内，/

（10-2）偶因风荡，或被云催，略有摇动感发之意，一丝半缕误而泄出者，/

（10-3）偶值灵秀之气适过，正不容邪，邪复妒正，两不相下，亦如风水雷电，地中既遇，既不能消，又不能让，必至搏击掀发后始尽。

其中（10-1）为主题句，"残忍乖僻之邪气"为主题语，评论语则集评论与叙述为一体；（10-2）也是主题句，主题语仍为"残忍乖僻之邪气"，评论语也是夹叙夹议的；（10-3）则为关系句，"亦如"提示了前后句之间比拟的逻辑关系。

之所以做这样的切分，是基于如下认识：汉语的句子是"功能"型的，一串串词组能否构成一个句子，绝非因为某种形式标志，而要取决于它们的结合能否实现特定的表达功能，传达出相对完整的意义。因而分析汉语的句子，必然不能像西语那样从形式、结构入手，而必须从句子的表达功能和句子内部包含的事理逻辑入手。

2.3.3 立足于词组构件的大主语分析句观。

郭绍虞先生认为词组是汉语"所独"，尤其以四言词组为甚，这是其他语言所缺乏的，却是汉语古今文章中大量存在的，这正是由于汉语的书写载体——汉字所具有的单音和独立意义的特点，加上音韵声调所呈现出来的音乐感，使得汉语里四字一组的词常常穿插在句子中，甚至成为独立的句子成分，生成了一种独特的造句功能，活跃在多种文体甚至口头语中。郭绍虞举过《红楼梦》第三十九回刘姥姥所说的一句话："我们村庄上种地种菜，每年每月，春夏秋冬，风里雨里，那里有个坐着的空儿？"刘姥姥是大字不识的庄稼人，自然不是想以此炫耀自己的语文水平。这只能说明，词组充当句子成分是汉语表达的一种常态。且不说骈赋之类的韵文，即便在现代文与口语中，整齐的四字词组或不整齐的多字词组，在句子中独立运用，也是一种常见的语言现象。"汉语的四言词组，是兼有短语和句子与成语这几种性质的，所以适于为主语。……不论四言词组或不整齐的非四言词组，总之，它们的形式都是简短的，也即是说话时都可作停顿的……"①郭绍虞先生把这类词组归纳为双声叠韵词、象声词、成语等多种结构的四言词组，认为它们在句子里相当于一个"读"，可以停顿，因而容易取得主语的地位。"我们所谓主语，既不以动词为重点，当然就不必拘泥于使动受动、施事受事这一套。主语的范围也就比以前要扩大得多。"②我们在专书研究中将这一准则进一步放宽，扩展到整齐与不整齐的短语、小句上，在分析句型时可以从整体上视为句子成分，不只局限于施事句中的大主语，甚至也可作为大谓语、大宾语，以及主题句中的大主题语、大评论语等。试以《红楼梦》施事句、主题句各两例列举如下：

施事句：

<u>可巧银库房的总领名唤吴新登与仓上的头目名戴良，还有几个管事的头目，共有七个人</u>，从帐房里出来，一见了宝玉，赶来都一齐垂手站住。（划线部分为大主语）

（贾政）<u>一面引人出来，转过山坡，穿花度柳，抚石依泉，过了荼蘼架，再入木香棚，越牡丹亭，度芍药圃，入蔷薇院，出芭蕉坞，盘旋曲折</u>。（划线部分为大谓语）

主题句：

<u>"坐山观虎斗"，"借剑杀人"，"引风吹火"，"站干岸儿"，"推倒油瓶不扶"</u>，都是全挂子的武艺。（划线部分为大主题语）

（王熙凤）<u>一双丹凤三角眼，两弯柳叶吊梢眉，身量苗条，体格风骚，粉面含春威不露，丹唇未起笑先闻</u>。（划线部分为大评论语）

郭绍虞先生论汉语语法，总是能够注意到汉语的"所独"，试

---

① 郭绍虞《汉语语法修辞新探》，商务印书馆，1979年，第118页。
② 郭绍虞《汉语语法修辞新探》，第132页。

图摆脱洋框框洋格局的束缚，立足于汉语精神来描写与分析汉语语法，这一点对我们颇有启示。除了词法、句法这两个语法分析的基本轴线之外，如果再加上词组（含短语、小句）作为汉语析句的基本构件，那么，汉语句型的分析就能呈现出更多的本土性、多样性与灵活性。

四、论汉语言与汉语文学的通约性

《水浒传》是中国白话文学的里程碑。从其诞生之初至今，人们就以不同的视角和阅读方式，挖掘着它在文学语境与语言范畴中的价值和意义。作为一部成熟的白话小说，《水浒传》的主题思想、社会背景、时代特点、政治伦理等意识形态领域内的价值判断，及情节结构、叙事模式、人物塑造、语言运用等艺术成就的得失估量，一直都伴随着时代语境的变迁而始终成为"水浒学"研究的热点。对于后进的研究者而言，如何超越传统研究范畴，调整视角，建构新的研究模式，其意义并不亚于研究本身。本着这一目标，本文试图跨越文学与语言的界限，在二者交叠的领域内，对《水浒传》进行文本分析，以探索其语言特征中所包含的文化意蕴。

1. 文学与语言的一致性

维特根斯坦曾经说过，"想象一种语言意味着想象一种生活方式"[①]。如何理解这一命题？笔者以为，文学起源于人类的思维活动，是用语言文字表达社会生活和心理活动的艺术形式。从这个角度看，维特根斯坦这句话可以理解为："语言代表着一个民族看

[①] 路德维希·维特根斯坦《哲学研究》，商务印书馆，1996年，第12页。

待世界的方式,代表着他们描绘世界的特有的眼光。"

关于语言与文学的关系,最经典的表达似乎可以用萨丕尔在《语言论》第十一章"语言和文学"中的有关论述来代表。萨丕尔认为,文学包括精神层面和语言表达层面,优秀的文学作品是"直觉的绝对艺术和语言媒介在内的特殊艺术完美地综合"①,而与语言(语种)无关。他说:"语言是文学的媒介,正像大理石、青铜、黏土是雕塑家的材料。每一种语言都有它鲜明的特点,所以一种文学的内在的形式限制——和可能性——从来不会和另一种文学完全一样。用一种语言的形式和质料形成的文学,总带着它的模子的色彩和线条。"②萨丕尔还具体地指出了语言的因素对于文学的影响:"每一种语言本身都是一种集体的表达艺术。其中隐藏着一些审美因素——语音的、节奏的、象征的、形态的——是不能和任何别的语言全部共有的。"③这就是说,文学创作离不开语言,文学中的种种特质跟语言的特征密不可分。正如雕塑家用不同材料来塑造形象,造就了石像、青铜像、泥俑等雕塑作品,文学通过语言来描绘它的世界图景,有多少种语言,就有多少种这样的世界图景,语言为文学提供了多种可能性,使文学成为丰富多样的艺术表达模式和审美模式。

在文学与语言的关系上,罗兰·巴特的表述更加直观,他认为,"叙事作品具有句子的性质,但绝不可能只是句子的总和。叙事作品是一个大句子,如同凡是陈述句在某种程度上都是小叙事作品的开始一样"④,强调"语言和文学之间的一致性"。所谓语言

---

① 爱德华·萨丕尔《语言论》,商务印书馆,2010年,第201页。
② 爱德华·萨丕尔《语言论》,第199页。
③ 爱德华·萨丕尔《语言论》,第201页。
④ 罗兰·巴特《叙事作品结构分析导论》,胡经之等主编《西方二十世纪文论选》第2卷,中国社会科学出版社,1989年,第276页。

与文学的一致性，笔者的理解是，一个文学作品的结构其实等同于一个句子的结构，一个句子如何选择词语，如何安排句子成分的顺序，如何组织句子的结构，往往意味着一部作品对原始素材的选择，对各类述题的排序，乃至对整个视野图景的组织和架构。也就是说，一个文学作品的创作者在叙述或描写对象时，其词句的选择、语言的运用、表达的方式等等，必然与其对母语的感觉和领悟是一致的。例如：汉字的表意性及一字一音节的特性，使得汉语诗歌的字数可四言可七言，句子可整齐可参差，语序灵活，音韵合乐，成为了一种重意境、有声韵、可歌咏的文学品种。历代诗歌作者正是凭借汉语的特性去感悟生活，探索生命意识，描绘他们眼中的世界景象。因此，汉语诗歌无论是绝句、律诗还是楚辞、乐府诗，并不仅仅是语言技巧的产物，更是汉语的特性本身所带来的多样意趣和不同的审美力量。

文学作品需要传达生活内容的信息，更要表现生活之上的精神特质，要蕴含感悟生活之美的审美力量。从这个意义上讲，文学的语言既是工具、载体，又超越其上，具有了审美功能和民族文化的通约性。

2.《水浒传》的线状结构与线性施事句

《水浒传》的结构特点，是"把许多原来分别独立的故事经过改造组织在一起，既有一个完整的长篇框架（特别是到梁山大聚义为此），又保存了若干仍具有独立意味的单元，可以说是一种'板块'串联的结构"[①]。所谓"板块串联"，从根本上说就是一种线性结构。这种线性结构是以情节为中心的古典小说的典型结构特征。兹维坦·托多里夫说："从某种意义上说，叙事的时间是一

---

① 章培恒、骆玉明主编《中国文学史》下卷，第192页。

种线性时间,而故事发生的时间是立体的。在故事中,几个事件可以同时发生,但是话语则必须把它们一件一件地叙述出来;一个复杂的形象就被投射到一条直线上。"① 这种体现时间一维性的直线式叙事方法,往往成为史诗及古典小说中最为普遍的布局方式。写事件,从发生、发展到全局;写人物,由少年、成年到老年。例如,18世纪的英国启蒙小说大多沿用了海上漂流的史诗及陆地旅行的流浪汉小说中遗留下来的情节结构模式,将客观现实中人物直线运动的规律,固定为小说创作的结构模式。

《水浒传》的线性结构同样遵循时间的自然顺序和事件的因果关系顺序,将各个情节部分从头至尾串联起来,最终形成一个统一的结局。但中西方古典小说线性结构的不同之处在于:英国启蒙小说中流浪汉式的主人公是贯穿首尾的,他们始终行进在情节主线上,成为故事的唯一焦点。而《水浒传》的人物则是众多的,一百零八将的座次虽然有别,但每个英雄都有自己的故事和经历,每个英雄都有独特的个性和特质,而他们奔赴梁山泊的动因则无一例外:官逼民反。于是,这些众多人物的不同情节板块犹如条条涓涓细流,在时间的流程上陆续汇入"官逼民反、梁山聚义"这一情节主线中。

以罗兰·巴特的"叙事作品具有句子的性质"这一观点来考察《水浒传》的语言,我们会发现,《水浒传》在叙事结构上的线性特点,也在其句法结构中大量地显现。笔者对《水浒传》前十八回共计7740条句子的结构进行了逐条分析,分离出了4056条施事句,发现其中存在大量流块状的线性句。这些句子大多为多个动词或动词词组铺排而成的施事句,动词或动词词组在意

---

① 热·热奈特《叙事语式》,《美学文艺学方法论》,文化艺术出版社,1985年,第150页。

上都与同一主语存在施-动关系，但它们之间无需关联词语连缀，甚至无需语音停顿，其结构形态与西方语言以一个动词为焦点的主谓句句法结构形神迥异。例如：

（1）宋江出到庄前，上了马，打上两鞭，飞也似望县里来了。（4个动词或动词词组）

（2）鲁智深把直裰脱了，拽扎起下面衣服，跨了戒刀，大踏步提了禅杖，出到打麦场上。（5个动词或动词词组）

（3）众人吃了一惊，发声喊，都走了，撇下锄头铁锹，尽从殿内奔将出来，推倒撅翻无数。（6个动词或动词词组）

（4）杨志就弓袋内取出那张弓来，扣得端正，擎了弓，跳上马，跑到厅前，立在马上，欠身禀复道：……（7个动词或动词词组）

（5）智深相了一相，走到树前，把直裰脱了，用右手向下，把身倒缴着，却把左手拔住上截，把腰只一趁，将那株绿杨树带根拔起。（8个动词或动词词组）

（6）过了一夜，次日天明起来，讨些饭食吃了，打拴了那包裹，撇在房中，跨了腰刀，提了朴刀，又和小喽啰下山过渡，投东山路上来。（9个动词或动词词组）

据我们统计，在7740条句子中，这种流水般的线性动句超过2000条，在施事句中所占比例甚至多于西方语言那种典型的"主-动"或"主-动-宾"结构的句子，其中7个以上动词（词组）连续铺排的句子竟也达到了20条之多。这种流块堆叠的线状句子结构几乎无法直译成任何一种西方语言，说明汉语句子结构的组合视角具有汉民族的独有特性。如同线性的叙事结构中散落着一百零八位人物，这种线性的句子结构也随着时间的顺序或事理逻辑的顺序，引领读者的视点不断在铺排的动词之间迁移转换，随走随停，从一个地方来到另一个地方，遭遇一个又一个的人物，参与一个又一个的事件，体现了重时间的线性运动的内在文化精神。

正如文化语言学者申小龙所言:"汉语的流块建构与汉民族其他文化艺术形式在'流'态动感上具有通约性。我国古代的雕刻、书法与绘画都不重视立体性,而注重流动的线条、飞动的美。于疾徐波折、自由流转的线条之中透出勃勃的生气和生命的旋律,于'移视'中可体会它的流动气势。"①

3.《水浒传》人物塑造的对称性与句法结构的偶意

《水浒传》塑造了众多性格鲜明的人物形象,体现了传统小说中群像设计及类型化的特点。作者在这些人物之间建立起一种平行、比较的关系,像武松的勇武豪爽、鲁智深的嫉恶如仇、李逵的戆直鲁莽、林冲的刚烈正直,都能够同时得到渲染烘托,于对比中凸显完整而姿态各异的人物群像。

我们发现,在《水浒传》的每一个章回中,出场的重要人物通常都是两个,这从回目中也可见一斑。如第三回"史大郎夜走华阴县,鲁提辖拳打镇关西",第十回"林教头风雪山神庙,陆虞候火烧草料场",第十七回"花和尚单打二龙山,青面兽双夺宝珠寺",第六十回"公孙胜芒砀山降魔,晁天王曾头市中箭",等等。不仅人物的名号或绰号及地名两两相对,连事迹与事件也有偶合之工。这固然有汉字一字一音及表意性的特点所带来的便利,但我们不能不说"偶合"的思维方式是造成《水浒传》从人物形象到结构布局,乃至句式表达上趋于两两成双的主要动力。试看第十三回杨志与索超比武一节对二人出阵前的描写:

只见第三通战鼓响处,去那左边阵内门旗下,看看分开。鸾铃响处,正牌军索超出马,直到阵前兜住马,拿军器在手,果是英雄。……

---

① 申小龙《当代中国语法学》,广东教育出版社,1995年,第133页。

右边阵内门旗下,看看分开。鸾铃响处,杨志提手中枪出马,直至阵前,勒住马,横着枪在手,果是勇猛。……

再看第十三回对朱仝、雷横出场时的描写:

本县尉司管下有两个都头:一个唤做步兵都头,一个唤做马兵都头。这马兵都头管着二十四坐马弓手,二十个土兵;那步兵都头管着二十个使枪的头目,十个土兵。

这马兵都头姓朱名仝,身长八尺四五,有一部虎须髯,长一尺五寸,面如重枣,目若朗星,似关云长模样,满县人都称他做"美髯公"。原是本处富户,只因他仗义疏财,结识江湖上好汉,学得一身好武艺。……

那步兵都头姓雷名横,身长七尺五寸,紫棠色面皮,有一部扇圈胡须。为他膂力过人,能跳二三丈阔涧,满县人都称他做"插翅虎"。原是本县打铁匠人出身,后来开张碓坊,杀牛放赌。虽然仗义,只有些心地偏窄,也学得一身好武艺。……

作者对杨志与索超、朱仝与雷横的形象描写与叙事构造,几乎都是在一种左右(前后)对称的框架内进行的,甚至词语的选择、字数和句数的铺排,都呈现出一种整齐划一、偶合对称之势,让我们无法忽视作为一种思维定式的"偶意",对于《水浒传》形象设计、组织布局以至句法结构的影响。

在我们对《水浒传》前十八回所做的句型统计中,有着偶合之意的关系句达到了192条之多。例如:

(7)史进上了马,<u>正待出庄门</u>,<u>只见</u>朱武、杨春步行已到庄前,两个双双跪下,擎着两眼泪。

(8)鲁提辖看那五台山时,<u>果然</u>好座大山。

(9)出得那"五台福地"的牌楼来看时,<u>原来</u>却是一个市井,约有五七百人家。

(10)随着那山路行去,走不得半里,抬头<u>看时</u>,<u>却见</u>一所败落寺院,被风吹得铃铎响。

(11)林冲心疑,探头入帘<u>看时</u>,<u>只见</u>檐前额上有四个青字,写道"白虎节堂"。

(12)晁盖却去里面拿了个灯笼,径来门楼下<u>看时</u>,士兵都去吃酒,没一个在外面。

这些句子从语义上看,(划线字)前后两个部分都可以独立成句,或者纳入传统语法中"并列复句"或"联合复句"的范畴,然而细细品味,它们既无法在语感上断开,也不能用"并列""联合"一言以概之。它们只有"两两成对,句意上互为映衬,节律上互为依托,才成一完整的表述单位"①。申小龙在他的汉语句型系统中将这类句子命名为耦合句,以"只见"、"看时,只见/果然/却是"等为形式标记。

早在《周易》《淮南子》等古籍中,中国古人辩证统一的思想就清晰可辨:认为太初之时浑然一体的元气可判分为二,形成天地等物质实体。有天地,就有阴阳,阴阳分立而又相合,它们的运动贯串于各个方面,由一而二、由二而四、由四而八……呈现出矛盾双方永不间断、两两分而相合的状态。"偶意"因此贯穿在中国各类传统文学艺术(如诗词、曲赋、戏曲、建筑)的精神气质之中。而另一方面,汉字的表意及单音节特性又顺应了这种"偶意",为词语构造、句子构造乃至文本的组织构造提供了对偶、对称的便利。可以说,汉语和汉字从产生伊始,就自然而然地为对偶创造了条件。

那么,汉民族是先有了"偶合性"思维方式,才有了汉字的特点,还是因为汉字特点造就了"偶合性"思维的惯性?这也许已经很难辨清,但可以肯定的是,"对偶""对称"早已成为汉民

---

① 申小龙《汉语与中国文化》,复旦大学出版社,2003年,第251页。

族组词造句乃至安排文本结构时的一种惯用思维模式。因此，人物塑造、结构布局与大量"耦合句"在"对称""偶意"上的一致性，在《水浒传》中成为一种普遍现象，实质上正是汉民族认识世界、感知世界的特有模式。

4.《水浒传》的叙事角度与话题评论句式

《水浒传》取材于民间传承的历史故事，反映了市民阶层的欣赏趣味。罗贯中、施耐庵虽是文人，但他们都曾在元末繁华的杭州城生活过，因此，他们对水浒故事的艺术加工仍然延续了宋元话本讲史、说经的模式，留有说话艺术的痕迹。作者仿佛就是说话人，面对着听众，娓娓地讲述着动人的故事给他们听。这使得《水浒传》的叙事方式与叙事角度带有某种引导读者（听众）的性质，表现在行文之中即为随处可见的"话说""且说""但见""只见""话休絮烦""不在话下""看官听说,有诗为证"之类的篇章语，这实际上就是说话人对听众所做的提示性语言。这种话本残留遗迹在章回体小说中有一个很重要的作用，那就是控制叙事的节奏，布局情节的走向，掌控读者的注意力，便于作者于紧要关头突然停下，设置悬念。于是，"欲知后事如何，且听下回分解"或"花开两朵，各表一枝"就成了章回之间的程式化套语。

上述因素为《水浒传》造就了中国传统小说那种以全知视角自由转换时空的特长。说到鲁智深，视角就是鲁智深的；说到林冲，视角便转为林冲的；说到武松，读者便随武松喝酒、打虎、杀西门庆。这种叙事方式无须关注人物内心，只需聚焦外部信息，如人物之间的对话和行动、周围的环境等等即可。当然，作为说话人的职责，作者还需不时地点评、议论、解释，这是代替内部信息如心理活动、思想情绪的最好方式。

如人们谈论最多的鲁提辖拳打镇关西一节，作者就充分调动

了视觉、味觉、听觉诸感官的叙事角度,为读者带来了极为直观的感受,可谓淋漓尽致的审美享受:

扑的只一拳,正打在鼻子上,打得鲜血迸流,鼻子歪在半边,却便似开了个酱油铺:咸的,酸的,辣的,一发都滚出来。(味觉视角)

提起拳头来就眼眶际眉梢只一拳,打得眼棱缝裂,乌珠迸出,也似开了个彩帛铺的:红的,黑的,绛的,都滚将出来。(视觉视角)

又只一拳,太阳上正着,却似做了一个全堂水陆的道场:磬儿,钹儿,铙儿一齐响。(听觉视角)

《水浒传》这种叙事角度全方位的自由转换,也可以在一类以评论话题为功能的句式中找到同构。按照申小龙建构的汉语句型系统,主题句是与施事句、关系句鼎足而立的一个大句类,具有名词趋向,其功能主要在于评论,其句子焦点往往是一个话题。在主题句中,话题的范围极为宽泛,如同移动的视角,视野所及,无论是人物、事物还是事件、经历,抑或属性、特征,都可以成为评论的话题。因此,句子中的主题语(话题)可能是一个词、一个词组,甚至是一个句子。例如:

(13)洪太尉倒在树根底下,諕的三十六个牙齿捉对儿厮打,那心头一似十五个吊桶,七上八落的响,浑身却如重风麻木,两腿一似斗败公鸡,口里连声叫苦。(主题语:洪太尉,人物)

(14)你是个卖肉的操刀屠户,狗一般的人,也叫做镇关西!(主题语:你,人物)

(15)那里是镇守边庭,用人之际,足可安身立命。(主题语:那里,方位)

(16)小人房钱,昨夜都算还了。(主题语:小人房钱,事物)

(17)这浮浪子弟门风,帮闲之事,无一般不晓,无一般不会,更无一般不爱。(主题语:这浮浪子弟门风,帮闲之事,并列短语)

（18）踢毯打弹，品竹调丝，吹弹歌舞，自不必说。（主题语：踢毯打弹，品竹调丝，吹弹歌舞，并列短语）

（19）量些粗食薄味,何足挂齿。（主题语：量些粗食薄味,句子）

（20）我这里五台山文殊菩萨道场，千百年清净香火去处，如何容得你这等秽污。（主题语：我这里五台山文殊菩萨道场，同位语短语）

由此看来，《水浒传》自由转移的叙事视角和叙事方式，与主题句以评论话题为目标的功能具有很强的同构性。

在我们统计的7740条句子中，除去存现句、祈使句、呼叹句、有无句、名词句及篇章语句等小句类，施事句、关系句、主题句合计所占比例接近90%，其中施事句（含多段动词句）4056条，关系句（含耦合句）1554条，主题句1250条。由于本文本分析只涉及《水浒传》部分内容，而非穷尽性专书分析，所以各统计项目与穷尽性分析的结果可能会存在某些差异或出入，但我们相信，三大句类的基本格局不会有太大的改变。从文学与语言的一致性角度看，这似乎可以说明《水浒传》的时代，人们对世界的认识和描述，更集中于对人物行为、事件发生等外部动态信息的关注，与此同时，人们对人物的评价、事件的评述等静态信息也具有相当的兴趣。随着时代的变迁、文学的现代转型，这一点在后世的小说（如《红楼梦》、晚清谴责小说等）中可能会越发凸显出来，这将是笔者进一步探索的方向。而汉民族在文本结构与语言组织模式中所体现的心理特点等文化精神内涵，同样是我们在任何文本分析过程中无法忽略的因素。

本书主要参考文献

一、专著类

1. LaPolla, R., "Grammatical Relations in Chinese: Synchronic and Diachronic Considerations." Doctoral dissertation, University of California, Berkeley.1990.
2. 曹逢甫著、谢天蔚译《主题在汉语中的功能研究——迈向语段分析的第一步》，语文出版社，1995年。
3. 崔希亮《语言理解与认知》，学林出版社，2016年。
4. 陈建民《现代汉语句型论》，语文出版社，1986年。
5. 陈望道《文法简论》，上海教育出版社，1978年。
6. 范晓《汉语的句子类型》，书海出版社，1998年。
7. 范晓《三个平面的语法观》，北京语言文化大学出版社，1996年。
8. 高名凯《汉语语法论》，开明书店，1948年。
9. 高一虹《语言与文化差异的认识与超越》，外语教学与研究出版社，2002年。
10. 郭德润《汉语常见句型的用法》，新华出版社，1981年。
11. 郭绍虞《汉语语法修辞新探》，商务印书馆，1979年。
12. 胡裕树《现代汉语》，上海教育出版社，1995年，1997年。

13. 黄伯荣、廖序东主编《现代汉语》，高等教育出版社，2012年。
14. 黄正德《汉语生成语法——汉语中的逻辑关系及语法理论》，黑龙江大学科研处，1983年。
15. 刘大为《比喻、近喻与自喻——辞格的认知性研究》，学林出版社，2016年。
16. 黎锦熙《新著国语文法》，商务印书馆，1955年。
17. 李临定《现代汉语句型》，商务印书馆，1986年。
18. 林杏光《汉语五百句》，陕西人民出版社，1980年。
19. 陆俭明《现代汉语语法研究教程》，北京大学出版社，2003年。
20. 陆俭明《现代汉语句法论》，商务印书馆，1993年。
21. 吕叔湘、朱德熙《语法修辞讲话》，中国青年出版社，1979年。
22. 吕叔湘《汉语语法论文集》，商务印书馆，1984年。
23. 吕叔湘《现代汉语八百词》，商务印书馆，1999年。
24. 吕叔湘《中国文法要略》，商务印书馆，1957年。
25. 马建忠《马氏文通》，商务印书馆，1983年。
26. 邵敬敏《现代汉语通论》，上海教育出版社，2001年。
27. 申小龙《当代中国语法学》，广东教育出版社，1995年。
28. 申小龙《中国句型文化》，东北师范大学出版社，1988年。
29. 沈家煊《语法六讲》，学林出版社，2016年。
30. 司红霞《现代汉语插入语研究》，东北师范大学出版社，2009年。
31. 汤廷池《国语语法研究论集》，台湾学生书局，1981年。
32. 王力《王力文集》第一卷，山东教育出版社，1984年。
33. 王力《汉语史稿》上册，中华书局，1980年。
34. 王力《中国现代语法》，商务印书馆，1985年。
35. 吴丽君《汉语口语常用句式语用研究》，北京出版社，2010年。
36. 吴为善《构式语法与汉语构式》，学林出版社，2016年。

37. 邢福义《汉语语法学》，东北师范大学出版社，1997年。
38. 邢福义《现代汉语》(高等师范学校教学用书)，高等教育出版社，1991年。
39. 徐烈炯、刘丹青《话题的结构与功能》，上海教育出版社，1998年。
40. 徐烈炯、刘丹青主编《话题与焦点新论》，上海教育出版社，2003年。
41. 张伯江、方梅《汉语功能语法研究》，江西教育出版社，1996年。
42. 张伯江《从施受关系到句式语义》，学林出版社，2016年。
43. 张斌《汉语语法学》，上海教育出版社，1998年。
44. 张斌、胡裕树《汉语语法研究》，商务印书馆，1989年。
45. 张国宪《现代汉语动词的认知与研究》，学林出版社，2016年。
46. 张旺熹《汉语句法的认知结构研究》，学林出版社，2016年。
47. 张志公《汉语语法常识》，新知识出版社，1957年。
48. 赵元任《汉语口语语法》，吕叔湘译，商务印书馆，1979年。
49. 郑奠、麦梅翘编《古汉语语法学资料汇编》，中华书局，1964年。
50. 郑奠、谭全基编《古汉语修辞学资料汇编》，商务印书馆，1980年。
51. 中国语文杂志社编《汉语的主语宾语问题》，中华书局，1956年。
52. 朱德熙《现代汉语语法研究》，商务印书馆，1980年。

二、论文类

1. Charles N. Li, Sandra A. Thompson《主语与主题：一种新的语言类型学》，李谷城译，《国外语言学》1984年第2期，第 38—44 页。
2. 曹保平《移位理论对汉语句法结构的解释》,《南华大学学报（社会科学版）》2010 年第 4 期，第 105—107 页。
3. 曹秀玲《从主谓结构到话语标记——"我 / 你 V"的语法化及相关问题》,《汉语学习》2010 年第 5 期，第 38—50 页。
4. 曹秀玲《"得"字的语法化和"得"字补语》,《延边大学学报（社会科学版）》2005 年第 3 期，第 82—85 页。
5. 车录彬《汉语"糅合构式"初论》,《汉语学习》2010 年第 6 期，第 104—112 页。
6. 陈炳迢《现代汉语的句型系统》,《复旦学报（社会科学版）》1981 年增刊，第 88—95 页。
7. 陈洁《汉语结构对称性四字格成语的概念整合机制研究》,《广西社会科学》2010 年第 10 期，第 132—135 页。
8. 陈满华《关于构式语法的理论取向及相关问题》,《外国语》（上海外国语大学学报）2014 年第 5 期，第 28—35 页。
9. 程湘清《汉语史断代专书研究方法论》,《汉字文化》1991 年第 2 期，第 34—41 页。
10. 戴昭铭《文化语言学的对象、任务和性质》,《北方论丛》1993 年第 2 期，第 82—95 页。
11. 董成如《汉语存在句中动词非宾格性的压制解释》,《现代外语》2011 年第 1 期。
12. 董国炎《论小说韵文的价值与类别》,《明清小说研究》2005 年第 3 期，第 4—15 页。
13. 董秀芳《"不"与所修饰的中心词的粘合现象》,《当代语言学》2003 年第 1 期，第 12—24、93 页。
14. 董秀芳《"是"的进一步语法化：由虚词到词内成分》,《当代语言学》2004 年第 1 期，第 35—44、94 页。

15. 杜丽荣《谈谈古汉语专书语言研究的几个问题》,《学术界》2011年第12期,第119—124、286页。
16. 方梅《北京话里"说"的语法化——从言说动词到从句标记》,《全国汉语方言学会第十二届年会暨学术研讨会第三届官话方言国际学术研讨会论文集》,全国汉语方言学会,2003年。
17. 方梅《指示词"这"和"那"在北京话中的语法化》,《中国语文》2002年第4期,第343—356、382—383页。
18. 冯奇、吴海波《认知构式语法:主要思想和基本原理》,《上海大学学报(社会科学版)》2015年第4期,第133—140页。
19. 冯志伟《汉语形式语法的拓荒之作——评〈汉语形式语法和形式分析〉》,《语文建设》1994年第7期,第19、38页。
20. 高一虹《"文化定型"与"跨文化交际悖论"》,《外语教学与研究》1995年第2期,第35—42、80页。
21. 郭绍虞《汉语词组对汉语语法的重要性》,《复旦学报》1978年第1期。
22. 郭熙煌《支约论中英汉空范畴现象之比较》,《湖北大学学报(哲学社会科学版)》1996年第5期,第60—65页。
23. 何乐士《专书语法研究的几点体会》,《镇江师专学报(社会科学版)》1999年第1期,第4—15页。
24. 何乐士《专书语法研究的回顾与展望》,《湖北大学学报(哲学社会科学版)》2001年第6期,第70—74页。
25. 胡附、文炼《句子分析漫谈》,《中国语文》1982年第3期。
26. 胡裕树《试论句子类型的研究顺序》,《汉语学习》1995年第5期,第55—57页。
27. 胡裕树、范晓《试论语法研究的三个平面》,《新疆师范大学学报(社会科学版)》1985年第2期,第7—15、30页。
28. 胡壮麟《口述·读写·超文本——谈语言与感知方式关系的

演变》,《外语电化教学》2004 年第 6 期,第 2—8 页。
29. 贾淑华《从汉语主题句的图形背景关系看英汉语序的基本认知结构》,《辽宁教育行政学院学报》2008 年第 9 期,第 113—116 页。
30. 江蓝生《时间词"时"和"后"的语法化》,《中国语文》2002 年第 4 期,第 291—301、381 页。
31. 李讷、石毓智《句子中心动词及其宾语之后谓词性成分的变迁与量词语法化的动因》,《语言研究》1998 年第 1 期,第 40—54 页。
32. 李绍群《近百年现代汉语修饰语研究综述》,《福建师范大学学报(哲学社会科学版)》2003 年第 4 期,第 94—98 页。
33. 李思旭《从词汇化、语法化看话语标记的形成——兼谈话语标记的来源问题》,《世界汉语教学》2012 年第 3 期,第 322—337 页。
34. 李向农《对〈汉语口语里的追加现象〉的一点补充》,《汉语学习》1985 年第 4 期,第 9 页。
35. 李亚明《立足于阐发汉民族传统文化真谛——论训诂研究的价值系统取向》,《北方论丛》1993 年第 2 期,第 102—103 页。
36. 李勇忠《祈使句语法构式的转喻阐释》,《外语教学》2005 年第 2 期。
37. 李银美、王义娜《主题结构的标记性考察——基于情境植入的典型特征束思路》,《北京航空航天大学学报(社会科学版)》2017 年第 2 期,第 82—89 页。
38. 李颖《人称代词句末追加结构的话语功能分析——基于〈家有儿女〉台词的分析》,《内江师范学院学报》2014 年第 5 期,第 77—81 页。
39. 李治平、维特罗夫·巴维尔·巴夫罗维奇《关于汉语熟语问题的讨论》,《湖北师范学院学报(哲学社会科学版)》2007年第3期,第6—9、46页。
40. 李宗江《关于话语标记来源研究的两点看法——从"我说"类话语标记的来源说起》,《世界汉语教学》2010年第2期,第192—198页。
41. 廖秋忠《现代汉语篇章中的连接成分》,《中国语文》1986年第6期。
42. 连洁、戴卫平《普通语法·形式语法》,《现代语文(语言研究版)》2013年第5期,第13—15页。
43. 林同济《从汉语词序看长句的翻译》,见方梦之、马秉义编《汉译英实践与技巧》,旅游教育出版社,1996年。
44. 刘禀诚《现代汉语插入语研究述评》,《河南科技学院学报》2013年第1期,第77—80页。
45. 刘丹青《语法化中的更新、强化与叠加》,《语言研究》2001年第2期,第71—81页。
46. 刘丹青《作为典型构式句的非典型"连"字句》,《语言教学与研究》2005年第4期。
47. 刘丹青《科学精神:中国文化语言学的紧迫课题》,《江苏社会科学》1993年第1期,第96—100页。
48. 刘恪《论感觉,中国小说语言中的一个语感问题》,《中州大学学报》2010年第6期,第18—25页。
49. 刘培玉《把字句研究评述》,《河南师范大学学报(哲学社会科学版)》2001年第4期,第85—88页。
50. 刘雪春《汉语形式语法研究发展轨迹》,《汉语学习》2003年第2期,第43—49页。
51. 刘丽艳《话语标记"你知道"》,《中国语文》2006年第5期,第423—432、479—480页。

52. 楼枫《近代汉语时期处置式与被动式糅合句型》,《赤峰学院学报（汉文哲学社会科学版）》2011年第9期,第191—193页。

53. 吕叔湘《很不……》,见《汉语语法论文集》,商务印书馆,1985年,第223—229页。

54. 吕叔湘《"把"字用法研究》,见《汉语语法论文集》,商务印书馆,1985年,第176—200页。

55. 吕叔湘《从主语、宾语的分别谈国语句子的分析》,见《汉语语法论文集》,商务印书馆,1985年,第445—480页。

56. 卢植《句子理解中一致性的认知加工》,江苏省外国文学学会编《第四届全国认知语言学研讨会论文摘要汇编》,江苏省外国文学学会,2006年,第2页。

57. 卢植、彭克飞《基于转喻视角下的动结构式研究》,《山东外语教学》2013年第6期,第21—25页。

58. 卢植、茅丽莎《隐喻认知表征的动态系统观》,《外语教学》2016年第3期,第13—17页。

59. 陆丙甫《语序优势的认知解释（上）：论可别度对语序的普遍影响》,《当代语言学》2005年第1期,第1—15、93页。

60. 陆丙甫《语序优势的认知解释（下）：论可别度对语序的普遍影响》,《当代语言学》2005年第2期,第132—138页。

61. 陆丙甫、屈正林《时间表达的语法差异及其认知解释——从"年、月、日"的同类性谈起》,《世界汉语教学》2005年第2期,第12—21、116页。

62. 陆俭明《词语句法、语义的多功能性：对"构式语法"理论的解释》,《外国语》（上海外国语大学学报）2004年第2期,第15—20页。

63. 陆俭明《构式语法理论的价值与局限》,《南京师范大学文学院学报》2008年第1期,第142—151页。

64. 陆俭明《构式与意象图式》，《北京大学学报（哲学社会科学版）》2009年第3期，第103—107页。

65. 陆俭明《从语法构式到修辞构式再到语法构式》，《当代修辞学》2016年第1期，第1—9页。

66. 马爱德《"中国文化语言学"运动和汉语的本质：中国国情的新表现？》，高一虹译，《北方论丛》1995年第4期，第91—102页。

67. 马爱德、曾立诚《语言的文化视角与社会符号功能：申小龙的语法理论在系统功能理论框架的解释》，《毕节师范高等专科学校学报（综合版）》2000年第1期，第25—34页。

68. 马国凡《四字格论》，《内蒙古师范大学学报》1987年第3期，第51—58页。

69. 马志刚《移位性特征、句法操作限制与句首名词的话题和/或主语属性——以汉语领主属宾句和及物句为例》，《外国语》（上海外国语大学学报）2011年第5期，第2—11页。

70. 毛继光、梁晋芳《构式语法理论综述》，《赤峰学院学报（汉文哲学社会科学版）》2010年第12期，第143—145页。

71. 梅德明、韩巍峰《论主题-主语的突显与对应关系》，《外语学刊》2009年第1期，第35—40页。

72. 梅德明、韩巍峰《静态动宾结构的主题化分析》，《外国语》（上海外国语大学学报）2009年第6期，第49—56页。

73. 梅德明、韩巍峰《典型双宾语结构的主题化分析》，《中国外语》2010年第1期，第24—33、48页。

74. 孟华《中国文化语言学的再认识》，《江苏社会科学》2008年第5期，第183—187页。

75. 孟华、杜彩霞《索绪尔语言理论中的字本位思想初探》，《汉字文化》2005年第2期，第17—20页。

76. 孟华《"字本位"理论与汉语的能指投射原则》,《语言教学与研究》2001 年第 6 期,第 66—72 页。

77. 孟华《"中性"——汉字中所隐含的符号学范式》,《符号与传媒》2017 年第 2 期,第 98—117 页。

78. 孟华《论汉字符号的肉身性理据》,《语言学研究》2015 年第 2 期,第 42—51 页。

79. 孟华《类文字与汉字符号学》,《符号与传媒》2014 年第 2 期,第 142—153 页。

80. 孟华《汉字的两难选择》,《社会科学报》2013 年 9 月 12 日第 4 版。

81. 孟华《汉字两书论》,《东方论坛》(青岛大学学报)2006 年第 5 期,第 55—61 页。

82. 孟华、王乐洋《汉字物质结构研究的合治观——兼论索绪尔的文字结构思想》,《语言文字应用》2005 年第 2 期,第 34—39 页。

83. 孟华《汉字"象"的表达方式》,南京师范大学外国语学院、南京师范大学外国语言文化研究所编《全国语言与符号学研究会第五届研讨会论文摘要集》,南京师范大学外国语学院、南京师范大学外国语言文化研究所,2002 年,第 1 页。

84. 潘文国《比较汉英语语法研究史的启示》,《语言教学与研究》1996 年第 2 期,第 112—125 页。

85. 潘文国《语言对比的哲学基础——语言世界观问题的重新考察》,《华东师范大学学报(哲学社会科学版)》1995 年第 5 期,第 81—88 页。

86. 潘文国《从一滴水看大潮——读 10 年来〈汉语学习〉上有关语言与文化研究的论文》,《汉语学习》1995 年第 5 期,第 35—40 页。

87. 潘文国《汉语文化语言学刍议》,《汉语学习》1992年第3期,第31—34页。

88. 潘文国《文化语言学管见》,《中外文化与文论》1998年第5期,第201—206页。

89. 钱韵、余戈《现代汉语四字格成语的词汇化研究》,《语言科学》2003年第6期,第86—96页。

90. 邵敬敏、罗晓英《功能主义与汉语语法研究》,《汉语学习》2004年第5期,第1—9页。

91. 邵敬敏《1992年中国文化语言学研究述评》,《语文建设》1993年第5期,第6—8页。

92. 邵敬敏《关于中国文化语言学的反思》,《语言文字应用》1992年第2期,第74—79页。

93. 邵敬敏《说中国文化语言学的三大流派》,《汉语学习》1991年第2期,第27—30页。

94. 邵敬敏《评〈汉语语法论〉的历史地位兼论其"句型"学说》,《克拉玛依学刊》2011年第3期,第77—80页。

95. 尚来彬、鲍俊林《"看/瞧+把+NP+V+得（的）"中NP和V的句法语义分析》,《辽东学院学报（社会科学版）》2009年第4期,第31—34页。

96. 申小龙《汉语语言类型的新探索——论主题句研究的语言类型学意义》,《复旦学报（社会科学版）》1984年第6期,第62—69、47页。

97. 申小龙《汉语语法特点三题议》,《辽东学院学报（社会科学版）》2010年第3期,第80—87页。

98. 申小龙《汉语的人文性与中国文化语言学——重评〈马氏文通〉》,《读书》1987年第8期,第114—121页。

99. 申小龙《历史性的反拨：中国文化语言学》,《学习与探索》

1987年第3期，第36—43页。
100. 申小龙《汉语言文化特征探析》，《学习与探索》1988年第3期，第73—81页。
101. 申小龙《论汉语句子的心理视点》，《语言教学与研究》1988年第1期，第12—31页。
102. 申小龙《语法差异的中西文化视角》，《北方论丛》2011年第2期，第45—50页。
103. 申小龙《论汉语句型的功能分析》，《孝感学院学报》2002年第1期，第19—24页。
104. 申小龙《语言研究的依据和最终目的——洪堡特语言思想探究》，《北方论丛》2012年第2期，第52—57页。
105. 申小龙《论汉语句型研究西方概念的消解和本土句型的重建》，《北方论丛》2012年第5期，第46—51页。
106. 申小龙《中国语言学的功能主义传统及其现代意义》，《传统文化与现代化》1994年第3期，第47—55页。
107. 申小龙《中国语文精神之文化反思——郭绍虞语法哲学探究》，《北方论丛》1994年第1期，第5—17页。
108. 申小龙《中国语言的"气"意识》，《江苏社会科学》1998年第3期，第139—145页。
109. 申小龙《中文句子视点流动的三个向度》，《杭州师范大学学报（社会科学版）》2013年第6期，第88—94页。
110. 申小龙《陈望道功能学说与当代功能语言学——纪念陈望道诞辰100周年》，《学术月刊》1991年第3期，第1—7页。
111. 申小龙《中国文化语言学的问题意识、关系思维和语言自觉》，《北方论丛》2017年第1期，第18—21页。
112. 申小龙《四字格与中文句子建构的二重模式——中文本土句法范畴系列研究》，《新疆师范大学学报（哲学社会科学版）》

2016 年第 3 期，第 97—105、2 页。

113. 申小龙《中文句法建构中的声象与意象——四字格功能研究》，《北方论丛》2016 年第 2 期，第 8—16 页。

114. 申小龙《中文理解对欧洲语言形式理论的解构》，《北方论丛》2014 年第 6 期，第 19—26 页。

115. 申小龙、孟华《汉字文化研究的新视角：再汉字化》，《西部学刊》2014 年第 2 期，第 57—60 页。

116. 申小龙《中国语言文化研究的汉字转向》，《北方论丛》2013 年第 6 期，第 68—73 页。

117. 申小龙《人类语言的精神导航：汉语视角——论洪堡特语言思想的时间轴和空间轴》，《杭州师范大学学报（社会科学版）》2012 年第 3 期，第 86—92 页。

118. 申小龙《语言的本质存在与印欧语言研究的古典传统》，《北方论丛》2009 年第 3 期，第 69—76 页。

119. 申小龙《论欧洲语言学史上的逻辑语法时期——兼论索绪尔对唯理语法的批评》，《辽东学院学报（社会科学版）》2007 年第 5 期，第 51—59 页。

120. 申小龙《语言的人文功能与索绪尔的语言学自律》，《语言研究集刊》2005 年第 1 期，第 337—353、402 页。

121. 申小龙《索绪尔"语言"和"言语"概念研究》，《中国海洋大学学报（社会科学版）》2004 年第 6 期，第 65—74 页。

122. 申小龙《论汉字的文化定义》，《浙江社会科学》2002 年第 6 期，第 151—156 页。

123. 申小龙《语言的世界观与欧洲语言人文主义》，《井冈山师范学院学报》2001 年第 3 期，第 20—27 页。

124. 申小龙《语言的民族精神与欧洲语言人文主义》，《学术月刊》2000 年第 7 期，第 43—49、80 页。

125. 申小龙《文化的语言限度——美洲语言人文主义评要》,《上海行政学院学报》2000年第1期,第133—140页。
126. 申小龙《论中文句型之句读本体,功能格局,事理铺排——兼论汉语句型研究中西方概念的消解》,《杭州师范大学学报(社会科学版)》2013年第3期,第72—78页。
127. 申小龙《当代中国理论语言学的世纪变革》,《华东师范大学学报(哲学社会科学版)》1995年第4期,第82—87页。
128. 沈家煊《"语法化"研究综观》,《外语教学与研究》1994年第4期,第17—24、80页。
129. 沈家煊《"王冕死了父亲"的生成方式——兼说汉语"糅合"造句》,《中国语文》2006年第4期,第291—300、383页。
130. 沈强《汉语名词性短语中的名词移位与名词短语移位》,《暨南大学华文学院学报》2005年第2期,第58—63页。
131. 沈阳《名词短语的多重移位形式及把字句的构造过程与语义解释》,《中国语文》1997年第6期,第402—414页。
132. 施春宏《句式分析中的构式观及相关理论问题》,《汉语学报》2013年第2期,第23—38、95页。
133. 石定栩《汉语主题句的特性》,《现代外语》1998年第2期,第40—57页。
134. 石定栩《汉语句法的灵活性和句法理论》,《当代语言学》2000年第1期,第18—26、61页。
135. 石定栩《Chomsky句法理论的最新动向》,《当代语言学》2003年第1期,第33—40、94页。
136. 石毓智《汉语的主语与话题之辨》,《语言研究》2001年第2期,第82—91页。
137. 石毓智、李讷《汉语发展史上结构助词的兴替——论"的"的语法化历程》,《中国社会科学》1998年第6期,第165—

180 页。

138. 石毓智《论"的"的语法功能的同一性》,《世界汉语教学》2000 年第 1 期,第 16—27 页。

139. 石毓智、李讷《十五世纪前后的句法变化与现代汉语否定标记系统的形成——否定标记"没(有)"产生的句法背景及其语法化过程》,《语言研究》2000 年第 2 期,第 39—62 页。

140. 石毓智《论汉语的进行体范畴》,《汉语学习》2006 年第 3 期,第 14—24 页。

141. 石毓智、白解红《汉英形容词概念化的差别及其句法后果》,《四川外语学院学报》2006 年第 6 期,第 77—82 页。

142. 石毓智《语法结构之间的功能交叉——论处置、工具、双宾、比拟、充当等结构的共性》,《语言教学与研究》2008 年第 4 期,第 25—32 页。

143. 史存直《也谈句型》,《华东师范大学学报》1983 年第 4 期。

144. 束定芳《论隐喻的基本类型及句法和语义特征》,《外国语》(上海外国语大学学报)2000 年第 1 期,第 20—28 页。

145. 束定芳《论隐喻产生的认知、心理和语言原因》,《外语学刊》2000 年第 2 期,第 23—33、92 页。

146. 束定芳《认知语言学研究方法、研究现状、目标与内容》,《西华大学学报(哲学社会科学版)》2013 年第 3 期,第 52—56 页。

147. 苏丹洁《试析"构式—语块"教学法——以存现句教学实验为例》,《汉语学习》2010 年第 2 期,第 83—90 页。

148. 苏丹洁、陆俭明《"构式—语块"句法分析法和教学法》,《世界汉语教学》2010 年第 4 期,第 557—567 页。

149. 苏丹洁《构式语块教学法的实质——以兼语句教学及实验为例》,《语言教学与研究》2011 年第 2 期,第 16—22 页。

150. 苏新春《汉语词汇定量研究的运用及其特点——兼谈〈语言学方法论〉的定量研究观》,《厦门大学学报（哲学社会科学版）》2001年第4期,第135—142页。

151. 苏新春、赵翠阳《比喻义的训释与比喻义的形成——〈现代汉语词典〉比喻义计量研究之一》,《杭州师范学院学报（人文社会科学版）》2001年第5期,第67—71页。

152. 苏新春《论现代中国语言学中的人文性研究》,《广州师院学报（社会科学版）》1996年第1期,第56—61页。

153. 苏新春《古代语文传统的再研究与文化语言学的理论建设——评申小龙的〈语文的阐释〉》,《汉字文化》1994年第4期,第45—48页。

154. 苏新春《论汉字与汉语之间的适应性——兼评"脚与靴子说"与"西瓜皮与西瓜瓤说"》,《延安大学学报（社会科学版）》1993年第2期,第96—101、105页。

155. 苏新春《探讨汉语的民族文化精神——第二届全国语言与文化学术研讨会述评》,《学术研究》1992年第2期,第100—105页。

156. 谭学纯、肖莉《比喻义释义模式及其认知理据——兼谈词义教学和词典编纂中的比喻义处理》,《语言教学与研究》2008年第1期,第8—13页。

157. 谭真明《论古代小说中的"有诗为证"——兼评四大名著中的诗词韵文》,《齐鲁学刊》2006年第3期,第80—84页。

158. 唐钰明、朱玉宾《汉语被动/处置共现句略论》,《中山大学学报（社会科学版）》2008年第1期,第53—58、204页。

159. 滕延江《现代汉语话题化移位的认知理据》,《鲁东大学学报（哲学社会科学版）》2007年第3期,第90—94页。

160. 王林哲《也谈"被"、"把"同现句》,《语文学刊》2007年第 17 期，第 111—114 页。

161. 王擎擎、金鑫《现代汉语功能句型体系的建构》，《云南师范大学学报（对外汉语教学与研究版）》2013 年第 6 期，第 69—73 页。

162. 王帅、凯丽比努《五年来（2011—2015 年）文化语言学研究综述》，《现代语文（语言研究版）》2017 年第 4 期，第 9—12 页。

163. 王小盾《中国韵文的传播方式及其体制变迁》，《中国社会科学》1996 年第 1 期，第 141—160 页。

164. 王幼华《半截子埋怨式"把"字句的结构语义分析》，《语文研究》2008 年第 1 期，第 22—25 页。

165. 王义娜、李银美《汉英主题结构的标记性：基于口语语料库的话语认知分析》，《外国语》（上海外国语大学学报）2016 年第 6 期，第 34—45 页。

166. 王寅《汉语"动名构造"与英语"VN 构造"的对比——一项基于语料库"吃/eat 构造"的对比研究》，《外语教学》2007 年第 2 期，第 1—6 页。

167. 王寅《隐喻认知理论的新发展——语言体验性论文之六：从神经学角度论证隐喻和语言的体验性》，《解放军外国语学院学报》2006 年第 5 期，第 1—5、37 页。

168. 吴长安《"爱咋咋地"的构式特点》，《汉语学习》2007 年第 6 期。

169. 文旭《功能句法学中的移情原则及其认知解释》，《福建外语》2002 年第 3 期，第 5—10、15 页。

170. 文旭《汉语双主语构式的认知语法观》，《外语教学》2008 年第 4 期，第 6—11 页。

171. 文旭《左移位句式的认知解释》，《外国语》（上海外国语大学学报》2005 年第 2 期，第 45—52 页。

172. 吴为善《递进性差比义构式及其变异——"一 M 比一 M+VP"的构式成因探讨》，《语言教学与研究》2011 年第 2 期，第 48—54 页。

173. 吴为善、夏芳芳《"A 不到哪里去"的构式解析、话语功能及其成因》，《中国语文》2011 年第 4 期。

174. 吴为善《"V 起来"构式的多义性及其话语功能——兼论英语中动句的构式特征》，《汉语学习》2012 年第 4 期，第 3—13 页。

175. 伍铁平、范俊军《评申小龙部分著述中的若干问题》，《北方论丛》1992 年第 2 期，第 33—49 页。

176. 谢应光《认知语法和构式语法：相似与差异》，《重庆师范大学学报（哲学社会科学版）》2007 年第 2 期，第 96—102 页。

177. 邢福义《论现代汉语句型系统》，见中国语文杂志社编《语法研究和探索》（一），北京大学出版社，1983 年。

178. 徐杰《主语成分、话题特征及相应语言类型》，《语言科学》2003 年第 1 期，第 3—22 页。

179. 徐烈炯、刘丹青、袁毓林《〈话题的结构与功能〉评述》，《当代语言学》2003 年第 1 期，第 54—63 页。

180. 杨成凯《"主主谓"句法范畴和话题概念的逻辑分析》，《中国语文》1997 年第 4 期，第 251—259 页。

181. 杨坤《认知构式语法的基本思想及最新发展》，《西南大学学报（社会科学版）》2015 年第 1 期，第 153—159、192 页。

182. 杨启光《中国文化语言学是对中国现代语言学的扬弃——以汉语语法研究为例》，《暨南学报（哲学社会科学）》1999 年第 3 期，第 9—16 页。

183. 杨启光《中国文化语言学不是西方人类语言学》，《暨南学报

（哲学社会科学）》1995年第2期，第139—148页。

184. 杨启光《神摄人治：汉语语法的真谛所在》，《暨南学报（哲学社会科学）》1994年第1期，第130—138、74页。

185. 杨启光《螺旋式复归，学术新范型——申小龙〈中国文化语言学〉评述》，《暨南学报（哲学社会科学）》1992年第4期，第144—152页。

186. 叶建军《〈祖堂集〉中四种糅合句式》，《语言研究》2008年第1期，第94—99页。

187. 叶建军《〈祖堂集〉中糅合式疑问句》，《安庆师范学院学报（社会科学版）》2010年第8期，第111—114页。

188. 逸如、冯韧《当代中国语言学的世纪变革——评八年来〈北方论丛〉开展的文化语言学论争》，《北方论丛》1994年第3期，第1—13、28页。

189. 袁毓林《话题化及相关的语法过程》，《中国语文》1996年第4期，第241—254页。

190. 张伯江、方梅《汉语口语的主位结构》，《北京大学学报（哲学社会科学版）》1994年第2期，第66—75、57页。

191. 张伯江《功能语法与汉语研究》，《语言科学》2005年第6期，第42—53页。

192. 张伯江《汉语句法的功能透视》，《汉语学习》1994年第3期，第15—20页。

193. 张伯江《论"把"字句的句式语义》，《语言研究》2000年第1期。

194. 张伯江《被字句与把字句的对称与不对称》，《中国语文》2001年第6期。

195. 张聪燕《话语标记语"你知道吗"》，《哈尔滨学院学报》2008年第11期，第85—88页。

196. 张德禄《系统功能语言学的句法研究》,《同济大学学报（社会科学版）》2012年第1期,第89—98页。
197. 张富翠《"谁知道"的现状及其历史来源初探》,《四川师范大学学报（社会科学版）》2009年第6期,第44—48页。
198. 张国扬、苏新春《当代中国汉语人文研究的兴起及其历史原因和发展趋势》,《汉字文化》1992年第1期,第42—49页。
199. 张娟《国内汉语构式语法研究十年》,《汉语学习》2013年第2期,第65—77页。
200. 张黎《汉语语法学革新的几个原则问题——由汉语意合语法谈起》,《北方论丛》1988年第4期。
201. 张猛《关于"专书语法系列研究"的若干问题——同一性·标准本·语料库》,《北京大学学报（哲学社会科学版）》2001年第1期,第138—145页。
202. 张琴《法语时态与汉语时态的文化语言学对比研究》,《语文建设》2014年第27期,第23—24页。
203. 张汝伦《语言和文化传统：申小龙〈人文精神，还是科学主义〉读后》,《读书》1987年第11期,第3—12页。
204. 张世禄《词汇讲话》,《语文知识》1956年第2期。
205. 张世禄《关于汉语的语法体系问题》,《复旦学报（社会科学版）》1981年增刊,第1—8页。
206. 张孝荣《汉语话题结构中的移位研究》,《安徽理工大学学报（社会科学版）》2009年第2期,第69—72页。
207. 张燕春《易位与倒装和追补》,《汉语学习》2004年第6期,第28—30页。
208. 张谊生《"就是"的篇章衔接功能及其语法化历程》,《世界汉语教学》2002年第3期,第80—90页。
209. 张云峰《试析"看把你……的"句式》,《新疆石油教育学院学报》2004 年第 2 期，第 77—79 页。
210. 赵明《近十年文化语言学研究：回顾与反思》，《云南师范大学学报（对外汉语教学与研究版）》2015 年第 3 期，第 63—71 页。
211. 赵艳芳、周红《语义范畴与词义演变的认知机制》，《郑州工业大学学报（社会科学版）》2000 年第 4 期，第 53—56 页。
212. 郑杰《现代汉语"把"字句研究综述》，《语言教学与研究》2002 年第 5 期，第 41—47 页。
213. 郑娟曼《"还 NP 呢"构式分析》，《语言教学与研究》2009 年第 2 期。
214. 周静《"真实的力量，民间的智慧"——方言节目的文化语言学思考》，《新闻知识》2011 年第 10 期，第 9—11 页。
215. 朱晓农《差异·统一性·科学主义——汉语研究中的认识论和方法论》，《北方论丛》1988 年第 4 期，第 5—12 页。

三、学位论文类

1. 杜松柏《〈红楼梦〉对举嵌置式四字格研究》，西南大学，2009 年。
2. 郭琳《汉语口语易位句研究》，东北师范大学，2007 年。
3. 郭琴《现代汉语插入语多角度考察》，华中师范大学，2008 年。
4. 孔筝《现代汉语插入语简析》，四川师范大学，2008 年。
5. 李剑锋《汉语表述过程中的添加现象考察》，北京语言文化大学，2002 年。
6. 李良《宋元小说话本中的韵文研究》，新疆师范大学，2009 年。
7. 李强《古今汉语话题句之比较研究》，浙江大学，2012 年。
8. 李亚男《现代汉语插入语研究》，东北师范大学，2006 年。

9. 刘雪芹《现代汉语重动句研究》,复旦大学,2003年。
10. 刘子楗《汉语定式镶嵌四字格的构式意义研究》,黑龙江大学,2013年。
11. 麻玉林《明清白话小说言说类插入语研究》,浙江师范大学,2011年。
12. 邱闯仙《现代汉语插入语研究》,南开大学,2010年。
13. 谭萌萌《现代汉语"不知"多角度研究》,华中师范大学,2013年。
14. 王胜美《半截话"得"字句研究》,上海师范大学,2011年。
15. 王义梅《功能视域中的插入语研究》,黑龙江大学,2010年。
16. 吴春霞《从功能角度来研究英语插入语》,河北师范大学,2008年。
17. 吴雅楠《汉语主语与话题研究综述》,东北师范大学,2011年。
18. 颜鹄《论明初章回小说中韵文框架的形成》,广西师范大学,2006年。
19. 杨晓霞《从话语标记语元语用功能角度分析研究 you know 和你知道》,上海外国语大学,2006年。
20. 叶云杉《比喻研究述评》,东北师范大学,2009年。
21. 赵鹏《〈水浒传〉中韵文的地位和作用》,东北师范大学,2006年。
22. 张育红《〈水浒传〉韵文初探》,首都师范大学,2003年。

图书在版编目(CIP)数据

汉语主题句研究/王小曼著. —上海：复旦大学出版社，2022.3
(21 世纪中国文化语言学丛书/申小龙主编)
ISBN 978-7-309-16064-2

Ⅰ.①汉…　Ⅱ.①王…　Ⅲ.①汉语-句法-研究　Ⅳ.①H146.3

中国版本图书馆 CIP 数据核字(2021)第 272320 号

汉语主题句研究
王小曼　著
责任编辑/宋文涛

复旦大学出版社有限公司出版发行
上海市国权路 579 号　邮编：200433
网址：fupnet@fudanpress.com　http://www.fudanpress.com
门市零售：86-21-65102580　　团体订购：86-21-65104505
出版部电话：86-21-65642845
上海四维数字图文有限公司

开本 890×1240　1/32　印张 12.875　字数 311 千
2022 年 3 月第 1 版第 1 次印刷

ISBN 978-7-309-16064-2/H・3143
定价：68.00 元

如有印装质量问题，请向复旦大学出版社有限公司出版部调换。
版权所有　　侵权必究